“十三五”江苏省高等学校重点教材(编号：2020-1-045)



# 员工招聘管理

（第二版）

王聪颖　编著

立体化教学资源　视频课

南京大学出版社

**图书在版编目(CIP)数据**

员工招聘管理 / 王聪颖编著. —2 版. —南京：南京大学出版社，2021.6

ISBN 978-7-305-24561-9

Ⅰ. ①员… Ⅱ. ①王… Ⅲ. ①企业管理—招聘 Ⅳ. ①F272.92

中国版本图书馆 CIP 数据核字(2021)第 113854 号

出版发行 南京大学出版社
社　　址 南京市汉口路 22 号　　　邮　　编 210093
出 版 人 金鑫荣

**书　　名 员工招聘管理**
编　　著 王聪颖
责任编辑 尤　佳　　　　　　　　编辑热线 025-83592315

照　　排 南京开卷文化传媒有限公司
印　　刷 南京百花彩色印刷广告制作有限责任公司
开　　本 787×1092　1/16　印张 16.5　字数 391 千
版　　次 2021 年 6 月第 2 版　2021 年 6 月第 1 次印刷
ISBN 978-7-305-24561-9
定　　价 45.00 元

网　　址：http://www.njupco.com
官方微博：http://weibo.com/njupco
官方微信号：njupress
销售咨询热线：(025)83594756

本书由国家自然科学基金项目“指向价值观认同的人力资源实践构建及其对组织绩效的作用机制研究——基于利益相关者视角”(7B72027);江苏省高校哲学社会科学研究基金资助项目“高职院校新生代大学生离职行为的心理归因机制及管理对策研究”(2017SJB0632)、中国高等教育学会职业技术教育分会2017年重点课题“互联网+条件下高职学生职业技能与职业精神融合研究——以江苏地区为例”(GZYZD2017009)、江苏高校哲学社会科学专题研究项目“‘双创教育’背景下高职学生创业心理机制研究”(2017SJBFDY209)资助。

# 序

近些年来，新经济和高科技的快速发展使得对人才的需要量越来越大，许多新型产业不断涌现，要想在激烈的市场竞争中取胜，就必须补充大量的新型人才。以人为本的管理思想已经逐渐深入到管理的全过程，管理者必须更加重视人的作用。而员工招聘正是组织人力资源管理的首个输入环节，招聘工作的成功与否将会直接影响到组织人力资源管理后续的培训、开发、绩效管理、薪酬管理、职业生涯规划和劳动关系管理等所有环节。如果招聘工作的质量高，那么不仅能够为组织引进优秀人才，带来新的技术和管理上的重大革新，而且也可以减少组织由于录用不当员工带来的潜在损失，从而促进组织整体的良性、健康发展。

王聪颖老师撰写的《员工招聘管理》一书从就业市场出发，对员工招聘管理的有关理论问题和实践问题进行了较为深入、全面的思考。该书既注重宏观环境和组织战略，又关注微观环境和个体就业，其主要特色表现在以下几个方面：

**1. 适应国家“十三五”战略规划关于加快建设人才强国的战略需要**

国家“十三五”发展规划明确提出，要加快建设人才强国，形成有国际竞争力的人才制度，推动人才结构战略性调整，突出“高精尖缺”导向，实施重大人才工程，着力发现、培养、集聚战略科学家、科技领军人才、企业家人才、高技能人才队伍。组织要想在激烈的市场竞争中取得优势地位，就必须要获取适合的人才。因此，在世界性全球人才大战和加快实施“十三五”人才战略的背景下，组织的招聘工作显得尤为重要。

**2. 更加关注新生代员工的招聘管理**

新生代员工是指我国出生于二十世纪八、九十年代的年轻人，他们因与传统社会的理念、意识和个性不同，因而被称为新生代。根据《中国统计年鉴》的数据，我国于 1980 年至 1989 年之间出生的人口约为 2.04 亿人。进入 21 世纪以来，我国新生代逐渐走上了工作岗位，为各行各业注入了新鲜血液，成为社会主义建设发展的生力军。但是，根据前程无忧发布的《2017 离职与调薪调研报告》显示，近三年应届生的离职率持续走高，2016 届应届生离职率高达 26.5%。新生代员工的频繁、主动离职行为对社会、组织以及对个人都产生了很大影响，而且对组织的招聘管理工作也提出了新的挑战。

**3. 面对更加严峻的就业形势，提出有针对性的解决方案**

当前，大学生就业形势严峻，有关资料显示，2016 年高校毕业生有 765 万人，创历史新高，加上中职毕业生，就业人数达 1 200 多万，必须把促进就业放在突出位置。因此，如何保证大学生平稳毕业、实现就业，成为社会关注的焦点。在这样的就业背景下，组织能否招聘到人岗匹配的应聘者，提高就业质量，降低人员流失率，就显得更为重要。

总体来说，作者在广泛吸收国内外最新研究成果的基础上，力求既从组织角度，又从员工自身角度出发，探讨招聘管理的问题，编写出版了《员工招聘管理》这本教材。该书的出版，一方面能够促进我国高等院校员工招聘管理的教学工作，另一方面也有利于员工招聘管理的实践活动，相信对我国人力资源管理实践的开展、人力资源管理学科的发展和人力资源管理专业人才的培养都具有积极的作用。

受作者之邀，特作此序。

**南京大学商学院名誉院长、南京大学人文社会科学资深教授、博士生导师**

**赵曙明 博士**

**2017 年 10 月**

# 前　言

随着新生代员工群体陆续走上工作岗位，并日益为我国职场主力军和组织的核心人力资源，其较为普遍且频繁的离职行为往往使得组织无所适从。根据前程无忧发布的《2017离职与调薪调研报告》：2016年员工整体流动性明显上升，平均离职率为20.1%，高科技行业的的员工跳槽最为频繁，达到25.1%。近三年应届生的离职率持续走高，2016届应届生离职率高达26.5%。该报告指出应届生的工作期望差距，如对薪酬福利水平不满意、缺少发展机会或空间、不适应或难以融入工作团队等，是造成其离职的主要原因。这一现象说明组织在员工招聘工作的质量和有效性方面存在一定程度的偏差，更多的组织逐渐认识到招聘工作是组织与员工之间的双向选择过程，组织努力寻求符合人力资源规划和岗位职责的员工，求职者也在权衡比较各个组织从而做出决策。

基于以上现实背景，本书在广泛吸收国内外最新研究成果的基础上，力求既从组织或企业角度，又从员工自身角度出发来探讨招聘管理问题，从而编著了《员工招聘管理》这本教材。本书以概述篇、原理篇、分析和计划篇、招聘篇、测评与选拔篇、录用与评估篇、员工流动篇七个篇章为主线，详细介绍了招聘与录用的完整理论和程序。本书的结构框架如下：第一篇为概述篇，向组织和应聘者介绍了招聘的基本概念、招聘的原则和流程、招聘的意义、以及招聘工作与人力资源管理其他职能之间的关系。第二篇为原理篇，主要罗列了员工招聘管理的基本原理，包括劳动需求、个体差异原理、工作差异原理、匹配原理、反馈控制原理等。第三篇分析和计划篇，主要介绍了员工招聘管理的外部环境因素和内部环境因素、招聘工作质和量的前提、招聘需求的确定。第四篇招募篇主要阐述了两部分内容，第一部分是员工招募的计划和策略；第二部分是员工招募的渠道，包括内部招聘、外部招聘和招募广告。第五篇测评与选拔篇详细列举了一系列的员工测评和选拔的程序和工具，包括初步筛选、笔试、面试、心理测试、评价中心。第六篇录用与评估篇介绍了员工录用决策的制定、员工录用的程序、签订劳动合同、招聘评估。第七篇员工流动篇主要介绍了员工流动的影响因素、流动形式、流失原因和对策。

本书是按照高等学校经济类和管理类本科专业规范、培养方案和教学大纲的要求，深入分析和探索组织招聘管理过程中的现状和问题，其编写思路和优势主要体现在以下五个方面：

**1. 双重视角，注重创新**

以往的招聘类教材都是从组织或企业角度探讨如何选人、招人，本书力求既从组织或企业角度，又从员工自身角度出发，探讨招聘问题，这样不仅有利于组织或企业的人才策略发展，而且也有助于应聘者被成功录用，从而一定程度上解决当前新生代群体的就业率和就业质量。

**2. 体系完整，结构合理**

本书以概述篇、原理篇、分析和计划篇、招聘篇、测评与选拔篇、录用与评估篇、员工流动篇七个篇章为主线，详细介绍了招聘与录用的完整理论和程序。

**3. 深化理论，强化技能**

以往的教材大都没有系统地介绍员工招聘管理的理论基础，而理论系统的建构对于组织和应聘者来说都非常重要。因此，本书详细罗列了员工招聘管理的基本原理，包括劳动需求、个体差异原理、工作差异原理、匹配原理、反馈控制原理等。同时，本书在编写过程中也十分注重实践技能的训练。不仅详细介绍员工招聘管理工作中各项具体任务，而且还附有操作流程、操作步骤、注意事项和应对措施。在每章设置"思考题"、"讨论题"、"案例分析"和"课外实践题"，进一步增强用书人员的操作技能。

**4. 案例引导，链接服务**

一方面，本书在每一小节都设置了"开节案例"提出问题，引入此节的学习内容；在正文中还穿插讲解知识点的案例，更深层次地阐释重点和难点；在每章练习题部分还加入"案例分析题"，引发用书人员更多的思考和解读，提高其分析问题、解决问题的能力。另一方面，本书中还在相应知识点设置了"知识链接"栏目，提供扩展阅读，为用书人员进一步学习和掌握专业知识和实际操作提供帮助。

**5. 视角广阔，锁定多重群体**

招聘活动是组织与员工之间的双向选择过程，其间涉及到组织、应聘者、学校、培训机构、招聘中介机构等多个群体，因此，本书在编写时就考虑到多重群体使用书本时的便利性。基于此，本书穿插了很多实用性和操作性都很强的流程图和表格，既可以作为学校教材使用，也可以作为组织招聘的参考用书；应聘者在找工作时的可将其作为应聘宝典，培训机构在培训人员时也可作为培训教材，因此，本书一定程度上满足了不同群体的需求。

本书在编写过程中，参阅了有关专家、学者的著作、论文，并得到了南京大学商学院的大力支持和帮助，在此表示诚挚的感谢。

由于编者水平有限，书中难免会有疏漏或不足之处，敬请广大读者和各位专家批评指正。

**编　者**

**2017 年 10 月**

# 目　录

## ◎ 第一篇　概述篇



## ◎ 第二篇　原理篇



## ◎ 第三篇　分析和计划篇



## ◎ 第四篇　招募篇

## ◎ 第五篇　测评与选拔篇



## ◎ 第六篇　录用与评估篇

# 第一篇

# 概述篇

# 第一章　员工招聘管理概述

**本章学习目标**

☆ 掌握员工招聘的基本概念；
☆ 理解员工招聘的原因和目标；
☆ 掌握员工招聘的原则和流程；
☆ 认识员工招聘的意义和重要性；
☆ 了解员工招聘与人力资源管理其他职能的关系。

**【本节案例:问题提出】**

**宝洁的招聘之道**

创于1837年的宝洁公司，是全世界最大的日用消费品公司之一。2003—2004财政年度，公司全年销售额为514亿美元。在《财富》杂志最新评选出的全球500家最大工业/服务业企业中，排名第86位。宝洁公司全球雇员近10万，在全球80多个国家设有工厂及分公司，所经营的300多个品牌的产品畅销160多个国家和地区，其中包括织物及家居护理、美发美容、婴儿及家庭护理、健康护理、食品及饮料等。一九八八年，宝洁公司在广州成立了在中国的第一家合资企业——广州宝洁有限公司，从此开始了其中国业务发展的历程。宝洁大中华区总部位于广州，在广州、北京、上海、成都、天津、东莞等地设有多家分公司及工厂，员工总数超过六千三百人，在华投资总额超过十亿美元。

宝洁的宗旨是在现在和未来的世世代代确保每个人有更高的生活质量。目标是驱动，为我们公司的抉择及行动带来灵感与指导。作为回报，我们将会获得领先的市场销售地位、不断增长的利润和价值，从而令我们的员工、股东以及我们生活和工作所处的社会共同繁荣。

公司价值观就是宝洁人以及他们遵从的价值观。我们吸引和招聘世界上最优秀的人才。我们实行从内部发展的组织制度，选拔、提升和奖励表现突出的员工而不受任何与工作表现无关的因素影响。我们坚信，宝洁的所有员工始终是公司最为宝贵的财富。由公司的宗旨和价值观产生下列原则和行为依据。

(1) 我们尊重每一位员工：我们相信每一位员工都能够，并且愿意发挥其最大潜力；我们珍视每个员工的不同之处，我们激发和帮助员工去实现更高的期望、标准和具有挑战性的目标；我们如实反映个人的工作表现。

(2) 公司与个人的利益休戚相关：我们相信诚实正直地为公司业务发展做正确的事，将为公司和个人带来共同的成功；我们对共同成功的追求将我们紧密结合在一起；我们鼓励员工股份制，提倡主人翁精神。

(3) 我们有策略地专注于我们的工作:我们的业务运作基于明确并已取得共识的目标和策略;我们只做,也只争取做促进业务的工作;我们在任何可能的情况下简化和标准化现有的工作,提高工作效率。

(4) 创新是我们成功的基石:我们极为重视重大的、全新的消费品创新意念;我们挑战陈规,开拓新的工作方法,从而在市场上赢得更大的成功。

(5) 我们重视公司外部环境的变化和发展:我们力求最好地了解消费者及其需要;我们创造和提供一流的产品和包装,倡导全新的消费观念,树立成功的品牌形象;我们发展与客户、供应商之间紧密互惠的关系;我们的公司是有良好素质的法人。

(6) 我们珍视个人的专长:我们力求最好地了解消费者及其需要;我们鼓励并且期望员工有出色的专业知识和精湛的工作技能。

(7) 我们力求做到最好:我们力求在公司所有的策略重点上都做到最好;我们对照公司内外的最高标准来认真衡量我们的工作表现;我们善于从过去的成功和失败中吸取经验教训;我们对于相互支持已经习以为常。

从加入宝洁的第一天起,无论是暑期实习生还是全职员工,都要承担一份有挑战、有意义的工作。你将成为项目的负责人及领导者,直接影响生意的发展。在职业发展道路上,你将有机会尝试不同的领域的工作,成为更全面的职业经理人!

资料来源:宝洁中国网站,http://www.pg.com.cn/,2015-12-7。

宝洁(中国)有限公司就是凭借上述宗旨、价值观和原则吸引并寻找与之相匹配的个体成为组织成员,这一过程就是我们日常所说的招聘。那么对于组织和个体来说,招聘的重要性和意义是什么?组织招聘时怎样确定目标和原则?组织招聘的具体流程又是什么?

# 第一节 员工招聘概述

## 1.1 中国的招聘历史

### 1.1.1 古代招聘史

在中国古代,选官用人是国之大事,因此,为了保证人才选拔,国家一方面大力发展教育,另一方面则不断探索和完善选官制度。例如孔子的“视其所以,观其所由,察其所安”,孟子的“权然后知轻重,度然后知短长”,诸葛亮的“示其危,示其勇,示其利,观其志”。

中国古代的人才选拔制度,起源于先秦时期的选士、养士制,历经两汉时期的察举制和魏晋南北朝时期的九品中正制,最后定型为隋唐及后期的科举制。

(1) 世官制。又称世卿世禄制,主要存在于夏、商、周时期。它通过家族血缘关系来确定政府各级官员的任命,将官职限定在贵族范围内,由贵胄子弟世代继承祖上的权位。春秋以前,官吏主要通过“世卿世禄”制度产生。战国时,“世卿世禄”制逐渐废除,官吏的选举就发生了根本变化。秦在统一之前,“仕进之途,唯辟田与胜敌而已”,因此,秦统一之前的官吏，也就多出于军功。但从历史发展的角度来看，它是历史的进步，其产生的根源在于生产力的发展。

（2）察举制。到了汉代，朝廷为了适应专制主义中央集权封建国家统治的需要，在秦的基础上，建立和发展了一整套选举统治人才的选官制度。这套制度主要包括：察举、皇帝征召、公府与州郡辟除、大臣举荐、考试、任子等多种方式，但不限于一途，还可以交互使用。

察举制也就是选举，是一种由下向上推选人才为官的制度。汉代察举的标准，大致不出四条，史称"四科取士"。不过，有时单举其中的一二科或全举四科，均有诏令临时规定。汉代选官以"乡举里选"为依据，体现的是尊重乡里舆论对士人德才评判的权威性。但是，舆论评价一旦与仕途沉浮相联系，就容易被某些有权势、有影响的人物或社会集团所控制、利用。曹操审时度势，提出了"唯才是举"的用人原则，这既是对处于乱世求贤的需要，也是对汉代"选举失实"的刻意纠正。

（3）九品中正制。在汉末军阀混战的冲击之下，乡里组织遭到破坏，"乡举里选"的传统做法难以为继。在此情况下，三国时的曹魏御史大夫陈群制定和推行了"九品中正制"。在朝官中推选有声望的人担任各州、郡的"中正官"，负责察访本地士人，按其才德声望评定九个等级（上上，上中，上下，中上，中中，中下，下上，下中，下下），然后根据士人的品级，向吏部举荐。吏部依据中正的报告，按品级授官。起初，这一制度是致力于解决朝廷选官和乡里清议的统一问题，是对汉代选官传统的延续，也是对曹操用人政策的继承。但到魏晋之交，因大小中正官均被各个州郡的"著姓士族"所垄断，他们在评定品级时，偏袒士族人物，九品的划分，已经背离了"不计门第"的原则。此后的三百年间，出现了"上品无寒门，下品无势族"的门阀士族垄断政权的局面，而九品中正制一直是保护士族世袭政治特权的官僚选拔制度。

（4）科举制。南北朝时期的士族制度，只是按照门第高低分配权力，不能满足数量众多的出身低微的地主的要求，而门第高的士族腐败，因而加剧了当时的政治腐败和地方割据分裂的倾向，说明士族制度已经腐朽。同时，封建经济有所发展，尤其是均田制实行后，中小地主势力增长，非常渴望进入统治阶层。隋唐时期实现了国家的统一，为革新政治、巩固统治、加强中央集权，在选官上实行了科举制。

唐代科举有常举和制举两类。常举每年举行，于进士科外，复置秀才、明经、明法、明字、明算等多种；制举由皇帝临时立定名目，有贤良方正直言极谏科、文辞清丽科、博学通艺科、武足安边科、军谋越众科、才高未达沉迹下僚科等百十余种。隋唐时期创立的科举制度在当时是具有积极意义的，它剥夺了士族地主的政治特权，削弱了地方豪强士族的势力，使封建官吏的选拔和任用权收归中央，有利于消除地方和中央在选官方面的腐败，改变了自秦汉以来以荐举为主的官吏选拔制度，是历史的一大进步。通过科举考试，向整个地主阶级开放仕途，有利于笼络人才，缓和了矛盾，扩大了统治阶级的基础。科举制度把读书、考试和做官紧密联系起来，从而提高了官员的文化素质，大大加强了中央集权，有利于政局的稳定，推动了教育和科技文化的发展。

科举制度为以后历代王朝所沿用，北宋初年的科举制比唐朝有了进一步发展，主要表现在：第一，严格了考试程序，考试分为乡试、省试、殿试三级，并成为定制。第二，简化考试科目，进士科成为最主要的科目。第三，在考试方法上实行“糊名法”，防止考官舞弊。第四，扩大录取名额。例如宋太宗在位的二十多年间科举取士近万人。北宋中期，王安石在进行变法时，对科举考试的内容进行了改革。废除了死记硬背的明经诸科，进士科不再考诗赋，专考经义和时务策。设明法科，专考律令、断案等。后来随着王安石变法的失败，这些对科举制改革的措施也被废除。

明清科举三年一次，分为乡试、会试、殿试三级。明朝的科举制与前代不同主要表现是实行八股取士制度。为了严厉控制士人的思想，明朝科举制从内容到形式都发生了重大变化。科举考试只从儒家的四书五经里出题。考生不能发挥自己的思想见解。答卷的文体有严格的规定，文章机械的分为八个部分，被称作“八股文”。这种专重“四书”“五经”，以八股文取士，禁锢了士人的思想，极大地束缚了知识分子的创造性，也在一定程度上阻碍了科技的发展和社会的进步，是中国近代落后于西方的文化因素。1898 年戊戌变法中光绪皇帝下诏“废八股改试策论”，戊戌变法失败后，1905 年，清政府宣布废除科举制。自此，在我国实行达 1300 年之久的科举制度终结了。

**※【知识链接 1 - 1】**

**曹操的用人之道**

东汉末年，宦官、外戚交替擅权，政治极端腐败，加之军阀混战，把广大劳动人民推到了死亡线上，结束混战、实现统一，成为当时广大劳动人民的迫切愿望。在军阀混战中，曹操能够从一个地方的小军阀逐渐壮大，并最终打败袁绍、袁术等强大的割据势力并统一北方，其中最主要的原因之一无疑就是曹操重视人才、善用人才。

建安十三年(公元 208 年)，曹操兵败赤壁，不仅长叹：“郭奉孝(嘉)在，不使孤至此。”①

出谋欠周，用兵不利，竟致前所未有的惨败。这件事，使曹操再次感到人才的重要，所以不由自主地想起了郭嘉。同时，促使他又一次把广罗人才和奖励战功放到了重要地位，甚至把爵赏授受问题提到原则的高度。如在《爵封田畴令》中对于田畴屡不受爵说：“此成一人之高，甚违王典，失之多矣。宜从表封，无久留吾过。”②在曹操看来，该不该赐封和受不受封赏都不是个人问题。该赐而未赐，此风若倡，有碍仕路，既不利于人才的罗致和使用，更不利于天下智力忠心于国事。他及时表彰了南向用兵以来的一些功臣，如为张辽增邑，表彰其攻上天柱山，斩杀陈兰、梅成的功劳；存恤赤壁战中的死难吏士家室，发出了《存恤吏士家室令》，备尽存恤抚慰之意。诸此，实际都是为其即将进行的大张旗鼓地招致人才作舆论和思想的准备。

建安十五年(公元 210 年)春，曹操又发出了具有时代意义的《求贤令》：“自古受命及中兴之君，曷尝不得贤人君子与之共治天下者乎？及其得贤也，曾不出闾巷，岂幸相遇哉？上之人求取之耳。今天下尚未定，此特求贤之急时也。‘孟公绰为赵、魏老则优，不可以为滕、薛大夫’。若必廉士而后可用，则齐桓其何以霸世！今天下得无有被褐怀玉而钓于渭滨者

① 《三国志》卷 14《魏书·郭嘉传》

② 《三国志》卷 11《魏书·田畴传》注引《先贤行状》

乎？又得无有盗嫂受金而未遇无知者乎？二三子其佐我明扬仄陋，唯才是举，吾得而用之。”①

继提出“唯才是举”的主张后，曹操于建安十九年（公元 214 年）又颁布了《敕有司取士毋废偏短令》：“夫有行之士，未必能进取，进取之士，未必能有行也。陈平岂笃行，苏秦岂守信邪？而陈平定汉业，苏秦济弱燕。由此言之，士有偏短，庸可废乎！有司明思此义，则士无遗滞，官无度业类。”②

显然，这是建安十五年求贤令的进一步发展。曹操指出，有德行之士未必能有所作为，有所作为之士未必能有德行。因此，曹操要求职能部门必须明白“士有偏短”的道理，选人不要求全责备。

建安二十二年（公元 217 年），曹操又下了第三道求贤令，即《举贤勿拘品行令》：“昔伊挚、傅说出于戎人，管仲，担公戎也，皆用之以兴。萧何、曹参县吏也，韩信、陈平负污辱之名，有见笑之耻，卒能成就王业，声著千载。吴起贪将，杀妻自信，散金求官，母死不归，然在魏，秦人不敢东向，在楚，则三晋不敢南谋。今天下得无有至德之人放在民间，及果勇不顾，临敌力战；若文俗之吏，高才异质，或堪为将守；负污辱之名，见笑之行，或不仁不孝，而有治国用兵之术。其各举所知，无有所遗。”令中列举了五种类型的人物说明“举贤勿拘品行”之见。曹操以此相类，希望大家各举所知，勿有所遗。

由于曹操极力提倡“唯才是举”“举贤勿拘品行”“取士勿废偏短”，这就使其身边谋士如雨、猛将如云、人才济济。例如郭嘉、程昱、贾诩、司马懿、张辽、徐晃、典伟以及曹氏与夏侯诸昆仲等等，他们都是一代英杰，作为曹操手下，随其南征北战，为其一统天下发挥了重要的作用。

### 1.1.2　近现代招聘史

1895 年，盛宣怀在天津创办了“天津西学学堂”，是我国近代第一所高等学校。1898 年设立的京师大学堂是我国近代第一所国立大学。西学学堂和京师大学堂的创办，标志着我国近代开始采用高等教育选拔人才。

1916 年，蔡元培被任命为北京大学校长后，进行了一系列的教育改革，开启了我国近代大学向现代大学转变的历程。清华、南开等大学也相继进行改革，我国渐次产生了一批质量较高的大学和著名的高等学府。

1949 年新中国成立后，中国高等教育进入了一个重大历史转折期。国家对接管的旧高等学校进行了改革，又在解放区办起的高等学校的基础上，陆续新建了一批高等学校。

1977 年恢复全国高校统一招生制度，我国的高校发展进入了一个快速发展期。1999 年，我国大学开始扩大招生，越来越多的普通学生可以有机会进入大学学习。进入 21 世纪，高校专业的多元化，给学生提供了丰富的选择，促进了社会的进步和学生的发展。

---

① 《三国志》卷 1《魏书・武帝纪》

② 《三国志》卷 1《魏书・武帝纪》

## 1.2 员工招聘的概念

所谓招聘，是指组织运用一定的方法，把具有一定技术、能力和其他特性的申请人吸引到空缺岗位上的整个过程。其中，由招募和选拔聘用这两个相对独立的过程组成，招募是选拔聘用的前提和基础，选拔聘用是招募的目的。招募是指当组织中出现空缺岗位时，通过向内部或外部发布消息，来吸引相关个体来组织应聘的过程。选拔聘用是指组织运用科学方法，从应聘的候选人中筛选出最适合该岗位的人选的过程。

从招聘的概念中可见，组织招聘工作是由一系列的活动组成的，包括：确定人员需求、发布招聘信息、收集应聘者资料、甄选应聘者、录用最终候选人等。为了实现有效招聘，组织需要运用科学适宜的方法，并在有限的时间范围内，实现个体、岗位和组织三方面的最佳匹配。

## 1.3 员工招聘的原因和目标

### 1.3.1 员工招聘的原因

一般来说，当组织出现以下情形时会开展员工招聘工作：

(1) 组织创立初期，或者组织中设立新部门、新岗位；

(2) 随着组织整体业务范围的拓展或者某部门工作量的增加，从而导致员工短缺现象；

(3) 当组织架构进行功能性调整，或者组织职能需要重新定位时，会产生员工队伍的结构性调整，继而需要从外部引进适当人员或者进行内部人员调配；

(4) 由于组织内部员工发生晋升、平调、降职、辞退和主动离职等情形，从而造成部分岗位的空缺；

(5) 依据组织的整体战略规划和相应的人力资源战略内容，需要提前进行人才储备；

(6) 组织为了获得整体核心竞争优势，需要通过引进相关领域的人才来获得人力资源优势。

**※【知识链接 1-2】**

**战略性人才储备**

战略性人才储备是为组织的长远发展战略服务的，它将人才储备作为组织人力资源发展的战略问题看待。实质上就是从组织未来的发展目标出发，深入分析人力资源现状，明确其层次、数量、结构及其与内外部环境的关系，继而通过人才储备使组织在激烈的竞争中获得人才优势，从而带动组织的整体发展，获取核心竞争优势。战略性人才储备是组织进行超前的人才规划，以下几个原因有可能促使组织进行此项活动：

(1) 未来人才的稀缺程度可能加大：随着产业结构的调整，社会对人才的需求有可能会发生显著的变化，在这种情况下，组织对特定人才的需求增加可能促使人才的稀缺程度加大。

(2) 未来吸引人才的难度可能加大：人才优势地区往往具有良好的经济环境、优厚的待遇、成熟的成长环境等，这些对人才都具有较大的吸引力；而人才弱势地区往往缺乏这些条件和环境，因此很难吸引人才。这样就使得人才会从弱势地区流向优势地区，发生人才领域的“马太效应”，周而复始人才弱势地区越来越难以吸引和留住人才。

(3) 未来吸引人才的成本可能增加：为了吸引和留住核心人才，组织往往提供非常优厚的待遇、良好的职业发展环境等，这就可能使得未来吸引人才的条件逐渐升温。因此，为了避免支付日益增长的人才成本，组织提前进行人才储备。

### 1.3.2　员工招聘的目标

在以往传统的招聘过程中，突出强调的是组织对个体的选择，并没有注意到个体对组织的选择，这种单项选择往往造成组织永远是主动的，而个体永远是被动的。因此，有必要从双向选择的视角去理解组织招聘员工的目标。

首先，在招聘过程中，组织对个体的选择是具有重要意义的，要能够满足组织以下招聘目标：

(1) 获取组织所需的人才。组织招聘的首要目标就是要满足其发展所需，筛选出合适的人才填补空缺岗位，从而获得组织所需之才。

(2) 提高招聘质量。组织招聘的根本目标不是任意将一个个体填补到空缺岗位上，而是需要通过科学严谨的人才选拔措施筛选出品德高尚、能力出众、人事相符、能岗匹配的合适人才。因此，组织需要认真筛选出能为其创造核心价值的合适人才，保证招聘工作的质量。

(3) 降低招聘成本。一方面，招聘过程中，组织在吸引、选拔、录用等各个环节都会产生较多的花费；另一方面，如果招聘的新员工在入职不久便发生离职行为，这样会使组织产生新的一系列招聘费用和其他由于离职带来的间接损失。因此，组织必然会将降低招聘成本视为招聘工作的一个重要目标。

其次，在组织招聘中，还需要注重个体对于组织的选择过程，组织不应该忽视个体在这一过程中的积极作用和影响。在应聘者与组织招聘工作人员的接触中，招聘者是否具有优秀的个人素质，是否能够克服优势心理、自炫心理和心理定势等心理偏差，这些都会使应聘者对组织产生良好或不良印象，进而影响应聘者的求职意愿。

**※【知识链接 1－3】**

**招聘者的心理定势**

心理定势是个体一种活动的准备状态或行为倾向，通常是其意识不到的。心理定势表现在不同的方面，例如：运动定势指个体从事某种运动反应的准备状态；注意定势指观察者准备接受特定信息的状态；知觉定势指人们按照期望和背景而不是按照实际物理刺激去感知刺激；问题解决定势则指心理定势对思维活动的影响。心理定势可以影响个体的知觉过程和记忆。在日常生活中，它可以使个体按照常规不费力地解决问题，但也可能出现按照成见而不是客观事实解决问题，或者妨碍创造性的发挥。具体应用到招聘活动中，则是指招聘者往往会按照自己的兴趣取向、个人偏好、思维习惯对应聘者进行分析和判断，继而做出带有成见的招聘决策。

# 第二节 员工招聘的原则和流程

**【本节案例:问题提出】**

**丰田招聘之道**

候选人:珍妮,女,9年的理发经验,擅长卷发造型和染发。她应聘的职位是丰田美国汽车工厂的组装工作机会。面试时,她身穿粉红色上衣,脚穿3寸高跟鞋,留着1寸长指甲。而面试珍妮的是一个由2位生产经理、1位日本协调员和1位人力资源专家组成的面试小组。在面试过程中专家们获知珍妮是在肯塔基州东南部的一个农场中长大,有4个哥哥,平时与哥哥们一起在农场干活,修理机器,曾修复过一台1957年的雪佛莱。因为厌倦了理发店的工作,加之理发技术也不佳,还老犯错误,于是她曾经去美容学校接受教育,目标就是掌握一种30年不过时的理发技术。面试中她接着解释如此穿着打扮的原因是她目前的职业还是属于美容行业,如果穿得像个工厂工人,将无法代表自己目前的专业技能。她向面试小组保证:如果得到工作机会,她的指甲、鞋跟和着装都会和新的职业相匹配。

如果你是人事经理,在决定是否雇用珍妮从事组装工作时会投赞成票还是反对票?

你是否会不确定?组织人力资源部门应该根据何种原则和程序做出招聘决策?

资料来源:莱克等,《丰田文化:复制丰田DNA的核心关键》,62页,北京:机械工业出版社,2009。

## 2.1 员工招聘的原则

组织是社会整体的一个组成部分,组织的招聘活动既是其自身的经济活动,也是一项社会性活动,因此,为了实现有效招聘,实现招聘目标,组织必须遵循以下招聘原则。

(1) 效率优先原则。效率优先原则是指组织以最低的招聘费用录用到最适合岗位的应聘者。如何使组织以尽可能低的招聘成本,高质量、高效率地完成招聘工作,是每个组织需要思考的重要问题。因此,组织需要选择有针对性的招聘信息发布渠道、选择科学的人员选拔方法、制定合理的录用决策,并努力降低上述招聘工作的成本,提高招聘效率。

(2) 能岗匹配原则。组织招聘工作的根本目标是要实现应聘者与岗位的合理匹配,主要包含两方面内容:一是指应聘者的个体素质要与组织空缺岗位要求相匹配,个体的身体素质、知识结构、技能特长、心理素质等要与组织岗位的特定要求互相匹配。二是指组织制定的岗位报酬与应聘者个体的动力驱动相匹配,如果待聘岗位的薪酬与应聘者的期望有所差距的话,个体的工作积极性也就无法发挥。因此,只有招聘工作中努力实现上述两方面的匹配,组织才能完成有效的招聘。

(3) 全面原则。全面考核原则是指组织需要对应聘者的品德、智力、能力、体力等各方面进行全方位的测试和考核,应努力克服和避免单纯以应聘者的智力和能力为唯一考核标准的片面观点。在选拔人员的过程中,组织除了要注意考察应聘者的智力、能力之外,还应该谨慎观察其德行，力求录用德才兼备者。

(4) 公平原则。公平原则是指组织招聘过程既要做到公开又要做到平等。公开是指组织要通过正式的渠道将招聘的详细信息(如岗位名称、岗位要求、招聘人数、选拔方法、时间安排等)如实地告知组织内部和外部。平等是指组织要平等地对待所有应聘者，要做到一视同仁，不能人为地制造各种不合理的限制条件(如性别、年龄限制等)。这样应聘者才能通过公平竞争得到录用，也能激励组织形成公平向上的积极文化氛围。

(5) 合法原则。合法原则是指组织在招聘全过程中，所有程序和工作要符合国家和地区的相关法律、法规和劳动政策，如劳动法、劳动合同法等，同时也要遵守社会道德机制。组织要力求实现公平竞争、平等就业，反对种族歧视、年龄歧视、性别歧视，保护未成年人和妇女的合法权益，关注农民工和残疾人等弱势群体。

**※【知识链接 1-4】**

**司马光的用人之道**

司马光主编《资治通鉴》，以其才识反映于对历史事件叙述所加的按语之中，表现了对事物的推移变化持一分为二的观点。例如在论才与德中，强调用人要讲究德才兼备。他认为："才者，德之资也，德者，才之帅也。"明确地点明了两者之间的相互关系。继而又阐述道"云梦之竹，天下之劲也，然而不矫揉，不羽括，则不能以入坚"，即云梦的竹是品质优良的，如不能锻炼成材，成为强有力的坚实的箭弩，那就无用了。"棠溪之金，天下之利也，然而不熔范，不砥砺，则不能以击强"，即金属之物，要经过铸冶炼才可能成为利器，否则不能制强敌。司马光通过这些例子，比喻德才兼备的重要性，若是"聪察强毅之谓才，正直中和之谓德"，德才两者兼备当然是难得的人才了。

但是司马光却不是唯德才兼备论者，他考察了历代兴衰史所反映出来的经验与教训，进一步论证德与才的关系，并认为："才德全尽谓之'圣人'，才德兼亡谓之'愚人'，德胜才谓之'君子'，才胜德谓之'小人'。"既然把德才做了这样的划分，司马光用怎样的态度以取人呢？在司马光看来，无才的人既愚，就是智力很差，力不能胜，要控制他是容易的。唯有"小人智足以遂其奸，勇足以决其暴"，如小人而又有才能，就如虎添翼，其危害是很大的。权衡下来，司马光指出"德者人之所严，而才者人之所爱，爱者易亲，严者易疏"。一般世俗用人的眼光"多蔽于才而遗于德"，即世人多偏才重才，而失于重德，乱臣、贼子、败家子是因德不足而形成破坏力量的。可见，司马光是重德而宁愿略才的。

## 2.2　员工招聘的流程

员工的招聘工作是一项复杂而又系统的操作过程，尽管不同的组织由于自身的性质、所处发展阶段、文化背景等方面的差异，可能在招聘的某个具体环节上会有所不同，但是还是需遵循以下基本的招聘流程，包括三个阶段：准备阶段、实施阶段和评估阶段，如图 1.1 所示。

1. 准备阶段

在招聘准备阶段，组织根据人力资源的相关计划明确未来招聘需求，继而开展一系列的工作，主要包括两项工作内容：分析组织内外部环境和制定招聘计划。组织开展招聘工作前，不仅要准确地了解整个社会的政治、经济、文化、劳动力市场、相关劳动法规等外部环境，还要分析组织自身所处的发展阶段、未来规划、产品所处生命周期、文化价值观等内部环境。然后，组织要根据内外部分析结果和人力资源计划，明确是否需要招聘新员工；若答案是肯定的，则需进一步确认招聘的岗位名称、岗位性质、岗位职责、岗位要求、招聘人数等具体的招聘信息，并合理地制定相应的招聘方法。同时，组织还应成立周期性的或者临时性的招聘小组，并对相关人员进行培训，划定各自的职责分工，使其掌握相关招聘技巧和注意事项，协同工作。做好上述准备工作后，组织就能有针对性地开展有效招聘了。

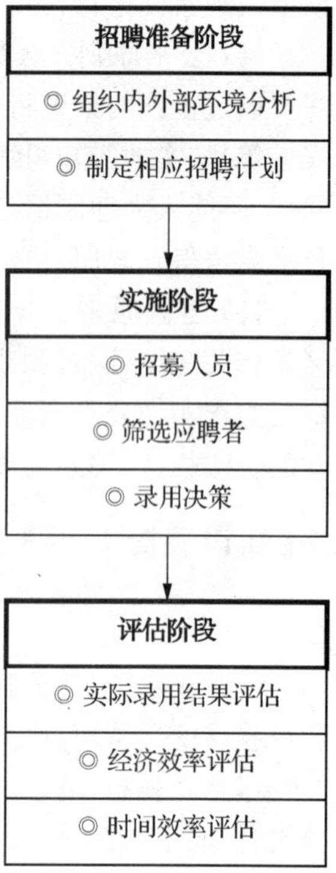


**图 1.1 员工招聘流程图**

2. 实施阶段

（1）招募人员。在明确了组织的相关招聘计划和招聘需求之后，如何将上述信息有效地传递，从而吸引尽可能多的应聘者，并对应聘者的相关信息进行管理，就成为组织招募人员的主要工作内容。其中招聘信息的发布直接关系到应聘者的数量和质量，因此，需要进行有针对性的精心设计，需要考虑信息的覆盖面、及时性和针对性等环节。如中级管理人员可通过发布内部信息，从组织内部考虑合适人选；高级管理人员则可委托猎头或参展高层次人才招聘会等形式获取；软件开发人员适合采用校园招聘或网络招聘的信息发布渠道；而操作工则可通过当地劳动力市场获取。

（2）筛选应聘者。组织通过简历/申请表筛选、背景调查、面试、笔试、能力测试、心理测试和评价中心等环节，从招募人员形成的蓄水池中，科学合理地筛选出与空缺岗位最为匹配的候选人，这个过程就是组织筛选应聘者的工作。在此阶段，组织通过面试、笔试、相关测试等环节，相对科学地获取应聘者的个体知识水平、能力水平、心理素质水平以及求职动因等信息；再将以上信息与招聘岗位的性质、要求等进行参照比较，从而衡量人岗匹配、人事匹配、能岗匹配的程度。同时，应聘者在此阶段也会通过各种渠道获取有关组织的各种信息，对组织进行再评估，并结合自身实际素质和期待激励措施做出筛选。

（3）做出录用决策。组织通过上述筛选工作后，组织和应聘者双方都要根据现有信息做出决策。就组织而言，组织对合适的岗位候选人需要做出录用决策、安排体检、背景再调查、办理录用手续、签订劳动合同、初始安置、适应性培训、试用和正式录用等程序。同时，相关应聘者也需通过与招聘者的接触等其他渠道获取的组织相关信息，对是否加入该组织做出最终的决策。

3. 评估阶段

组织在完成准备阶段和实施阶段的招聘工作后，还有必要对照人力资源规划、招聘目标、招聘计划等，对上述工作的每一步骤进行检查，主要包含两个主要内容：一是通过招聘渠道的效果、录用人员的数量和质量等对招聘的实际录用结果进行总结评价；二是通过招聘成本——收益、招聘时间规划等对招聘的实际经济效率和时间效率进行总结评价。形成相应的招聘评估报告，并与其他阶段的评估报告作比较，从而及时发现问题、分析问题和解决问题，为组织以后的招聘工作提供有用的经验和教训。

# 第三节　员工招聘的意义

**【本节案例：问题提出】**

作为全球最著名的快餐连锁企业，麦当劳公司 1990 年进入中国，目前已在中国的 25 个省市和直辖市的 108 个次级行政区域开设了 680 家连锁餐厅，员工人数超过 5 万人，其中 99.97%是中国员工，总投资达 5 亿美元。如今，麦当劳对于每个人来说，已经是再熟悉不过的字眼了，我们亲切地称之为“麦大叔”。

麦当劳是这样为自己贴标签的：我们不仅仅是餐厅，而是以人为本的公司。每一名加入到麦当劳来的员工都会获得一本员工手册，里面详细地介绍了麦当劳的各种企业文化，经营愿景和各项人力资源管理工作的开展情况。其中很重要的一点就是麦当劳作风——由麦当劳管理层制定的一系列行为标准，它描述了麦当劳员工如何通过共同工作去达到目标。麦当劳作风有七项原则，分别是注重整体利益；群策群力；在确认团队贡献的同时，肯定个人成绩；寻求并利用差异与争论，去寻求整体和顾客的利益；通过相互信任和坦率的沟通，去正视问题，解决问题；积极聆听他人意见，主动与每一个人沟通，保持言行一致；百分之百地支持决定。可以看出，这些原则都与团队合作有关，而这也是成为麦当劳员工的基本要求。

基于上述企业价值观，麦当劳采取了务实的员工招聘措施，即重视情商能力、看轻智商文凭。麦当劳一贯坚持务实的选才策略，重视情感态度等情商而不重智商，重能力不重文凭，强调忠诚勤恳踏实等品格。公司创始人克洛克特别看重情感态度方面的因素，他看中那些对事业具有百折不回的精神，能够在工作中体现“努力、毅力、魄力”的人才。而对于高智商的人，他并不去刻意搜求，因为他确信，一般智力水平的人只要有意愿就能够胜任麦当劳的工作，而那些自视天才的人，很难踏实做事，流动性大，与麦当劳的忠诚原则背道而驰。克洛克认为，一次诚实的错误可以原谅，但不忠诚的行为永远无法宽恕，所以，他特意栽培那些勤恳踏实的员工。

麦当劳一直秉承务实的员工招聘策略，才成为百年老店，其品牌价值一直居于全球前十位。可见，成功的招聘措施对于组织的生存和发展是非常关键的。

## 3.1　员工招聘的意义

组织人力资源管理是从人员的“进”开始的，在一定程度上是以员工招聘管理为基础的，可以说，员工招聘是组织人力资源管理其他环节（如员工培训与开发、职业生涯规划、绩效管理、薪酬管理、劳动关系管理等）的前置性工作，招聘工作的成功与否直接影响到组织其他工作的开展及其效果。因此，组织员工招聘具有以下意义。

1. 招聘是组织获取人力资源的基本途径

如果组织没有通过招聘获得各类人才，那么组织的人力资源管理工作就成了“无米之炊”，同时组织的其他任何工作都无法顺利开展。对于新成立的组织而言，如果不能招募到合适的员工，组织就不能完成最初的人员配置，在物质、资金、时间上的投入都无法进入正常的生产经营过程。对于已处于运转中的组织而言，随着组织内外部环境的迅速变化，组织人力资源的使用和配置也会发生相应的变化。

2. 招聘是组织人力资源管理的基础

组织的人力资源管理包括招聘、培训、开发、绩效管理、薪酬管理、职业生涯规划和劳动关系管理等活动。而员工招聘是组织人力资源管理的首个输入环节，招聘工作的成功与否将会直接影响到组织人力资源管理的后续所有环节。如果招聘工作的质量高，那么不仅能够为组织引进优秀人才，而且也可以减少组织由于录用不当员工带来的潜在损失，从而促进组织整体的良性、健康发展。

3. 招聘能增强组织的活力和创新能力

组织根据人力资源规划和工作分析的内容，通过招聘为相应岗位配置新员工，这些新员工会带来新的管理思路、行为方式和工作方法，这样有利于促进组织的管理创新、技术创新和制度创新。尤其是通过外部招聘渠道获得的新员工，能够带来更多、更新的观念、思想和技术，为组织输入新的活力，从而增强组织的创新能力。

4. 招聘有利于提高组织的声誉

组织招聘工作是组织与员工之间的双向选择过程，组织努力寻求符合人力资源规划和岗位职责的员工，求职者也在权衡比较各个组织从而做出决策。可见，招聘是组织向求职者和社会传递形象的一个重要渠道。成功的招聘活动能使组织在求职者和社会公众心目中留下良好的组织形象和声誉，进而可以吸引更多的优秀人才为组织服务。

5. 招聘有利于调动员工的工作积极性

组织通过外部招聘引进新的员工，一方面可以获得新思想、新技术、新制度，为组织带来新的活力；另一方面，新员工的加入也可以给老员工带来一定的竞争压力，从而激发他们的工作动力和积极性。

**※【知识链接 1－5】**

**校园招聘中如何提高企业雇主的形象**

一年一度校招时，各大企业纷纷以各种姿态涌入大学校园开启“抢人”模式，优秀的应届大学生一直都备受企业青睐，为了赢得他们的“芳心”，不少企业纷纷在雇主形象、薪资福利、培养机制方面下苦功夫，相对其他方式而言，提高雇主形象一方面成本相对低廉，另一方面可行性也比较高。

1. 设计专业化的对外宣传网站

校招宣传网站包括两个方面，一是公司官网，它是体现公司实力、形象、文化的一个重要标杆，二是校园招聘宣传和申请网站，可以体现公司对校招的重视态度以及专业化程度，以上两个网站都必须下功夫进行梳理和设计。

**2. 制作精美的宣讲 PPT**

企业宣讲是校园招聘一个重要的宣传环节，学生们会通过 PPT 的内容对企业下一个初步定义，同时也会通过 PPT 对公司做更加深入地了解，设计精美内容充实的 PPT 是体现企业实力和专业程度的一个重要保障。

**3. 设计专业的面试及人才选拔机制**

世界 500 强以及知名外企的校园招聘为什么如此受学生青睐，除了其背后的深厚品牌力量外，这些企业一般都有十分专业的人才选拔机制，包括科学的面试流程、笔试环节、给学生留下深刻印象的无领导小组讨论以及被视为经典的面试提问及考核，这些是一个企业的名片，注定了会让更多的学生铭记和向往。

**4. 对外宣传资料注重细节**

学生除了通过网站、宣讲以及面试了解企业外，也会通过企业的招聘简章、宣传册、海报、展架等对公司进行了解，这些外宣资料看似简单和无关紧要，其实正是企业细节的充分展示，优秀的企业一定不会放过有可能提高企业形象的任何细节。首先，宣传信息需和宣讲内容保持一致，不能有出入；其次，不管是宣传海报还是宣传手册都必须力求精美但充实有内容；最后，宣传资料要尽量与时俱进，契合学生兴趣。

**5. 塑造校招工作人员职业化形象**

校招工作人员职业化形象直接体现了公司的职业形象，所以做好校招工作人员从内到外的职业形象至关重要。具体来说，第一，参与校招的工作人员应该做到服装统一，尽量着正装参加显得正式和尊重；第二，参与校招的工作人员行为举止必须庄重且专业，最好派有招聘经验或者有过校招经验的人员参加；第三，校园宣讲最好是公司高层领导参加，一方面体现公司重视程度、能更好地对企业进行宣传和解读，另一方面对于学生的提问也能更好地回答。

资料来源：作者根据相关资料整理

## 第四节　员工招聘与人力资源管理其他职能的关系

**【本节案例：问题提出】**

宝洁公司创立于 1837 年，是世界上最大的日用消费品公司之一。每天，在世界各地，宝洁公司提供的产品与全球一百六十多个国家和地区的消费者们发生着四十亿次的亲密接触。为了招收到真正适合公司发展需要的人才，宝洁的招聘工作做得极为细致，在整个招聘过程中始终贯彻着指导求职者的宗旨和目标。

| 指导方面 | 指导内容 |
| --- | --- |
| 个体需求 | 五大需求：生理需求、安全需求、社会交往的需求、受尊重的需求、自我实现的需求。 |
| 改变思想 | 正确处理理想与现实的差别（先就业后择业），找到职业楷模。 |
| 分析就业环境 | 全面辨析我国的就业环境，透过现象看本质，了解职场特点和岗位状况。就业岗位复杂多变，寻求自身与企业的需求点，找到理想匹配的岗位。 |

续表

| 指导方面 | 指导内容 |
| --- | --- |
| 端正就业心态 | ①选择途径(条条道路通罗马);②采集信息(劳动力市场呈现结构性失业,原因之一是信息不对称);③遵循程序(用工单位招聘需要一定周期,等待中适应)。 |
| 展示自身能力 | ①让适宜之人做适宜之事(人职匹配,即适宜之人做适宜之事);②知道自己有什么本事(认识职业经历,发掘职业能力);③用适宜的方式展示就业能力。 |
| 完善就业资料 | 简历就是就业能力的客观描述,求职信息是就业愿望的主观诉求,填写越清楚对求职者越有益,尽量突出自身的优势和能力。 |
| 调试就业心理 | 准备越精心、越充分,做到心中有数;说他人所听,听他人所说;自我推荐在于坚持。 |
| 跨国就业门槛 | 转换就业角色,缓和就业关系,维护就业安全。 |

宝洁公司在招聘环节中所持有的上述观念给我们重新认识招聘工作与其他人力资源管理工作的关系带来什么启发?

组织的人力资源管理工作包括招聘、培训、开发、绩效管理、薪酬管理、职业生涯规划和劳动关系管理等活动。而招聘工作是组织获取人才的主要途径,也是组织人力资源管理工作的首个环节,它与人力资源管理的其他工作关系密切(如图 1.2 所示)。主要体现在以下方面。

1. 员工招聘与工作分析

工作分析是组织招聘工作的基础,工作分析在明确招聘岗位工作性质、内容、职责、权限、难度与环境等的基础上,提出该岗位员工的任职资格和要求。任职资格主要包括教育、知识、技能、经验、健康等维度。组织根据任职资格可以制定出招聘岗位员工所需的各项要求,包括学历、专业、知识素质、技能素质、任职年限等。可见,这些任职资格条件为组织后续的招聘工作提供了科学的依据。

2. 员工招聘与培训开发

经过招聘和选拔,最后被录用的员工,其自身素质会对组织的培训工作产生影响,主要表现在:首先,新员工的素质对组织培训费用的投入产生直接影响。如果组织录用的员工都是训练有素的合格型员工,那么组织只需对其进行企业文化、规章制度等方面的岗前培训即可,这样也为组织节省了用于岗位技能培训方面的成本。其次,新员工的素质会影响到组织培训的效果。新员工自身的基础如何,会直接影响到组织培训投入的效果。如果他们自身的功底较为扎实,接受能力较强,就可以在较短时间内完成培训内容,同时培训的效果也较好。反之,如果他们自身的功底较差,组织则需要投入更多的时间和人力对其进行培训,而且培训的效果也往往较差。最后,新员工的自身素质将影响员工的培训合格率。新录用员工的业务素质、能力素质、品德素质、价值观等与组织的匹配度都将影响到新员工培训的合格率,该比率也反映了组织招聘与选拔工作的效果。

3. 员工招聘与绩效管理

组织对经过招聘与选拔后新录用的员工进行定期的绩效考核,这些考核标准是组织根据岗位职责和岗位工作标准制定的。通过考核结果,组织能在一定程度上了解新录用员工的工作表现、工作业绩和职责履行状况，因此，绩效考核标准的结果可以反映出新录用员工是否能胜任岗位工作，并以此来判断组织招聘与选拔工作的质量。

4. 员工招聘与薪酬管理

公平合理的薪酬制度应该建立在组织对岗位的科学评价基础之上。岗位评价的维度包括岗位工作的难度、危险度、复杂度以及对任职者的能力要求等，并由此确定每个岗位对组织的贡献度(通常用相对价值表示)。每个岗位的相对价值决定了岗位的薪酬水平，因此，岗位薪酬是针对岗位自身的价值而言的。

如果新录用的员工能够胜任岗位的工作要求，那么其所获取的报酬与付出的劳动就是匹配的。反之，如果新录用的员工能力不能够达到岗位的工作要求，即出现了高薪低能的状况，那么对组织来说就是支付了较高的薪酬后却雇用了能力较低的员工，这对该岗位的其他员工来说也是不公平的。同时，这样不仅不能完成此岗位既定的岗位目标，而且还增加了人力成本。因此，招聘和配置工作的质量将会对组织薪酬管理制度的公平合理性产生影响。

5. 员工招聘与职业生涯规划

"组织与员工共同发展"是现代人力资源管理的理念，因此，越来越多的组织开始重视员工的职业生涯规划与管理。通过招聘和选拔后新录用的员工，如果能充分发挥其特长，与岗位的匹配度较高，就能够胜任岗位工作，从而取得良好的表现和突出的业绩。在这一过程中，新录用员工也会获得更多的晋升和发展机会，对其职业发展将十分有利。反之，如果新录用的员工不能胜任岗位工作，或者不能在现有岗位发挥其特长，那么对组织来说是低效配置，对个体来说晋升和发展的机会就会较少，甚至可能被降职或解聘，这些都会对其职业生涯产生不利的影响。

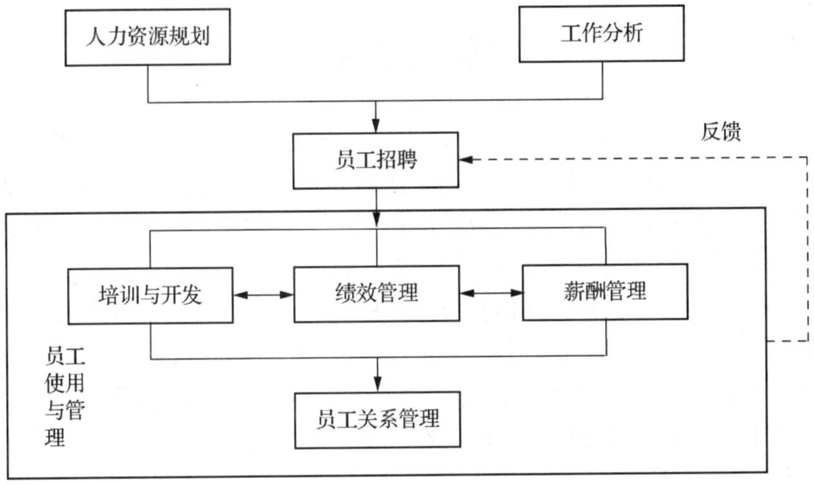


**图 1.2　员工招聘与人力资源管理其他职能的关系**

※【知识链接 1－6】

**缺乏职业生涯规划的研究生薪资较低**

中国传媒大学的研二学生王晓强说，研究生就业形势一年紧似一年，自己和身边的人都感到压力重重。据教育部资料显示，近一两年的毕业研究生，年递增速度超过了 26.9%。

2015 年，中国传媒大学调查统计研究所组织了一次《文科硕士研究生就业状况问卷调查》。调查发现，65.9%的被访者认为现在的就业形势比较严峻或非常严峻。

专业不对口是形势严峻的表现之一。在落实接收单位的被调查者中，46.3%的被访者认为自己目前的工作和所学专业相关程度较低或完全无关。最近的另一项调查显示，专业对口的毕业生薪酬较高。四川省内大学 20××届毕业生所找到的工作与专业相关的，其平均工资比那些工作与专业无关的毕业生高出约 83 元。

研究人员在对用人单位的访谈中也发现，有明确职业生涯规划的毕业生更受用人单位青睐。本次调查中，62.4%的文科硕士研究生有职业生涯规划，但是不具体。分析发现，是否有明确职业生涯规划与试用期满后的薪酬水平存在一定的正相关关系，反之，没有明确职业生涯规划的研究生薪资水平较低。

北京一家广告公司人力部门负责人江小雅提到：我们部门总监面试的开始就会问，你有没有自己的职业生涯规划？只有认识自己、认识环境才能找到适合自己的工作，才能完全投入进去。参与调查的一位老师感慨地说：用人单位非常看重一个毕业生对自我的认识，而我们的学生对自己的认识却是模糊的。

资料来源：学优网：缺乏职业规划的研究生薪资较低，http://www.gkstk.com/article/wk－6605583980349.html，2015－12－29。

## 本章小结

招聘与选拔好的员工是组织人力资源管理工作的关键所在，在人力资源规划的指导下组织如何按照其经营目标和业务要求，根据工作描述，把优秀的人才、所需要的人力在合适的时候放在合适的岗位，这就成为组织成败的关键之一。招聘是旨在吸引一批候选人应聘空缺岗位，并运用科学的方法从有效的人选中选择新成员的过程。

招聘工作是组织整个人力资源管理工作的基础。一方面，招聘工作直接关系到组织人力资源的形成；另一方面，招聘和录用是人力资源管理中其他工作的基础。组织人力资源管理所包括的各个环节，从招聘、培训、考评、工资福利、劳动关系、奖惩、激励、流动、保护到行为管理，在一定程度上都是以招聘和录用工作为基础的。成功的招聘有赖于科学的招聘原则和工作程序。

## 练习题

**一、思考题**

1. 什么是员工招聘？

2. 组织招聘员工的原因有哪些？

3. 组织招聘员工的目标是什么？

4. 组织招聘员工遵循哪些原则？

5. 简述组织招聘员工的流程。

6. 简述员工招聘对于组织发展的意义。

7. 简述员工招聘与人力资源管理其他职能的关系。

**二、讨论题**

某企业的人力资源部经理经常产生以下困惑："为什么我们整天忙个不停也满足不了公司对人才的需求呢？"、"伯乐常有，而千里马不常有！"、"缺人正当午，汗滴简历下，谁知包中物，份份皆辛苦。"你如何评价上述人力资源经理遭遇的困境。

**三、案例分析**

**微软研究院的人才管理方式**

作为世界上最著名的计算机软件公司，微软研究院在人力资源管理方面有很多独到之处，摘录几点如下：

1. 引导，但不控制

研究院研究的项目、细节、方法、成败，都由研究员自己来决定。对于细节，领导层可以提出自己的意见，但决定权在研究员手中。研究员在研发过程中得到领导层的全力支持，即使领导层并不认同他们的决定。

2. 自由、真诚、平等

微软研究院不允许官僚作风、傲慢作风和明争暗斗的存在，鼓励不同资历、级别的员工互信、互助、互重，每一员工都能够对任何人提出他的想法。就算是批评、争论，也是在互信、互助、建设性的前提下做出的。

3. 员工的满足

很多人可能认为待遇是员工最大的需求。当然，良好的待遇是重要的，但对于一个研究员来说更重要的是能够有足够的资源来专门从事研究，能够得到学术界的认可，并能有机会将技术转化为成功的产品。微软是这样做的：

丰富的研究资源。用公司的雄厚资本，让每一个研究员没有后顾之忧，能够全心全意地做研究。这种资源是多元性的。如不但包括计算机、软件、仪器、实验，还包括足够的经费去出国开会、考察或回校学习。微软深知研究员更希望全神贯注地做他热爱的研究，而不必做他不热衷也不专长的工作，所以，微软研究院雇用了多名技术支持人员、行政助理、图书管理员、数据搜索员等来支持研究员的工作。

研究队伍。一个研究队伍，除了数名研究员之外，还有多名副研究（类似博士后）、实习生、开发人员和访问学者。这样一个多元的队伍能够很快地做出成果。

学术界的认可。有了开放的环境，员工不必担心因公司把他们的重大发明变为公司机密，而丧失了与国外学者交流，或被认可（获得论文奖）的机会。

4. 发掘人才

人才在信息社会中的价值，远远超过在工业社会中。例如，世界上最小的 Basic 语言是由比尔·盖茨一个人写出来的。而为微软带来巨额利润的 Windows 也只是由一个研究小组做出来的。既然人才如此重要，微软研究院是如何去发掘人才的呢？

找出有杰出成果的领导者。这些领导者，有些是著名的专家，但有时候最有能力的人不一定是最有名的人。许多计算机界的杰出成果，经常是由一批幕后研究英雄创造的。无论是台前的名教授，还是幕后的研究英雄，只要他们申请工作，微软都会花很多的时间去理解他们的工作，并努力说服他们考虑到微软研究院工作。

找出最有潜力的人。在中国，因为信息技术起步较晚，所以，现阶段杰出的成果和世界级的领导者比起美国要少得多。但是，基于中国年轻人（如应届硕士或博士生）的聪明才智、基础和创造力，微软专门成立了中国研究院，在中国寻找专家，寻找潜力。

5. 吸引、留住人才

有人认为，雇用人才的关键是待遇，所以微软来到中国可以“高薪收买人才”。微软认为，每一个人都应该得到适当的待遇，但是除了提供有竞争性的（但是合理的）的待遇之外，微软更重视研究的环境。微软为研发人员开辟的环境极富吸引力，包括：充分的资源支持，让每个人没有后顾之忧；最佳的研究队伍和开放、平等的环境，让每个人都有彼此切磋、彼此学习的机会；造福人类的机会，让每个人都能为自己的研究所开发的产品自豪；长远的眼光和吸引人的研究题目，让每个人都热爱自己的工作；有理解并支持自己研究的领导，让每个人都能得到支持，在紧随公司的大方向的同时，仍有足够的空间及自由去发展自己的才能，追求自己的梦想。

所以，微软认为，如果只是用高的待遇，或许可以吸引到一些人，但只有一个特别吸引人的环境，才能吸引到并且长期留住所需的人才。在微软的三个研究院中，人才流失率不到3%（美国硅谷的人才流失率在12%左右）。人们在微软的最大感触是，每一个人都特别快乐，特别热爱和珍惜他的工作。

**思考题**

1. 微软研究院在人力资源管理的独到之处的核心是什么？

2. 如果你是微软研究院在中国分部的人力资源主管，你将在哪些方面加强人力资源开发与管理工作？

**四、课外实践题**

深入一家组织进行实地调查，与该组织的相关人员进行访谈或座谈，了解组织在员工招聘方面的成功和不足之处。

# 第二篇

# 原理篇

# 第二章　员工招聘管理的基本原理

**本章学习目标**

☆ 理解劳动需求是组织招聘和配置之源的思想；
☆ 了解劳动需求的特点和职业性；
☆ 掌握组织招聘的动机；
☆ 理解并掌握招聘管理的基本原理。

**【本节案例：问题提出】**

### "招工难"约束经济转型？

用工荒是我国近几年出现的新现象，也是最具中国特色的新现象之一。一边是人口最多的国家，一边却是企业招不到员工。即使部分企业勉强招聘到员工，其稳定性也较差，主动离职率较高。

根据江苏经济重镇苏州市统计局的 2015 年一季度数据，总体上，企业流失人员 2.02 万人，其中自行离职人员 1.92 万人，自行流失率高达 95.0%，比 2014 年末提高 4.6 个百分点，并且丧失的劳动力主要集中在有限责任公司、私营企业、港澳台商投资企业和外资企业，这四类合计流失人员 1.93 万人，占流失人员的 95.4%，特别是外资占到了 37.8%。

调查显示，78.2%的企业认为求职者对薪酬期望过高，56.4%的企业认为求职人员中缺少受过培训、具备技能和经验的人员；35.8%的企业认为可供选择的求职人数减少，27.4%的企业认为求职人员的专业知识不符合岗位要求。而在另一个方面，劳动力则普遍反映企业薪水有待提升。一位 95 后青年端午节前还在昆山的电子厂上班，如今已在一个居民小区卖西瓜。他说"赚钱不够花""在电子厂打工一个月 2 500～3 000 元，生活上不够用"。苏州月最低工资标准已由 2012 年的 1 370 元上涨至 2014 年的 1 680 元。

事实上对苏州的制造业企业而言，最需要的则是"熟练工、专业技术人员和管理人员"，这三个工种每年的需求人数都在不断增加，超过 30%的企业一直认为最缺专业技术人员。对企业而言，近些年苏州新生劳动力受教育程度明显提高，职业期望值也相应提高，不仅仅在工资水平方面有要求，更加关注寻求体面的工作，因此，企业要"提升管理水平、创造良好就业条件"。

一方面，企业总是抱怨招不到好的员工，似乎总是处于"缺人"的状态；另一方面，员工却觉得企业并没有充分地关注到员工的利益（包括薪水提升、职业技能发展、职业前景规划等），似乎总是处于"走人"的状态。企业和员工要想跳出这种怪圈，就需要弄清楚企业的劳动需求和员工的个体特征，进而制定合理有效的招聘策略。

资料来源：网易财经新闻：苏州样本："招工难"约束经济转型？ http://money.163.com/15/0729/04/AVLQ5ATN00253B0H.html#from=keyscan，2015－07－29。

# 第一节　劳动需求——组织招聘管理之源

## 2.1.1　劳动需求的概念

劳动需求包括原有的需求和追加的需求两部分，其中原有的劳动需求视作存量部分，追加的劳动需求视作增量部分。

劳动需求的存量部分一般由原有的劳动供给满足，只有少量的原有劳动供给会发生变化，如发生员工离职、退休等情形时，组织需要新增劳动要素予以补充或者以其他经济组织流出的劳动要素作为填补。当经济条件发生较大变化时，例如组织压缩生产规模、更新旧有设备、提高劳动生产率、转产或停业时，就有可能减少原有的劳动需求量，即组织会压缩劳动需求存量、减少就业。

当组织扩大生产或者建立新行业时，特别是新兴部门和消费服务部门大发展时，会发生劳动需求的增量。其增量产生的根源则在于社会消费总量的增加、消费结构的变化和消费内容的丰富化。例如，当旅游业出现深度医疗旅游、美容旅游等很多创新品种，这样会刺激社会消费，从而引发社会对旅游业的需求和劳动需求。

## 2.1.2　劳动需求的特点

### 2.1.2.1　劳动需求的行业性

为了满足个体不同的消费需求，社会上出现了不同的经济活动部门并且付出不同种类的劳动，这就是劳动分工。劳动分工是社会进步的表现，也是社会财富增加的来源。社会产品越丰富，商品生产越发达，生产规模越大，生产力水平越高，社会劳动分工就越发展。现代经济发达国家存在着上万种职业，正是分工发达的表现。

劳动分工一般表现在以下两方面：第一，劳动分工是由社会产品种类不同所引起的分工，由此形成不同的部门、产业、行业方面对劳动要素的需求。第二，劳动分工是由劳动者所从事工作的具体内容不同所引起的分工，并由此形成不同职业对劳动要素的需求。

由不同的产品种类和经济活动部门造成的劳动需求，称之为行业需求。从行业需求的更高层次来看，即是产业需求。通常将产业分为农业、工业、服务业，也就是第一产业、第二产业和第三产业。对三大产业继续深化细分，农业可分为种植业（狭义农业）、畜牧业、林业、渔业等；工业可分为采掘业、制造业、建筑业等；服务业可分为商业、餐饮业、狭义服务业、城市公共事业、文教卫生事业、科学研究、金融业、政府机关及团体等。三大产业中，第三产业是种类繁多，并且能容纳众多就业人数的行业，在总体就业中的比例一直在扩大，在一些发达国家，该比例已经达到70%以上。鉴于此，有学者将第三产业中新兴的、高层次的行业称为第四产业，其中，传统的、低层次的部分仍然属于第三产业。现代经济的高速发展一定程度上使得产业间的边界逐渐模糊，继而一些新的产业会呈现出多种特征。例如，“信息产业”不仅是信息工业品的生产，还蕴含着大量的科研开发活动，同时必须依靠市场销售来实现其价值，因此，信息产业实际上具有第二产业、第三产业和第四产业的需求特征，是一个跨产业的产业。日益兴起的生物工程行业也具有类似的特征。

2.1.2.2　劳动需求的职业性

(1) 职业的划分。“职业”一词，具有多种含义。从国民经济活动所需要的劳动种类角度看，职业是指不同性质、不同内容、不同形式、不同操作的专门性劳动岗位。经过多次人口普查，并参照国际惯例，我国于1999年正式颁布了《中华人民共和国职业分类大典》，其中以从业者本人所从事“工作的同一性”进行职业划分，对脑力劳动者，一般考虑其所具备的技能、学识、经历以及职务上所承担的责任作为划分标准；对体力劳动者，一般考虑其劳动、作业的操作程序，使用的工具、设备及原料，所生产的产品、提供服务的种类以及服务的对象为划分标准。

不同的职业，不仅包含劳动内容和劳动形式差别，而且还包含体力脑力的差别和劳动质量的差别。不同的职业具有不同的社会地位，不同的职业对于个体的职业生涯也有不同的意义，这些都会导致个体的不同就业选择和不同的岗位工作状态。

(2) 通用职业与行业性职业需求。行业需求或产业需求所反映的是需求的发生地点，即哪个部门、哪家组织需要人；职业需求反映的则是具体的工作岗位，即哪种工作、哪个职位需要人，是对于何种劳动要素有所需要。从个体的就业角度看，职业需求更为重要。各行业、各部门和各产业都需要一些职业，如会计、文秘等，这些职业可视为“通用”职业。同时，还有一些职业，一般为某些专门性行业和部门所需要，并且占据其大部分的职业岗位，其他部门通常需求较少或者根本不需要。例如，金属切削工在机床制造厂有较多需求，在机械修理部门需要较少，而服务业则基本不需要。

**※【知识链接2-1】**

**中华人民共和国职业分类大典**

中华人民共和国职业分类大典，是依据《中华人民共和国劳动法》规定“国家确定职业分类，对规定的职业制定职业技能标准，实行职业资格证书制度”编制，由中国劳动社会保障出版社出版。

《中华人民共和国职业分类大典》是由劳动和社会保障部、国家质量监督检验检疫总局、国家统计局联合组织编制的。中央、国务院50多个部门以及有关研究机构、大专院校和部分企业的近千名专家学者参加了《中华人民共和国职业分类大典》的编制工作。编制工作于1995年初启动，历时4年，1999年初通过审定，1999年5月正式颁布。2010年逐步启动了各个行业的修订工作。2015年7月29日，国家职业分类大典修订工作委员会召开全体会议审议、表决通过并颁布了新修订的2015版《中华人民共和国职业分类大典》。

《中华人民共和国职业分类大典》1999年版将我国职业归为8个大类，66个中类，413个小类，1 838个细类(职业)。8个大类分别是：第一大类，国家机关、党群组织、企业、事业单位负责人，其中包括5个中类，16个小类，25个细类；第二大类，专业技术人员，其中包括14个中类，115个小类，379个细类；第三大类，办事人员和有关人员，其中包括4个中类，12个小类，45个细类；第四大类，商业、服务业人员，其中包括8个中类，43个小类，147个细类；第五大类，农、林、牧、渔、水利业生产人员，其中包括6个中类，30个小类，121个细类；第六大类，生产、运输设备操作人员及有关人员，其中包括27个中类，195个小类，1 119个细类；第七大类，军人，其中包括1个中类，1个小类，1个细类；第八大类，不便分类的其他从业人员，其中包括1个种类，1个小类，1个细类。2015新版《大典》职业分类结构为8个大类、75个中类、434个小类、1 481个职业。与99版相比，维持8个大类、增加9个中类和21个小类，减少547个职业。经过系统专家努力，质检行业共24个职业列入大典，质检工作重要性进一步凸现。

资料来源：百度百科：中华人民共和国职业分类大典，http://baike.baidu.com/link? url=q9QgM58I63OaxOT95bruOANDlFzTSpUWcDnJs41SP3Yj3koFWnpoc47qO2QGQHY9。

### 2.1.3 社会需求——劳动需求的根源

从经济学理论上来说，劳动需求是一种派生性需求，也被称为引致性需求。从直接角度看，劳动需求是由组织的雇用行为引起的。但是，组织的雇用行为是有其缘由的，即当组织发现社会和消费者对某种产品或劳务具有需求时，就会从事此种产品或服务的生产并完成销售，以得到利润。因此，劳动需求是由社会消费引起并派生出来的需求。社会具有真实的、具体的、有效的消费需求，并且存在一定的购买力，才会有社会生产；组织进行相应的生产和服务活动，才会对劳动要素有所需求，即对不同职业、工种的劳动要素进行雇用。由此，我们可以看出社会消费需求是生产单位使用劳动要素的根本原因。

### 2.1.4 组织招聘雇用的动机

组织雇用需求动机，是指组织吸纳社会就业者，配置人力资源的主动要求。组织要进行生产，就必须要雇用员工、吸纳就业者，因此，各个组织雇用动机的总和，就形成社会就业的总体吸纳力。具体来看，组织雇用需求的动机主要体现在以下几方面：

(1) 经济动机。组织的基本目标就是获取利润，在正常情况下，只要组织从事市场前景良好的生产活动，就有可能扩大生产经营，这时就会相应产生增加雇用劳动者的动机。同时，这一动机会受到各种主观和客观因素的限制，例如组织内部资金的数量、外部生产资料的供给量、可能雇用的劳动者数量和质量等。当这些条件都具备时，组织就可以大量增加劳动者的雇用，从社会上吸纳就业人员。

(2) 规模动机。规模动机是组织在市场经济条件下的一种客观动机，也可视为组织的“节约动机”。一般而言，组织在适度规模条件下，劳动生产率达到最高，此时边际产出值也达到最大。而当组织的就业者人数没有达到最佳规模时，就需要追加劳动要素，从社会上吸纳人员就业；当组织的就业者超出最佳规模时，就需要减少劳动要素，向社会排出多余人员。可见，追求经济效益最佳点的规模动机，必然会引起就业数量的变化。

(3) 发展动机。组织在外界条件许可的情况下，会把自身的发展放在重要的位置。尤其是具有战略眼光的组织领导者，善于发现有生命力的项目，并且敢于进行有风险的投资，这就会吸收相当多的劳动者就业。还有组织领导者采取扩股、招商、兼并、参股等方式发展实力，这也会保持和扩大社会就业。

(4) 创新动机。无论是新成立的组织还是已经成立的组织都会面临技术创新的问题。在日益竞争的现代经济和不断更新的技术变革中，创新更是组织得以生存、发展和扩大的重要动力。组织要进行创新，就必须先期投入相当的人力、物力、财力，特别是适合的人力资源。因此，一些组织不惜重金聘用所需人才，同时一些人员不惜丢弃优越的工作条件自主创业，这也造成了大批各层次劳动者的就业。

## 第二节 招聘管理的基本原理

### 2.2.1 个体差异原理

(1) 个体差异的定义及发展史。个体差异是指个体在成长过程中受遗传、环境和个体能动性三个因素的共同作用下，使得其在身心特征上显示出彼此各不相同的现象。

近代对个体差异的重视和研究源于生理学家和心理学家对个体差异的实验室认定。1879 年，随着心理学家冯特建立了第一个实验室，心理学家们在研究人类行为的共同特点时，发现对于同一刺激，各人的反应常常不同。开始时以为这是由实验本身的误差造成的。但是，经过长时期的实验后，终于发现这种差异与误差无关，而是由被试个体之间的差异造成的。随着这一发现，个体差异的研究引起了人们的重视。随后，高尔顿、卡特尔、桑代克、比奈、斯腾等人对个体差异均进行了大量的研究。

20 世纪 50 年代以来，个体差异的研究逐渐被性向研究所代替。性向(aptitude)作为某种特定情形下行为的预先倾向性或适合性，既包括能力，也涉及个性，既包括意动，也涉及情感，而且还暗含着个人与环境相互作用的特征，因此，性向在教育、教学以及社会决策和规划的许多领域中均具有重要意义，受到了人们的普遍重视。

60 年代，有关动机的研究日益丰富和深入，进一步揭示出人类行为多样化的根源。动机理论表明，由于个体的需要不同，就产生了不同的动机，从而导致了不同的行为，而不同的行为反过来又强化了不同的动机。如此循环往复，进一步巩固和扩大了个体之间的差异。动机研究的重要意义在于，它将个体差异的研究从单纯的心理差异引向了社会性差异，由微观的个体差异引向了宏观的个体差异。

70 年代初，随着元认知研究的兴起，个体差异的研究又上了一个新台阶。1976 年，弗拉维尔在《认知发展》一书中对元认知进行了明确的界定和系统的论述，认为元认知是认知主体对自身心理状态、能力、任务目标、认知策略等方面的认知，它是以认知过程和认知结果为对象，以对认知活动的调节和监控为外在表现的认知。其实就是人的自我意识、自我控制和自我调节。元认知在个体发展中具有重要意义，因此，它对于更好地解释个体差异的形成与发展、学生学习的差异性等，都是十分有价值的，从而极大地深化、完善了个体差异的研究。

90 年代以来，随着科学技术的日益发展和各学科研究既纵深分化又综合贯通的趋势，对个体差异的研究也进一步微观化和综合化。前者比如在个体的自我效能、信息加工模式、认知方式等方面的研究大量涌现，后者比如许多研究通过强调智力因素与非智力因素的统一，从环境与人相互作用的观点解释人的个体差异的形成与发展等。

(2) 个体差异的内容。个体差异一般包含三方面,即能力差异、气质差异和性格差异。

① 能力差异

其中能力发展的个体差异主要表现在以下四方面:

1) 发展水平的差异。大致说来,能力在全人口中的表现为正态分布;两头小,中间大。以智力为例,智力的高度发展叫智力超常或天才;智力发展低于一般人的水平叫智力低下或智力落后;中间分成不同的层次。

2) 表现早晚的差异。个体能力的充分发挥有早有晚。有些个体的能力表现较早,年轻时就显露出卓越的才华。这叫"人才早熟"。这种情况古今中外,各国都有。在音乐、绘画、艺术领域,这种情况尤为常见。另一种情况叫作"大器晚成",即智力的充分发展在个体较晚的年龄才表现出来。这些个体在年轻时并未显示出众的能力,但到中年才崭露头角,表现出惊人的才智。这种情况在科学和政治生活舞台上屡见不鲜。可见,取得重大成就的人的智力并不都是早熟的。

3) 结构的差异。能力有各种各样的成分,可以按不同的方式结合起来。由于能力的不同结合,构成了结构上的差异。例如,有人长于想象,有人长于记忆,有人长于思维等。不同能力的结合,也使人们互相区别开来。例如,在音乐能力方面,有人有高度发展的曲调感和听觉表象能力,而节奏感较差;而另一人有较好的听觉表象能力和强烈的节奏感,而曲调感差。有学者比较了超常儿童与常态儿童的认知能力,包括语词类比推理、图形类比推理、数概括类比推理、创造性思维和观察力。结果发现,二者在认知的不同方面并非都差异明显,而是在解决难度大的问题上的思维能力差异大,如超常儿童在创造性思维和数概括类比推理上发展特别突出。

4) 性别的差异。20 世纪 30 年代的许多研究发现,男女在一般智力因素上没有性别差异。40 年代,韦氏智力量表问世,使智力测验不仅能考察一般智力因素,还能测查特殊智力因素。性别差异并未表现在一般智力因素上,而是反映在特殊智力因素中,主要表现在以下几方面:

数学能力的性别差异:数学能力是对数学原理和数学符号的理解与运用能力,这种能力主要表现在计算和问题解决上。计算能力体现了对程序性知识的速度和精确性技巧的要求;问题解决则体现了对信息的正确分析与选择、组织好策略性知识、应用统计方法的综合性技能的要求。有关学者经过元分析发现:女生在计算能力上具有一定优势,但这种优势只表现在中、小学阶段;在问题解决上,中学时期女性略好,而高中及大学阶段则表现出男生的优势。对于数学操作来说,男生在标准化测验上普遍比女生好,而女生在学校所获得的评定等级上比男生高。一些研究认为,男生在竞争性数学活动中比女生好,而女生在合作性数学活动中比男生好。

言语能力的差异:言语能力是对语言符号的加工、提取、操作的能力,表现在听、说、读、写四个方面。言语能力并非单一的结构,它包括对言语信息的记忆、转换、理解、组织和应用等方面。有关学者经过一系列研究后发现:女生言语能力普遍比男生好,在各种言语能力中,以词的流畅性所显示的女性优势最为明显,而言语推理则显示了男性优势。但研究言语能力的性别差异并没有得到完全一致的结论。

空间能力的性别差异:空间能力是体现性别差异最明显的一种能力、也是较难描述和解释的一种能力。林兰德等将空间能力定义为一种涉及表征、转换、生成和回忆符号和非言语信息的技能。基于以往的研究,他们提取了空间能力的三个因素:① 空间知觉:指在干扰条件下,对垂直与水平方位的确定。② 心理旋转:指对二维或三维图像表征的旋转能力。③ 空间想象:指对所显示的空间信息进行多步分析加工的能力。研究表明,在空间知觉和心理旋转测验中,男性明显优于女性;而在空间想象力测验中,男女差异不显著。

2. 气质差异

气质差异表现为个体之间气质类型及其行为特征的差异。气质类型是由神经过程的基本特性按照一定的方式结合而成的气质结构。因此,气质类型的行为表现带有稳定的规律性。一般说来,一个人无论从事什么活动,即使各种活动的性质和内容千差万别,但其气质特征却得到同样的表现。因此,气质差异是客观存在的,个体的气质大致可以分为四种类型:多血质、黏液质、抑郁质、胆汁质,它们各有其主要的行为特征,具体如下:

① 多血质。感受性低而耐受性较高,不随意的反应性强;具有可塑性和外倾性;情绪兴奋性高,外部表露明显,反应速度快而灵活。

② 胆汁质。感受性低而耐受性较高,不随意的反应性高,反应的不随意性占优势,外倾性明显,情绪兴奋性高,抑制能力差;反应速度快,但不灵活。

③ 黏液质。感受性低而耐受性高,不随意的反应性和情绪兴奋性均低;内倾性明显,外部表现少;反应速度慢,具有稳定性。

④ 抑郁质。感受性高而耐受性低,不随意的反应性低;严重内倾;情绪兴奋性高而体验深,反应速度慢;具有刻板性,不灵活。

理解个体气质时,需要注意以下两点:

① 气质无好坏之分。个体的性格有好坏之分.但气质类型并无好坏之分。任何气质类型都有积极和消极两个方面,任何气质类型的个体都有其长处和短处。胆汁质的个体,积极、充满活力和生气勃勃,也有一些浮躁、任性和感情用事。多血质的个体,灵活、亲切又不乏机敏,也轻浮和情绪多变。黏液质的个体,沉着、冷静、坚毅.又冷淡和缺欠活力。抑郁质的个体,长处是情感深刻稳定,短处是孤僻、羞怯。认识到气质类型并无好坏之分,任何气质类型的个体都有长处和短处,就不要因为对自己的气质类型不满而自暴自弃,不求进取,就不要因为对员工的气质类型不满而贬低、压抑其劳动工作积极性。个体和组织要认真分析自己及员工气质类型中的积极、消极之处,发扬光大积极的一面,控制、克服消极的一面,自觉培养和锻炼,逐渐改进自身及员工的气质。

② 气质差异与工作安排。气质虽不在人们的实践活动中起决定的作用,但它可以影响人们活动的效率。某些工作,某种气质类型的个体干起来效率更高。而另一些工作,另一种气质类型的个体干起来更有效率。例如,自动化系统操作、营销这类要求做出灵活反应的工作,多血质、胆汁质的个体比较合适,因为这两种气质类型的个体有灵活、机敏或积极、生气勃勃的特点。而微电子技术、钟表修理这类要求持久、细致的工作,黏液质、抑郁质的个体更适宜。因为他们的气质类型中有沉着、冷静、坚毅或稳定、深刻的一面。正因为气质会影响人们活动的效率,管理者在安排工作时,一定要考虑员工的气质特点及员工的气质差异,尽量安排到最有利于发挥其个体气质特长的工作岗垃上,为其更有效地工作创造条件和机会,也为更有效地实现整个管理系统的管理目标创造条件。

3. 性格差异

性格是个体对现实的态度以及与之相适应的习惯化的行为。性格是个体个性心理特征中最重要的方面,它通过个体对事物的倾向性态度、意志、活动、言语、外貌等方面表现出来,是个体的主要个性特点即心理风格的集中体现。人们在现实生活中显现出的某些一贯的态度倾向和行为方式,如大公无私、勤劳、勇敢、自私、懒惰、沉默、懦弱等,都反映了自身的性格特点。

心理学所划分的性格类型主要有:

① 根据理智、情绪、意志三者在性格中何者占优势,把个体的性格划分为理智型、情绪型和意志型。理智型的个体,通常以理智来评价、支配和控制自己的行动;情绪型的个体,往往不善于思考,其言行举止易受情绪左右;意志型的个体一般表现为行动目标明确,主动积极。

② 根据个体独立性程度,把其性格划分为独立型和顺从型。独立型的个体善于独立思考,不易受外来因素的干扰,能够独立地发现问题和解决问题;顺从型的个体易受外来因素的干扰,常常不加分析地接受他人意见,同时应变能力较差。

③ 根据人际关系,把个体的性格划分为 A、B、C、D、E 五种。A 型性格情绪稳定,社会适应性及向性均衡,但智力表现一般,主观能动性一般,交际能力较弱。B 型性格具有外向性的特点,情绪不稳定,社会适应性较差,遇事急躁,人际关系不融洽。C 型性格具有内向性特点,情绪稳定,社会适应性良好,但在一般情况下表现被动。D 型性格具有外向性特点,社会适应性良好或一般,人际关系较好,具有组织能力。E 型性格具有内向性特点,情绪不稳定,社会适应性较差或一般,不善交际,但往往善于独立思考,有钻研性。

综上所述,先天因素和后天环境影响使得个体在能力、气质和性格三方面都存在差异,且这种差异是客观存在的,不以个人意志为转移的。不同能力、气质和性格的员工做相同的工作会产生不同的效果和效率,因此,组织只有在招聘录用新员工之前充分了解应聘者的个体差异,才能使组织做到人尽其才,人尽其责。

### 2.2.2 工作差异原理

职位通常也称为岗位,它是指在一个特定的企业组织中、在一个特定的时间内、由一个特定的个体所担负的一个或数个任务所组成。简单地讲,职位是指企业的某个员工需要完成的一个或一组任务,在企业中是指在有效时间内给予某一员工的特别任务及责任。

首先不同的职位造成工作任务的差异,即工作内容的差异。例如,按照管理者在组织中所处的地位,管理者可以分为高层管理者、中层管理者和基层管理者。虽然组织中不同层级的管理者都属于管理者岗位,但是其工作内容和重点是不同的。高层管理者位于层级组织的最高层,需要对整个组织负责,他们一般具有如下职位:总裁、董事长、执行总裁、首席执行官等。高层管理者的工作内容是确定组织目标,制定实现既定目标的战略,监督与解释外部环境状况,以及就影响整个组织的问题进行决策。中层管理者的工作内容则是上级和下级的纽带,他们既受上司的委托管理某一部门,与其他部门经理之间互相配合,完成上级布置的任务;又是下级工作任务的传达者、监督者以及企业文化的传播者。基层管理者又称一线管理者,他们的主要工作内容是传达上级计划、指示,直接分配每一个成员的生产任务或工作任务，随时协调下属的活动，控制工作进度，解答下属提出的问题，反映下属的要求。

其次，不同的职位具有不同的工作权责，即每种职位所具有的决策权力和决策影响力大小不同。例如，在高层管理者的所有职责中，最重要的责任是沟通组织的共同远景，需要面向更长期的未来考虑问题，需要关心一般环境的发展趋势和组织总体的成功。而对基层管理者来说，对其技术操作能力及驭下能力要求较高，但并不要求其拥有统筹全局的能力。

可见，由于每种职位工作内容和工作权责的差异，从而对完成这些任务的个体也就具有不同的要求，即不同的工作需要拥有相应素质的个体来承担，这从根本上来说也是由社会分工决定的。

### 2.2.3 匹配原理

#### 2.2.3.1 能力——岗位匹配

1. 能力的概念

在管理学中，能力概念源于英文 Competence，又被称为能力素质、胜任力、胜任能力或胜任特征。能力是驱使员工产生优秀业绩的各种特征的集合，即高绩效员工的知识、技能、个性、态度、行为等，是其与一般员工的差异所在。能力素质的研究始于 20 世纪 60 年代后期，著名的组织行为研究学者麦克利兰于 1973 年在《美国心理学家》杂志上发表文章《测量能力特征而非智力》最早提出能力这一概念，并指出从第一手材料直接发掘的、真正影响工作业绩的个人条件和行为特征就是能力素质。他认为传统的智力测验、性向测验和学术测验等都不能有效地预测复杂或高层职位工作的绩效。例如，以往人们通常总是将个体的知识和取得的成就联系起来，但是在现实生活中，有些知识测验的高分获得者却不总是能够取得与其知识水平相称的成就。同样，智力超常的个体也不一定能取得发明创造的成就。因此，麦克利兰在指出滥用智力测验来判断个人能力的不合理性的同时，进一步推测这种真正影响个体绩效的更深层次的因素为“能力”，并进一步指出能力是能区分在特定的工作岗位和组织环境中杰出绩效水平和一般绩效水平的个体特征。随后，能力概念便受到国外许多专家学者的关注，20 世纪 80 年代成为管理学的前沿理念，这时的能力专指个体能力(Individual Cmpetence)。20 世纪 90 年代，加里·哈默尔和普拉哈拉德将能力概念引入战略管理中，从而诞生了组织能力(Organizational Competence)这一概念。

麦克利兰认为能力素质由知识(Knowledge)、技能(Skill)、自我概念(Self-Concept)、特质(Traits)和动机(Motives)组成。并进一步指出，不同层次的能力素质在个体身上的表现形式不同，并形象地把个体的能力素质描述为漂浮在海面上的冰山(冰山理论)，知识和技能属于海平面以上的浅层次的部分，而自我概念、特质、动机属于潜伏在海平面以下的深层次的部分。相关研究也表明，真正能够把优秀员工与一般员工区分开的是深层次的部分。因此，麦克利兰把不能区分优秀者与一般者的知识与技能部分，称为基准性素质(Threshold Competencies)，也就是从事某项工作起码应该具备的素质；而把能够区分优秀者与一般者的自我概念、特质、动机称为鉴别性素质(Differentiation Competencies)。

2. 能力的分类

个体的能力是多种多样的,一般可以分为以下几种:

① 一般能力和特殊能力。一般能力是指个体在进行各种活动中必须具备的基本能力,它保证人们有效地认识世界,也称智力。智力包括个体在认识活动中所必须具备的各种能力,如感知能力(观察力)、记忆力、想象力、思维能力、注意力等,其中抽象思维能力是核心,因为抽象思维能力支配着智力的诸多因素,并制约着能力发展的水平。

特殊能力又称专门能力,是个体顺利完成某种专门活动所必备的能力,如音乐能力、绘画能力、数学能力、运动能力等。各种特殊能力都有自己的独特结构。如音乐能力就是由四种基本要素构成:音乐的感知能力、音乐的记忆和想象能力、音乐的情感能力、音乐的动作能力。这些要素的不同结合,构成不同音乐家的独特的音乐能力。

一般能力和特殊能力相互关联。一方面,一般能力在某种特殊活动领域得到特别发展时,就可能成为特殊能力的重要组成部分。例如,人的一般听觉能力既存在于音乐能力之中,也存在于言语能力中。没有听觉的一般能力的发展,就不可能发展言语和音乐的听觉能力。另一方面,在特殊能力发展的同时,也发展了一般能力。例如,观察力属一般能力,但是在画家的身上,由于绘画能力的特殊发展,对事物一般的观察力也相应增强起来。人在完成某种活动时,常常需要一般能力和特殊能力的共同参与。总之,一般能力的发展为特殊能力的发展提供了更好的内部条件,特殊能力的发展也会积极地促进一般能力的发展。

② 再造性能力和创造性能力。再造性能力是指个体在活动中顺利地掌握前人所积累的知识、技能,并按现成的模式进行活动的能力。这种能力有利于学习活动的要求。人们在学习活动中的认知、记忆、操作与熟练能力多属于再造能力。

创造能力是指在活动中创造出独特的、新颖的、有社会价值的产品的能力。它具有独特性、变通性、流畅性的特点。

再造能力和创造能力是互相联系的。再造能力是创造能力的基础,任何创造活动都不可能凭空产生的。因此,为了发展创造能力,首先就应虚心地学习、模仿、再造。在实际活动中,这两种能力是相互渗透的。

③ 认知能力和元认知能力。认知能力是指个体接受信息、加工信息和运用信息的能力,它表现在人对客观世界的认识活动之中,认知能力活动对象是认知信息。

元认知能力是指个体对自己的认识过程进行的认知和控制能力,它表现为人对内心正在发生的认知活动的认识、体验和监控,其活动对象是认知活动本身。它包括个人怎样评价自己的认知活动,怎样从已知的可能性中选择解决问题的确切方法,怎样集中注意力,怎样及时决定停止做一件困难的工作,怎样判断目标是否与自己的能力一致等。

**※【知识链接 2-2】**

**能力和知识的关系**

能力和知识是有区别的。知识是人类经验的总结和概括;能力是一个人比较稳定的个性心理特征,它表现在人们掌握知识和技能的难易、快慢、深浅、巩固程度以及应用知识解决实际问题等方面。一般来说,能力的形成和发展远较知识的获得要慢。

能力和知识又是密切联系着的。一方面,能力是在掌握知识的过程中形成和发展的,离开了学习和训练，任何能力都不可能发展；另一方面，掌握知识又必须以一定的能力为前提，能力是掌握知识的内在条件和可能性。但是，能力与知识的发展并不是完全一致的。在不同的人身上可能具有相等的知识，但他们的能力不一定是相等水平的；而具有同样水平能力的人也不一定有同等水平的知识。

资料来源：智库百科：能力，http://wiki.mbalib.com/wiki/%E8%83%BD%E5%8A%9B。

3. 能力差异

不同的个体在能力方面是存在差异的，其差异一般表现在以下几个方面：

① 能力类型差异。每个个体所具有的能力都不仅仅是一种，而是多方面的。对于一个个体来说，在其所具有的多种能力中，总有相对来说较强的能力，也有一般的能力和较差的能力，也就是说每个个体的能力都是多种能力以特定的结构结合在一起的。由于不同个体的能力结构不同，因而能力在类型上便形成差异。如果进一步分析，每一种能力也有类型的差别，例如，记忆能力，有的个体属于视觉型，即视觉识记效果较好；有的个体属于听觉型，即听觉识记效果较好；还有的个体则属于运动型，即有动作参加时识记效果较好。

由于能力类型的差异，因而人们在实践活动中处理和解决问题的方式方法常常各不相同，虽然完成的是相同的任务，但往往是通过不同能力的综合来实现的。例如，两个管理者都很好地完成了管理工作，都表现出了良好的组织能力，但管理者甲可能是通过综合个人的技术能力、人际交往能力和演说能力从而较好地实施了管理；而管理者乙则可能是通过综合调查的能力、分析的能力和正确决策的能力，从而圆满地完成了管理任务。

② 能力水平差异。能力水平的差异，是指个体与个体之间各种能力的发展程度不同，所具有的水平不同。例如，正常的个体均具有记忆能力，但个体与个体之间的记忆力强度不同；正常的个体也都有思维能力，但其思维的广度和深度也不同。

③ 能力表现差异。个体的能力表现在时间上是存在差异的。有些个体在童年时期就表现出某些方面的优异能力，即所谓的“早熟”。例如，我国唐初的王勃，10岁就能赋，少年时便写出了著名的《滕王阁序》。但也有些个体的才能一直到很晚才表现出来，这就是所谓的“大器晚成”。例如，我国画家齐白石40岁才表现出其绘画才能；达尔文在50多岁时才开始有研究成果——名著《物种起源》一书。造成这种现象的原因是多方面的，一方面可能是由于这些个体在早期没有学习或表现自己能力的机会；另一方面，也可能是早期智力平常，但经过长期的勤奋努力，能力有了明显的提高。

另外，个体能力表现的方式也存在着差异。有些个体所具有的某特定方面能力很容易表现出来，并且很容易为别人所了解；相反，有些个体虽然具有某方面能力，但在其从事这类活动之前，却较难被他人发现。造成这种情况的原因主要是个体的气质和性格，一般来说，外向型的个体所具有的能力较易被人发现；而内向型的个体所具有的能力则较难被人发现。

4. 能力素质模型

美国心理学家斯班瑟在1993年将个体的能力素质模型给出了一个较完整的定义，即能力素质模型是指能和参照效标（优秀的绩效或合格绩效）有因果关系的个体的深层次特征。这一概念包括三个方面的含义：深层次特征、因果关系和效标参考。

深层次特征是指个体潜在的特征能保持相当长一段时间，并能预示个体在不同情况和工作任务中的行为或思考方式，其基本层面为深层的动机、特质、自我形象、态度或价值观，浅层的知识和技能。因果关系指胜任素质能引起或预测行为或绩效，一般说来，动机、特质、自我概念和社会角色等胜任素质能够预测行为反应方式，而行为反应方式又会影响工作绩效，可表述为意图——行为——结果。效标参考是指胜任素质能够按照某一标准，预测效标群体的工作优劣，效标参考是胜任素质定义中一个非常关键的内容。一种胜任素质如果不能预测有意义的差异，与参考的效标没有明显的因果关系，则不能称之为胜任素质。

**※【知识链接 2-3】**

**美国劳工部发布的个体能力素质**

美国劳工部对劳动力市场进行了分析和调查后提出：在当今技术时代，人们从事任何职业都应具有下述五项基本能力和三项基本素质。

五种能力：

1. 合理利用与支配各类资源的能力。时间——选择有意义的行为，合理分配时间，计划并掌握工作进展；资金——制定经费预算并随时做必要调整；设备——获取、储存与分配利用各种设备；人力——合理分配工作，评估工作表现。

2. 处理人际关系的能力。能够作为集体的一员参与工作；向别人传授新技术；诚心为顾客服务并使之满意；坚持以理服人并积极提出建议；调整利益以求妥协；能与背景不同的人共事。

3. 获取信息并利用信息的能力。获取信息和评估、分析与传播信息，使用计算机处理信息。

4. 综合与系统分析能力。理解社会体系及技术体系，辨别趋势，能对现行体系提出修改建议或设计替代的新体系。

5. 运用特种技术的能力。选出适用的技术及设备，理解并掌握操作设备的手段、程序；维护设备并处理各种问题，包括计算机设备及相关技术。

三种素质：

1. 基本技能。阅读能力——会搜集、理解书面文件；书写能力——正确书写书面报告、说明书。倾听能力——正确理解口语信息及暗示；口头表达能力——系统地表达想法；数学运算能力——基本数学运算以解决实际问题。

2. 思维能力。创造性思维，能有新想法；考虑各项因素以做出最佳决定；发现并解决问题；根据符号、图像进行思维分析；学习并掌握新技术；分析事物规律并运用规律解决问题。

3. 个人品质。有责任感，敬业精神；自重，有自信心；有社会责任感，集体责任感；自律，能正确评价自己，有自制力；正直、诚实、遵守社会道德行为准则。

资料来源：百度百科：能力素质，http://baike.baidu.com/link?url=LKUmF2-eMySo7I90nCpov8SksuCphjMquOGjJJu2lI8a1B3pYcTJnjQtixcFDOVuVIZTUB8s3pceqmNCSrhgAK。

5. 能岗匹配的含义

能岗匹配包含两个方面的含义，一是指个体的能力完全胜任该岗位的要求，即所谓人得其职；二是指岗位所要求的能力个体完全具备，即所谓职得其人。能岗匹配原则是指应尽可能使个体的能力与岗位要求的能力达成匹配。这种匹配包含着“恰好”的意思。

具体来说，能岗匹配包含五层含义：

首先，每个个体都有能级的区别。狭义地说，能级是指个体能力的大小；广义而言，能级包含了个体的知识、能力、经验、事业心、意志力、品德等多方面的要素。因此，不同的能级应承担不同的责任。

其次，每个个体都有专长的区别。当然，不同的专业和专长，不能有准确的能级比较，一个优秀的计算机专家不能和一个优秀的建筑设计师比较他们之间优秀的等级和差别。

第三，同一系列不同层次的岗位对能力的结构和大小都有不同要求。由于层次的不同，其岗位的责任和权利也不同，所要求的能力结构和能力大小也有显著的区别。例如，处于高层的管理者需要有更高的战略能力和宏观控制能力，而处于基层的管理人员应具有更加熟练的技术能力，并对生产工艺的细节有所了解。

第四，不同系列相同层次的岗位对能力有不同要求。由于工作系列不同，虽然处于同一层次，其能力结构和专业要求也有显著的不同。例如，人力资源部经理必须具备较强的沟通能力和协调能力；财务部经理必须具备较强的计划能力，熟知相关的财务法律知识；生产部经理则需有指导他人工作的能力和对质量控制的能力。

第五，一方面，如果个体的能级高于岗位的要求，个体的才华无法施展，积极性会受到挫折，同时也会使企业的人员流动率加大。另一方面，如果个体的能级低于岗位的要求，则会人心涣散，企业的凝聚力和竞争力均受到负面影响。

6. 能岗匹配的支撑理论

能岗匹配的支撑理论主要有冰山模型（Iceberg Model）、人格特质理论（Theory of Personality Trait）和特质——因素（Trait-Factor Theory）。其中，冰山模型是从工作要求分析的角度对上述能力素质的进一步解释，人格特质理论则是从心理学个性特征角度探究员工能力和工作岗位的适应性，特质——因素理论是整合了个体特质和工作所需因素的基础上，研究能力和岗位匹配度的问题。

① 冰山模型。美国著名心理学家麦克利兰于 1973 年提出了著名的素质冰山模型，所谓“冰山模型”（如图 2 - 1 所示），就是将个体素质的不同表现表式划分为表面的“冰山以上部分”和深藏的“冰山以下部分”。其中，“冰山以上部分”包括基本知识、基本技能，是个体的外在表现，是容易了解与测量的部分，相对而言也比较容易通过培训来改变和发展。这部分也是不能区分优秀者与一般者的知识与技能部分，称为基准性素质（Threshold Competencies），也就是从事某项工作起码应该具备的素质而“冰山以下部分”包括个体的社会角色、自我形象、特质和动机，是其内在的、难以测量的部分。它们不太容易通过外界的影响而得到改变，但却对个体的行为与表现起着关键性的作用。这部分能够区分优秀者与一般者的自我概念、特质、动机称为鉴别性素质（Differentiation Competencies）。

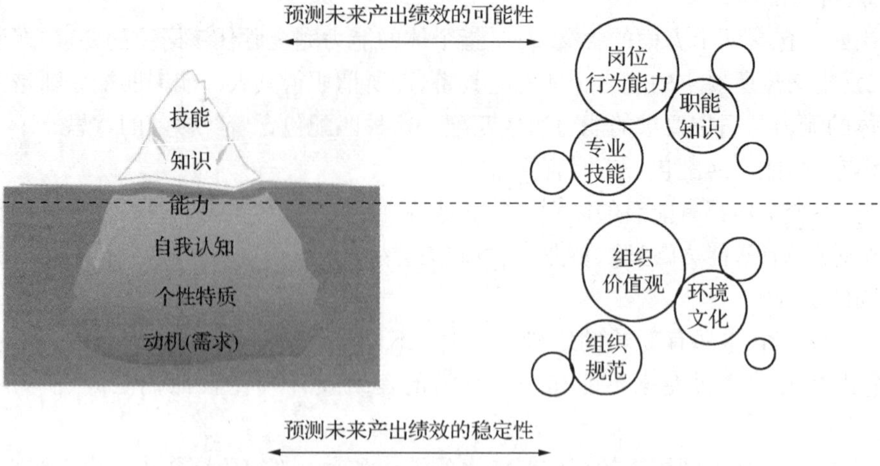


**图 2-1 胜任能力的冰山模型(Spencer,1993)**

鉴于此,组织在招聘员工时,不能仅局限于对应聘者技能和知识的考察,而应从求职动机、个人品质、价值观、自我认知和角色定位等方面进行综合考虑。如果应聘者没有良好的求职动机、品质、价值观等相关素质的支撑,其个人能力越强、知识越全面,则会对组织的负面影响会越大。根据冰山模型,素质可以概括为以下 7 个层级(如表 2-1 所示):

**表 2-1 素质七层级**

| 素质层级 | 定 义 | 内 容 |
|---|---|---|
| 技能 | 个体能完成某项工作或任务所具备的能力 | 如:表达能力、组织能力、决策能力、学习能力等 |
| 知识 | 个体对某特定领域的了解 | 如:管理知识、财务知识、文学知识等 |
| 角色定位 | 个体对职业的预期,即其想要做些什么事情 | 如:管理者、专家、教师 |
| 价值观 | 个体对事物是非、重要性、必要性等的价值取向 | 如:合作精神、献身精神 |
| 自我认知 | 个体对自己的认识和看法 | 如:自信心、乐观精神 |
| 品质 | 个体持续而稳定的行为特性 | 如:正直、诚实、责任心 |
| 动机 | 个体内在的自然而持续的想法和偏好,会驱动、引导和决定个体行动 | 如:成就需求、人际交往需求 |

② 人格特质理论。人格特质理论于 20 世纪 40 年代起源于美国,此理论认为,特质是决定个体行为的基本特性,是人格的有效组成元素,也是测评人格所常用的基本单位。

首先提出特质理论的是美国心理学家高尔顿·威拉·奥尔波特(G. W. Allport)。他和同事运用个案研究法从研究对象的书信、日记、自传中提取出描述个体人格特征的 17953 个形容词,并逐渐减少到数目较小的一些特质名称上,将特质定义为:具有使许多刺激在机能上等值,并发动等值形式的适应和表现行为的神经心理结构。因此,人格是包括各种特质的动力组织,特质是人格的基础,并且决定了个体适应的独特性。他还将人格结构中的特质分为个人特质和共同特质,个人特质又可以进一步分为枢纽特质、核心特质和次要特质。首要特质(Cardinal Trait),是个体最典型、最具概括性的特质。中心特质(Central Trait),是构成个体独特性的几个重要特质,每个个体大概有 5 至 10 个中心特质。次要特质(Secondary Trait),是个体不太重要的特质,往往只有在特殊情境下才表现出来。

美国心理学家雷蒙德·卡特尔(R. B. Cattell)接受了高尔顿·威拉德·奥尔波特关于人格特质的概念,并运用因素分析的方法在此基础上进一步发展了特质概念。卡特尔经过二十多年的艰苦工作,提出了人格的十六种根源特质。根据这十六种根源特质,他编制了"卡特尔 16 中人格因素问卷"(Sixteen Personality Factor Questionaire,简称 16PF)。从 16 个方面描述个体的人格特征,这 16 个因素或分量表的名称分别是:乐群性、聪慧性、稳定性、恃强性、兴奋性、有恒性、敢为性、敏感性、怀疑性、幻想性、世故性、忧虑性、实验性、独立性、自律性、紧张性。

同时,卡特尔指出特质的种类很多,有人类共同的特质,有每个个体独有的特质;有的特质决定于遗传,有的则决定于环境;有的与动机有关,有的则与能力和气质有关。将个体特质从向度来分,可分为四种向度,具体如下:

(1) 表面特质与根源特质。表面特质是由一些互相联系的特性形成的,即可以观察到的各种行为表现。它们之间是具有相关性的。根源特质是个体行为的最终根源和原因,是堆砌成人格的砖块。根源特质是相对稳定和持久的特性,通过因素分析可以发现根源特质是一些单一的因素,并且是人格的基本成分。

(2) 能力特质、气质特质与动力特质。能力特质与认知和思维有关,在 16PF 中主要由智慧因素表示,并且决定工作的效率。行为的情绪、情感方面则表明了个体的气质和风格特质。动力特质与个体的行为意志和动机方面有关。

(3) 个别特质和共同特质。卡特尔赞同奥尔波特的观点,认为人类存在着所有社会成员共同具有的特质(共同特质)和个体独有的特质(指表面特质)。值得注意的是,虽然个体存在共同特质,但是共同特质在各个成员身上的强度却各不相同。

(4) 体质特质和环境塑造特质。卡特尔认为 16PF 中有些特质是由遗传决定的,并称之为体质根源特质,而有些特质来源于经验,并称为环境塑造特质。他认为在人格的成长和发展中遗传与环境都有影响。

近年来,研究者们对人格描述模式形成了较为一致的共识,通过词汇学的方法发现个体大约有五种特质可以涵盖人格描述的所有方面,并提出了人格的大五模式,一般记忆为 OCEAN-海洋或 NEOAC-独木舟。O 代表 Openness to Experience (开放性),C 代表 Conscientiousness(严谨性),E 代表 Extraversion(外向性),A 代表 Agreeableness(宜人性),N 代表 Neuroticism(神经质)。

具体内容分别为:

外倾性:好交际对不好交际,爱娱乐对严肃,感情丰富对含蓄;表现出热情、社交、果断、活跃、冒险、乐观等特点。

神经质或情绪稳定性:烦恼对平静,不安全感对安全感,自怜对自我满意,包括焦虑、敌对、压抑、自我意识、冲动、脆弱等特质。

开放性:富于想象对务实,寻求变化对遵守惯例,自主对顺从。具有想象、审美、情感丰富、求异、创造、智慧等特征。

宜人性:热心对无情,信赖对怀疑,乐于助人,合作。包括信任、利他、直率、谦虚、移情等品质。

尽责性:有序对无序,谨慎细心对粗心大意,自律对意志薄弱。包括胜任、公正、条理、尽职、成就、自律、谨慎、克制等特点。

③ 特质——因素理论。1909 年美国波士顿大学教授弗兰克·帕森斯(Frank Parsons)在著作《选择一个职业》中提出了个体与职业相匹配是职业选择的焦点的观点,他认为个体都有自己独特的人格模式,而每种人格模式的个体都有其相适应的职业类型。所谓“特质”是指个体的人格特征,包括能力倾向、兴趣、价值观和人格等,这些都可以通过心理测量工具、访谈法、观察法和问卷法等来加以评量。所谓“因素”是指在工作上要取得成功所必须具备的条件或资格,这些可以通过对工作的分析而获得。

帕森斯的特性因素理论的核心是个体与职业的匹配,其理论前提是:第一,每个个体都有一系列独特的特性,并且可以客观而有效地进行测量;第二,不同职业需要配备不同特性的个体,个体特性与工作要求之间配合的愈紧密,职业成功的可能性越大;第三,选择一种职业是一个相当易行的过程,而且人职匹配是可能的。

帕森斯主要通过以下步骤实施个体特质与工作因素的匹配:

第一步是评价求职者的生理和心理特点。通过心理测量及其他测评手段,获得有关应聘者的身体状况、能力倾向、兴趣爱好、气质与性格等方面的个人资料,再通过会谈、调查等方法获得有关应聘者的家庭背景、学业成绩、工作经历等情况,并对这些资料进行评价。

第二步是分析各种职业对个体的要求,并向应聘者提供有关的职业信息,包括:

① 职业的性质、工资待遇、工作条件以及晋升的可能性;

② 求职的最低条件,诸如学历要求、所需的专业训练、身体要求、年龄、各种能力以及其他心理特点的要求;

③ 为准备就业而设置的教育课程计划,以及提供这种训练的教育机构、学习年限、入学资格和费用等;

④ 就业机会。

第三步是人—职匹配。指导有关人员在了解应聘者特性和职业的各项指标的基础上,帮助其进行比较分析,以便选择一种适合其个人特点又有可能得到并能够在职业上取得成功的职业。

虽然该理论的静态观点和现代社会的职业变动规律不相吻合,同时也忽视了社会因素对职业设计的影响和制约作用,但是该理论为个体的职业设计提供了最基本的原则,自产生近百年来经久不衰。其中,三要素模式更被认为是职业设计的至理名言,并得到不断的发展和完善,形成职业选择和职业指导过程的三个步骤。

其后,1959 年美国著名的职业指导专家约翰·霍兰德(John Holland)在帕森斯特质因素理论的基础上,从职业兴趣的角度出发,指出兴趣是个体和职业匹配过程中最重要的因素,并提出了霍兰德职业兴趣理论。并以此理论为基础先后编制了职业偏好量表(VocatIonaI Preference lnventory)和自我导向搜寻表(Self-directed Search)两种职业兴趣量表，作为职业兴趣的测查工具，力求为每种职业兴趣找出两种相匹配的职业能力。美国劳工部更运用此理论制定职业条目词典，借助理论中职业分析的有关内容，将 12099 种职业赋予霍兰德人格类型代码，并编纂了“霍兰德职业代码词典”(The Dictionary of Holland Occupational Codes)，为各类人员按照自己的职业兴趣类型搜寻合适的职业提供了广泛的应用前景。

霍兰德根据职业兴趣将人格类型划分为 6 种，并为每种人格类型匹配了合适的职业类型，具体内容如下：

● 社会型(S)

共同特征：喜欢与人交往、不断结交新的朋友、善言谈、愿意教导别人；关心社会问题、渴望发挥自己的社会作用；寻求广泛的人际关系，比较看重社会义务和社会道德。

典型职业：喜欢要求与人打交道的工作，能够不断结交新的朋友，从事提供信息、启迪、帮助、培训、开发或治疗等事务，并具备相应能力。如：教育工作者(教师、教育行政人员)，社会工作者(咨询人员、公关人员)。

● 企业型(E)

共同特征：追求权力、权威和物质财富，具有领导才能；喜欢竞争、敢冒风险、有野心、抱负；为人务实，习惯以利益得失、权利、地位、金钱等来衡量相应的价值，行动具有较强的目的性。

典型职业：喜欢要求具备经营、管理、劝服、监督和领导才能，以实现机构、政治、社会及经济目标的工作，并具备相应的能力。如：项目经理、销售人员，营销管理人员、政府官员、企业领导、法官、律师。

● 常规型(C)

共同特点：尊重权威和规章制度，喜欢按计划办事，细心、有条理，习惯接受他人的指挥和领导，自己不谋求领导职务；喜欢关注实际和细节情况，通常较为谨慎和保守，缺乏创造性，不喜欢冒险和竞争，富有自我牺牲精神。

典型职业：喜欢要求注意细节、精确度、有系统有条理，具有记录、归档等特定要求或程序组织数据和文字信息的职业，并具备相应能力。如：秘书、办公室人员、记事员、会计、行政助理、图书馆管理员、出纳员、打字员、投资分析员。

● 实际型(R)

共同特点：愿意使用工具从事操作性工作，动手能力强，做事手脚灵活，动作协调；偏好于具体任务，不善言辞，做事保守，较为谦虚；缺乏社交能力，通常喜欢独立做事。

典型职业：喜欢使用工具、机器，需要基本操作技能的工作。对要求具备机械方面才能、体力或从事与物件、机器、工具、运动器材、植物、动物相关的职业有兴趣，并具备相应能力。如：技术性职业(计算机硬件人员、摄影师、制图员、机械装配工)，技能性职业(木匠、厨师、技工、修理工、农民、一般劳动)。

● 调研型(I)

共同特点：思想家而非实干家，抽象思维能力强，求知欲强，肯动脑，善思考，不愿动手；喜欢独立的和富有创造性的工作；知识渊博，有学识才能，不善于领导他人；考虑问题理性，做事喜欢精确，喜欢逻辑分析和推理，不断探讨未知的领域。

典型职业：喜欢智力的、抽象的、分析的、独立的定向任务，要求具备智力或分析才能，并将其用于观察、估测、衡量、形成理论、最终解决问题的工作，并具备相应的能力。如：科学研究人员、教师、工程师、电脑编程人员、医生、系统分析员。

● 艺术型(A)

共同特点：有创造力，乐于创造新颖、与众不同的成果，渴望表现自己的个性，实现自身的价值；做事理想化，追求完美，不重实际；具有一定的艺术才能和个性；善于表达、怀旧、心态较为复杂。

典型职业：喜欢的工作要求具备艺术修养、创造力、表达能力和直觉，并将其用于语言、行为、声音、颜色和形式的审美、思索和感受，具备相应的能力，但不善于事务性工作。如：艺术方面(演员、导演、艺术设计师、雕刻家、建筑师、摄影家、广告制作人)，音乐方面(歌唱家、作曲家、乐队指挥)，文学方面(小说家、诗人、剧作家)。

霍兰德认为：员工的工作满意度与流动倾向性，取决于个体的人格特点与职业环境的匹配程度。当个体的人格和职业相匹配时，就会产生最高的满意度和最低的流动率。例如，社会型的个体应该从事社会型的工作，社会型的工作对现实型的个体则可能不合适。这一模型的关键在于：个体之间在人格方面存在着本质差异；个体具有不同的类型；当工作环境与人格类型协调一致时，会产生更高的工作满意度和更低的离职可能性。

然而，大多数个体都并非只有一种性向，例如，个体的性向中很可能是同时包含着社会型、实际型和调研型三种职业性向。如果这些性向越相似、相容性越强，则个体在选择职业时所面临的内在冲突和犹豫就会越少。为了帮助描述上述情况，霍兰德将这六种性向分别放在一个正六三角形的每一角(如图 2－2 所示)。

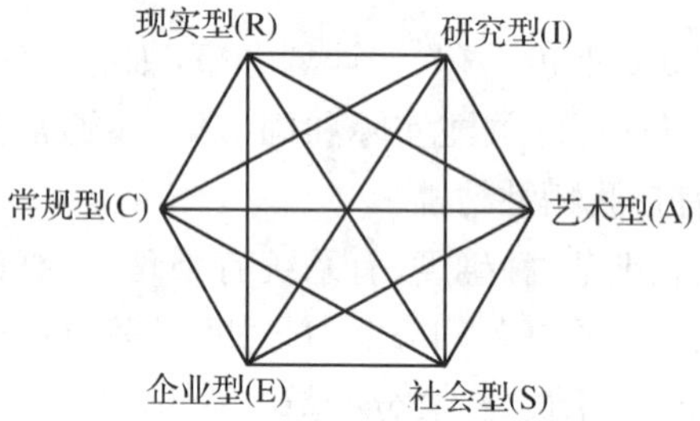


**图 2－2 霍兰德职业兴趣分类图**

霍兰德所划分的六大类型，并非是并列的、有着明晰的边界的，例如，以六边形标示出六大类型的关系。

① 相邻关系。如 RI 、IR 、IA 、AI 、AS 、SA 、SE 、ES 、EC 、CE 、RC 及 CR 。属于这种关系的两种类型的个体之间共同点较多，现实型 R 、研究型 I 的个体就都不太偏好人际交往，这两种职业环境中也都较少机会与人接触。

② 相隔关系。如 RA 、RE 、IC 、IS 、AR 、AE 、SI 、SC 、EA 、ER 、CI 及 CS ，属于这种关系的两种类型个体之间共同点较相邻关系少。

③ 相对关系。在六边形上处于对角位置的类型之间即为相对关系，如 RS 、IE 、AC 、SR 、EI 及 CA 即是，相对关系的人格类型共同点少，因此，一个人同时对处于相对关系的两种职业环境都兴趣很浓的情况较为少见。

### 2.2.4 反馈控制原理

反馈控制原理是指在人力资源开发过程中，各个环节、各个要素或各个变量形成前后相连、首尾相顾、因果相关的反馈环。其中任何一个环节或要素的变化，都会引起其他环节或要素发生变化，并最终又使该环节或要素进一步变化，从而形成反馈回路和反馈控制运动，这就是人力资源开发的反馈控制原理。由此，我们在人力资源开发中要注意把握各个环节或各个要素之间的关系，通过抓住关键环节或主要要素，提高工作效率。

反馈控制原理的具体内容，包括下列四点：(1) 人力资源开发与管理是一个综合运动过程；(2) 人力资源开发与管理活动应有预定的目标；(3) 建立灵敏、准确、有效的信息反馈机构；(4) 建立自我调控、高效运作的管理机制。

## 本章小结

劳动需求包括原有的需求和追加的需求两部分，其中原有的劳动需求视作存量部分，追加的劳动需求视作增量部分。组织雇用需求动机是指组织吸纳社会就业者，配置人力资源的主动要求。组织要进行生产，就必须要雇用员工、吸纳就业者，因此，各个组织雇用动机的总和，就形成社会就业的总体吸纳力。

个体差异是指个体在成长过程中受遗传、环境和个体能动性三个因素的共同作用下，使得其在身心特征上显示出彼此各不相同的现象。个体差异一般包含三方面，即能力差异、气质差异和性格差异。工作差异原理是指不同的职位造成工作任务的差异，即工作内容的差异。能岗匹配包含两个方面的含义，一是指个体的能力完全胜任该岗位的要求，即所谓人得其职；二是指岗位所要求的能力个体完全具备，即所谓职得其人。能岗匹配原则是指应尽可能使个体的能力与岗位要求的能力达成匹配。反馈控制原理是指在人力资源开发过程中，各个环节、各个要素或各个变量形成前后相连、首尾相顾、因果相关的反馈环。

## 练习题

**一、思考题**

1. 劳动需求的特点是什么？其职业性体现在哪些方面？
2. 组织招聘的动机有哪些？
3. 什么是个体差异原理？
4. 什么是能岗匹配原理？
5. 什么是反馈控制原理？

**二、讨论题**

人格类型包括哪些方面？对招聘有什么直接影响？

**三、案例分析**

美国一家久负盛名的兄弟银行公司总裁乔治，8 个月前亲手把公司负责内部管理的查理提拔到副总裁的位置上。他对查理的干练十分满意，准备 3 年后让查理接替自己的位置。

一天晚上,乔治在企业界的一个朋友邀请乔治一起用餐。乔治认为查理是银行内部管理的行家,对外交和应酬十分冷淡,于是也让乔治一起前往用餐。在用餐的时候,乔治的朋友对乔治的工作百加赞赏,而对查理十分冷漠。

当天晚上查理回到寓所就失眠了:凭什么上下劳累的是我查理,而获名获利的是却是你乔治?于是,第二天上午,查理来到乔治的办公室单刀直入向总裁"逼宫"。下面是他们谈话的一部分:"我想现在就接替你的工作""现在是什么概念?你本来是很快就可以接替我的工作的,再过3年我就退休了""现在的概念就是立刻,3个月以内吧!""你既然这么急迫,那让我想想吧。"

乔治不想公司失去一个干练的领导,又因为公司内部管理长期授权给查理,现在收回也是十分困难的,于是,乔治决定提前退休。董事会也同意了乔治的请求,3个月后,查理顺利晋升为总裁。

但是,由于查理的此举未能受到银行界同行的认可和企业界朋友的尊重,同时由于查理个人的出身限制和外事工作能力的缺乏,一年后,公司破产,查理也跳楼自尽。提前退休的乔治陷入了深深的思考中。

**案例引发问题**

(1) 乔治的识人、用人失误在哪里?

(2) 为什么宴会后的第二天会引发"逼宫"?如果第二天发生一些特殊情况:如乔治出差、生病或查理生病、出小车祸等,这种"逼宫"还会出现吗?

(3) 为什么公司会在一年后经营失败?

(4) 请分析一下乔治和查理职业失败的原因。

**四、课外实践题**

由学生自愿组成小组,每组约6—8人,利用课余时间选择1—2家中小企业进行招聘需求的调查,并以小组形式完成一份简要的调查报告。

# 第 三 篇

# 分析和计划篇

# 第三章 员工招聘管理的环境分析

**本章学习目标**

☆ 了解员工招聘管理战略环境分析的目的；
☆ 了解影响员工招聘的外部环境因素和内部环境因素；
☆ 明确不同的战略环境对员工招聘过程的影响。

**【本节案例:问题提出】**

### 独特的IBM中国“80后”员工管理

在中国,IBM有两万名员工,“80后”员工占到30%。“在未来的几年里,这个比例很快会提升到50%,甚至60%。”白艳表示。

由于IBM员工出生年代的构成从“50后”跨度到“80后”,这就对IBM的管理提出了挑战。“‘80后’并不是特殊的群体,他们只是带有一个时代的烙印,可能承受压力的耐力会弱一点。所以,任何时候沟通都很重要,对其表现要及时地给予肯定。”白艳对“50后”和“80后”做了一个非常形象的比较,在“50后”和“60后”的学生时代,老师总是给他们否定,但“70后”和“80后”恰恰相反,他们更需要鼓励。

IBM的人力资源部为此专门做了一个针对“80后”员工的调查,调查发现中国的“80后”有别于其他国家的“80后”,原因是中国的“80后”多是独生子女,对父母的依赖远远大于国外的“80后”。针对这个现象,IBM为他们提供了一个相互帮助的工作环境。

“‘80后’非常渴望学习,渴望为自己的职业生涯做出更好的规划。现在每个人都是知识工作者,如果今天企业不对他们进行一些投资,他们马上就会找另一家愿意做投资的企业。”白艳表示,无论是“50后”还是“80后”,IBM除了给他们创造一个相互了解的环境外,还会为员工提供一个不断学习和进步的环境,它具有一整套完善而创新的体制。在这样的体制下,员工可以利用学到的本领来展现自己的能力,同时,公司还可以帮助他们挖掘潜能,在双赢的情况下,公司和员工结成的是很好的“伙伴关系”。“培养女性的发展是IBM的战略任务,而为残障员工提供无障碍的工作条件是IBM义不容辞的责任。总之,IBM不会因为国家、性别、宗教、文化等因素而有任何歧视。”

无论IBM的多元文化如何演变,万变不离其宗——发现人的需求,满足人的需求。这样的多元文化使得IBM在进入新的国家或地区时,能迅速地使当地员工更好地融入进来,从而更有效地开展工作。

资料来源:六个维度诠释多元文化,IBM事在人为。http://tech.qq.com/a/20100105/000143.htm。

## 第一节 员工招聘管理的战略环境分析

### 3.1 战略环境分析的目的

#### 3.1.1 战略环境分析的定义

战略环境分析是指对组织所处的内外部竞争环境进行分析，以发现组织的核心竞争力，明确企业的发展方向、途径和手段。

战略环境分析是战略管理过程的第一个环节，也是制定战略的开端。战略环境分析的目的是展望组织的未来，这是制定战略的基础，战略是根据环境制定的，是为了使组织的发展目标与环境变化和组织能力实现动态的平衡。

#### 3.1.2 环境分析的目的

(1) 环境分析是组织制定人力资源战略、进行人力资源规划的基础。

(2) 通过环境分析，结合组织现有人力资源情况能够帮助其识别所面临的人力资源方面的挑战，为以后的发展提供人力资源保障。

(3) 随着外部环境日新月异的变化，组织唯有适应环境的变化，才能求得自身的生存与发展，在原有的基础上扩展自身的发展。因此，人力资源环境分析作为一项基础性工作，对处于变化迅速的动态环境中的组织非常重要。

### 3.2 战略环境分析的内容

组织的内外环境决定了其整体竞争战略，也就是说随着生产经营活动地不断拓展，组织人力资源与组织的其他资源一样，总是受到外部环境和内部条件的制约和影响，因此，在制定组织人力资源战略方案时，必须充分地把握组织内外部各种影响因素及其作用的程度，才能切实保证战略方案的科学性、合理性和可行性。

## 第二节 员工招聘管理的战略环境影响因素

总体来说，组织的战略环境可以分为外部环境因素和内部环境因素两大方面。组织外部环境是对组织外部的政治环境、社会环境、技术环境、经济环境等的总称。由存在于组织外部、通常短期内不为组织高层管理人员所控制的变量所构成。组织内部环境由存在于组织内部，具体包括组织结构、文化、资源三部分。

#### (一) 政治法律环境

组织经营离不开国家特定的政治制度、方针政策和法律环境的影响。组织制定和实施任何人力资源战略，都必须符合国家和地方政府主管部门发布的各种劳动法律、法令和法规，这是组织能够正常、永续经营的重要保证。目前，我国已经实施的《劳动法》、《工会法》、《妇女法》等法规对人力资源管理实践有重要的影响。

### （二）经济环境

经济环境是影响人力资源管理的主要外部环境因素、国家经济发展状况直接影响着社会的劳动力供需，从而对组织人力资源战略产生重要影响。经济发展强劲必然拉动各行业的发展，使劳动力需求增加，劳动力价格上升，组织人力资源成本也势必提高。相反，如果经济发展缓慢，则劳动力需求降低，价格下降，组织劳动力成本将会大大降低。

### （三）劳动力市场

劳动力市场是组织外部的人员储备，从这个市场中可以找到组织所需要的各种员工，因此，劳动力市场的变化也影响到组织劳动力的变化。在劳动力市场中劳动力参与率、人口平均寿命、特定岗位的素质和技能要求、经济发展水平与产业结构等都会影响市场中劳动力的变化。组织制定人力资源战略，必须确定一定时期内劳动力需求的种类和数量，必须了解社会劳动力的供给、构成以及对特定人力资源的市场需求，才能有的放矢，掌握主动。

### （四）自然环境

自然资源日益短缺，能源成本趋于提高，环境污染日益严重，政府对自然资源管理的干预不断加强。所有这些都直接或间接地给组织带来威胁或机会。

### （五）技术环境

组织经营中的技术变革对其经营产生了深刻的影响，随着技术与产品更新周期越来越短，导致现有岗位不断发生着变化，不断出现的新岗位要求更多掌握着新知识、新技术、新技能的员工来胜任。因此，组织要密切关注科技发展动向，预测本组织业务及岗位对工作技能需求的变化，制定和实施有效的人力资源开发计划。

### （六）社会文化环境

社会文化环境是指一个国家和地区的民族特征、文化传统、价值观、宗教信仰、教育水平、社会结构、风俗习惯等情况。社会文化是经过于百年逐渐形成的，它影响和制约着人们的观念和思维，影响着人们的行为。社会文化的影响主要反映在人们的基本信仰和行为方面。随着社会的进步，社会文化向多元化发展，更加开放，越来越多的组织开始重视"以人为本"的发展理念。

## 本章小结

战略环境分析是指对组织所处的内外部竞争环境进行分析，以发现组织的核心竞争力，明确企业的发展方向、途径和手段。组织的内外环境决定了其整体竞争战略。也就是说，随着生产经营活动地不断拓展，组织人力资源与组织的其他资源一样，总是受到外部环境和内部条件的制约和影响，因此，在制定组织人力资源战略方案时，必须充分地把握组织内外部各种影响因素及其作用的程度，才能切实保证战略方案的科学性、合理性和可行性。组织的战略环境可以分为外部环境因素和内部环境因素两大方面。组织外部环境是对组织外部的政治环境、社会环境、技术环境、经济环境等的总称。由存在于组织外部、通常短期内不为组织高层管理人员所控制的变量所构成。组织内部环境由存在于组织内部，具体包括组织结构、文化、资源三部分。

## 练习题

**一、思考题**

1. 组织员工招聘管理战略环境分析的目的是什么？
2. 影响员工招聘的外部环境因素和内部环境因素有哪些？
3. 不同的战略环境对员工招聘过程会发生哪些不同的影响？

**二、讨论题**

全球金融危机的爆发及中国经济结构性调整的叠加，使中小企业遇到了新情况、新问题，生存环境受到了前所未有的挑战。在新一轮的经济变革中，中小企业如果不能创新思维，抓住这次机遇，将会被淘汰出局。机遇与挑战并存，虽然从宏观上来看，企业生存和发展的环境更加残酷和恶化，但是新的机会不断地出现。电子商务的蓬勃发展、物联网技术及大数据的广泛应用、国家大力发展城镇化及第三产业在国民经济中的比重逐渐上升，新业态的出现为众多企业的发展带来新的契机。请思考中小企业在面对上述新环境时应该如何对其人力资源管理做出调整？

**三、案例分析**

据美国媒体综合报道，市场竞争日益加剧，投资未来显得至关重要。聪明的公司能够意识到实习生不只是毫无经验的短期雇员，而是未来的明星。在更新一款手机预定应用的几天前，谷歌公司将该项目的关键更新任务交给了暑期实习工程师艾尔林·梅纳德。这位23岁的麻省理工学院研究生说："在距离更新只有48小时的时候，我还没有完成工作，但公司依然选择相信我，让我继续做下去。在谷歌公司实习时，我觉得自己是一名真正的工程师。"在谷歌公司，实习生们不仅能够参与重要项目，还拥有极高的自主权。谷歌公司人力资源部负责人卡特琳·库克说："我们的宗旨是寻找未来的明星，培养那些真正有热情、有愿望改变世界的年轻人。"

虽然谷歌公司工作压力大、任务重，但公司将实习生与有经验的导师一一配对，由导师为实习生们解答工作问题、缓解压力并建立职业方向。谷歌公司还为实习生们提供了可观的薪水与灵活的工作时间。谷歌公司人力资源管理部称，实习生是谷歌公司的主要员工来源之一，可见谷歌公司实习生的满意度非常高。

其实，正确引导实习生工作可以为公司带来巨大收益，《福布斯》杂志撰稿人凯特·哈里森从不同方面总结了实习生的优势。首先，实习生可以为公司带来正能量。实习生渴望在短时间内证明自己的工作能力，因此，他们百分百投入，工作十分努力。这样的干劲能够为整个公司带来活力。其次，实习生们了解新媒体，活跃在脸书、推特、拼趣等社交网络中，点子丰富，可以帮助公司打开年轻人市场。例如，一位婚庆公司实习生在图片分享网站拼趣上为公司设立主页后，公司的业务量有了明显增长。最后，实习生们在实习期间已经了解了公司的运作，直接留用实习生可以为公司省下培训新员工的成本。

毋庸置疑，想要留住实习生也需要公司做出努力。哈里森给公司的建议是：了解每一个实习生的性格和职业发展规划，为他们安排合适的岗位与合理的目标；相信实习生的能力，给他们提供足够大的发展平台，带实习生参与真正的项目；评估实习生并及时给实习生反馈，促进实习生与公司共同成长。

**思考题**

1. 谷歌公司是怎样对待实习生的？

2. 将实习生视为未来明星的企业文化会对企业未来的员工招聘管理产生什么样的影响？

**四、课外实践题**

深入一家公司进行实地调查，与该公司的相关人员进行访谈或座谈，了解外部环境因素和内部环境因素会对组织的员工招聘管理产生什么样的影响？

# 第四章　员工招聘管理的前提工作

**本章学习目标**

☆ 了解组织人力资源规划的内容；
☆ 明确工作分析和岗位分析；
☆ 熟知工作分析的内容和方法。

**【本节案例:问题提出】**

### 宝洁的裁员风波

在2012年里,与宝洁公司相关的传言和风波一直都未停止。全球裁员、利润表现成谜、创新骨干被传大量流失,产品被指更新过慢等问题一直困扰着宝洁。在大日化行业整体不景气的情况下,人们不禁要问:宝洁到底怎么了?

而点燃人们敏感神经的消息是,宝洁全球首席执行官麦睿博宣布,作为在2016财年之前削减开支100亿美元计划的一部分,公司将会在非生产部门裁撤5 700个工作职位,裁员工作将在2013年6月30日之前完成。一时间,宝洁陷入了舆论的风口浪尖。

2012年12月5日,宝洁投资18亿元在江苏太仓兴建的华东生产物流基地的开业典礼正在举行,但被媒体追问的问题却是,宝洁全球裁员5 700人的计划是否会涉及宝洁中国公司。

宝洁大中华区总裁施文圣坦言:“裁员是全球的计划,但在中国会不断地投资。这个组织机构本身也是随着业务的发展在演变。”他特意强调:“宝洁太仓工厂将创造出1 000个工作岗位,2013年还将建成一家新的、更大的工厂。”但这样的解释并不能消释人们的疑问。

宝洁全球首席执行官麦睿博宣布的裁员计划,在宝洁内部被称为“生产效率(productivity)方案”。据悉,此次裁员计划已经分两批进行,第一批裁员人数为1 600人。

与全球裁员计划相伴随的是,宝洁大中华区销售总裁翟峰于2012年11月28日离职,结束了其21年的宝洁生涯。此后,“宝洁T4、T5等创新骨干大量离开,影响宝洁的创新能力”等传闻开始甚嚣尘上。面对传闻,施文圣回应:“在过去的两年当中,宝洁中国员工增加了20%以上,但是我们的业务增长(指销售额)是30%以上,所以我们在中国的生产效率是在不断提高的。”然而他也承认,“我们不希望在组织内部有多余脂肪的存在。”

一个可以被证实的说法是,此次宝洁的全球裁员的确会涉及宝洁中国公司,但此次“生产效率计划”属于全球性计划且仍在进行中,所以具体涉及哪些部门、哪些人目前尚不能确定。在宝洁内部,“裁员”已经成为一个敏感话题。宝洁中国公司发言人、传播与公关部总监梁云书面回复称:在过去的两年半中,我们招聘了超过1 200名新员工,创造了宝洁在中国历史上组织建设的新高。我们未来的详细招聘计划同我们的业务扩展相关,属于保密信息。

此外，即使宝洁中国被囊括在全球裁员计划之内，梁云表示，在裁员同时，宝洁中国的部分部门仍然处于扩张之中，如电子商务部门。罗兰贝格管理咨询公司执行总监俞巍透露，宝洁销售和市场人员的流失率一直保持在5%到10%。最近这段时间"略有上涨"，但仍未超出10%的业内平均水平。埃森哲大中华区消费产品和服务行业董事总经理黄伟强也不赞同"员工频繁跳槽"这一说法。"现在外面传宝洁是要做一些针对三四线市场的低端产品，很多人认为没意思所以跳槽，这个是站不住脚的。"施文圣也透露，"宝洁新招聘的员工(管培生)的保留率高达95%。"据悉，宝洁中国2012年招聘的管培生是400人左右，而非传闻中的600人。

资料来源：宝洁的烦恼 http://finance.ifeng.com/a/20140313/11877270_0.shtml

1988年宝洁公司在广州成立了中国第一家合资企业——广州宝洁有限公司，从此宝洁就以迅猛的发展优势占据中国日用品市场，曾经"一枝独秀"的宝洁，为何从2012年开始遭遇到前所未有的烦恼？为了实现其战略目标和经营目标，裁员成为其近期人力资源规划内容的一部分。可见，按照企业经营战略规划的要求，企业不仅需要把优秀的人招进来，而且还需要适当的裁员，这充分体现了人力资源规划对招聘工作的重要作用。

## 第一节　招聘工作量的前提——人力资源规划

### 4.1.1　人力资源规划概述

#### 4.1.1.1　人力资源规划的含义

人力资源规划是组织建立战略型人力资源管理体系的前瞻性保障，通过对组织人力资源的供需分析，预见人才需求的数量和质量要求，以此确定人力资源工作策略。人力资源规划咨询服务从组织战略出发，详尽分析组织所处行业和地域等外部环境，透彻了解组织现有的人力资源基础，结合强大的数据基础，准确预测组织未来发展所需的各类人力资源的数量、质量、结构等方面的要求，结合市场供需确定组织人力资源工作策略，制定确实可行的人力资源规划方案。

#### 4.1.1.2　人力资源规划的分类

一般地说，按照人力资源规划的时限划分，人力资源规划分为三种类型：长期人力资源规划、中期人力资源规划和短期人力资源规划。但对具体的时限却没有统一标准。有的企业将短期规划定为3—6个月，将中期规划定为6个月—2年，长期规划则定为2—5年。而有的企业，即使短期规划，也都定在10年以上。显然，具体的规划时限应根据组织的性质、规模来定。

#### 4.1.1.3　人力资源规划的作用

(1) 有利于组织制定战略目标和发展规划。人力资源规划是组织发展战略的重要组成部分，同时也是实现组织战略目标的重要保证。

(2) 确保组织生存发展过程中对人力资源的需求。人力资源部门必须分析组织人力资源的需求和供给之间的差距，制定各种规划来满足对人力资源的需求。

（3）有利于人力资源管理活动的有序化。人力资源规划是组织人力资源管理的基础，它由总体规划和各种业务计划构成，为管理活动（如确定人员的需求量、供给量、调整职务和任务、培训等）提供可靠的信息和依据，进而保证管理活动的有序化。

（4）有利于调动员工的积极性和创造性。人力资源管理要求在实现组织目标的同时，也要满足员工的个人需要（包括物质需要和精神需要），这样才能激发员工持久的积极性，只有在人力资源规划的条件下，员工对自己可满足的东西和满足的水平才是可知的。

（5）有利于控制人力资源成本。人力资源规划有助于检查和测算出人力资源规划方案的实施成本及其带来的效益。要通过人力资源规划预测组织人员的变化，调整组织的人员结构，把人工成本控制在合理的水平上，这是组织持续发展不可缺少的环节。

### 4.1.2 人力资源规划的内容

（1）战略规划：是根据组织总体发展战略的目标，对组织人力资源开发和利用的方针，政策和策略的规定，是各种人力资源具体计划的核心，是事关全局的关键性计划。

（2）组织规划：组织规划是对组织整体框架的设计，主要包括组织信息的采集、处理和应用，组织结构图的绘制，组织调查，诊断和评价，组织设计与调整，以及组织机构的设置等等。

（3）制度规划：制度规划是人力资源总规划目标实现的重要保证，包括人力资源管理、制度体系建设的程序、制度化管理等内容。

（4）人员规划：人员规划是对组织人员总量、构成、流动的整体规划，包括人力资源现状分析、企业定员、人员需求和供给预测和人员供需平衡等等。

（5）费用规划：费用规划是对组织人工成本、人力资源管理费用的整体规划，包括人力资源费用的预算、核算、结算以及人力资源费用控制。

### 4.1.3 人力资源规划的目标

（1）确保组织得到和保持一定数量具备特定技能、知识结构和能力的人员；

（2）充分利用现有人力资源；

（3）能够预测组织中潜在的人员过剩或人力不足；

（4）建设一支训练有素，运作灵活的劳动力队伍，增强组织适应未知环境的能力；

（5）减少组织在关键技术环节对外部招聘的依赖性。

### 4.1.4 人力资源规划的程序

（1）环境分析。分析组织所处的外部环境及行业背景，提炼对于组织未来人力资源的影响和要求；对组织未来发展目标以及目标达成所采取的措施和计划进行澄清和评估，提炼对组织人力资源的需求和影响。

组织人力资源部门正式制定人力资源规划前，必须向各职能部门索要组织整体战略规划数据、组织结构数据、财务规划数据、市场营销规划数据、生产规划数据、新项目规划数据、各部门年度规划数据信息。整理组织人力资源政策数据、文化特征数据、行为模型特征数据、薪酬福利水平数据、培训开发水平数据、绩效考核数据、人力资源人事信息数据、人力资源部职能开发数据。人力资源规划专职人员负责从以上数据中提炼出所有与人力资源规划有关的数据信息，并且整理编报，为有效的人力资源规划提供基本数据。

(2) 人力资源现状分析源。员工数量、质量、结构等静态分析，以及员工流动性等动态分析，以及人力资源管理关键职能的效能分析。具体包括：组织现有员工的基本状况、员工具有的知识与经验、员工具备的能力与潜力开发、员工的普遍兴趣与爱好、员工的个人目标与发展需求、员工的绩效与成果、近几年人力资源流动情况、人力资源结构与现行的人力资源政策等。

(3) 人力资源需求预测。通过对组织、运作模式的分析，以及各类指标与人员需求关系分析，提炼组织人员配置规律；对未来实现企业经营目标带来人员需求进行预测。

需求分析的主要任务是分析影响组织人力资源需求的关键因素，确定组织人力资源队伍的人才分类、职业定位和质量要求，预测未来三年人才队伍的数量，明确与组织发展相适应的人力资源开发与管理模式。

组织的人力资源需求预测主要是基于其发展实力和发展战略目标的实现规划。人力资源部门必须了解组织的战略目标分几步走，每一步需要什么样的人才和人力做支撑，需求数量是多少，何时引进比较合适，人力资源成本分析等内容，然后才能够做出较为准确的需求预测。

(4) 人力资源外部供给预测。外部人力资源供给预测包括：本地区人口总量与人力资源比率、本地区人力资源总体构成、本地区的经济发展水平、本地区的教育水平、本地区同一行业劳动力的平均价格与竞争力、本地区劳动力的择业心态与模式、本地区劳动力的工作价值观、本地区的地理位置对外地人口的吸引力、外来劳动力的数量与质量、本地区同行业对劳动力的需求等。

(5) 人力资源规划目标。组织人力资源战略规划的制定是基于以上获得的信息来开展的，是与组织的发展战略相匹配的人力资源总体规划：对于员工总量、结构数量等目标进行评估、总结和确认，并确定企业不同人员的能力素质目标。

(6) 行动方案。制定达成规划目标的措施与途径；拟定招聘、培训、激励等策略。主要内容包括：与组织的总体战略规划有关的人力资源规划目标、任务的详细说明；组织有关人力资源管理的各项政策策略及有关说明；组织业务发展的人力资源计划；组织员工招聘计划、升迁计划；组织人员退休、解聘、裁减计划；组织员工培训和职业发展计划；组织管理与组织发展计划；组织人力资源保留计划；组织生产率提高计划等相关内容。一份完整的人力资源战略规划是组织人力资源管理的基础和核心，组织的人力资源其他管理工作都会时刻围绕着它来不断展开。

### ※【知识链接 4－1】

#### 独特的欧莱雅人力资源规划

一切企业管理的问题说白了就是人的问题、人的管理的问题。

欧莱雅在 1907 年由 Eugene Schueller 创立的。2003 年，欧莱雅集团全球销售额达 140.2 亿欧元。作为财富 500 强之一、世界第一大化妆品公司的欧莱雅集团，其经营活动已遍及 150 多个国家和地区，在世界各地拥有员工 5 万多人。

欧莱雅 1996 年全面落户中国大陆。2004 年年初，欧莱雅继收购小护士之后，又闪电般地虎口夺食，从宝洁手中“抢”走知名化妆品牌——羽西，震惊了整个化妆品界。

欧莱雅显然是有备而来，因为它在企业管理，特别是人才管理上有一套成熟而有效的管理方法。它的战略性人才招聘的策略更是为人所称道。正是因为它的战略性的招聘，使自己的品牌得到了不断的提升，更是聚集了大量的人才。

1. 思路：人力资源的提前开发

2003 年的 9 月，虽然 2004 届毕业生距离毕业还有近一年的时间，但南京的“准”毕业生们已经吸引了欧莱雅的注意，其主办的一场“工业设计大赛”已经让学生们真实了解到了欧莱雅的文化。

此次欧莱雅大赛主题是做一套环保化妆品的方案，获奖者分别有10 000 元，5 000 元和 2 000 元的奖励。除了高额奖金以外，获奖者均可获得在欧莱雅 6 个月的实习期。

对于这样的活动，很多企业都在搞，但是它们收到的效果却是非常有限的，因为常规的企业并没有把活动放进自己企业的人才管理的体系，最多是为了推广自己的产品。与这些企业不同，欧莱雅的校园活动现在已经是欧莱雅人力资源战略的一个重要部分。校园活动只是为吸引人才做热身运动罢了。

企业人力资源开发常规的方法是，把某一个员工招进公司，从那一刻起开始给他职业培训，为他设计职业发展道路等。显然，欧莱雅的思路不同，它提出了“提前进行人力资源开发”的思路。欧莱雅认为，创造与人才接触的机会，才是人力资源发展的第一步。

自然，欧莱雅首先想到的是大学，因为大学是欧莱雅未来人才的培养基地。

“提前进行人力资源开发”的第一步就是，要让大学生们在大二、大三的时候就开始了解欧莱雅，了解欧莱雅的企业文化、价值观、市场策略，了解欧莱雅的产品和管理。

欧莱雅希望这些大学生在将来入职的那一刻就能起飞。加快他们迈向成功的步伐，也可减少企业后期培训的投入。欧莱雅认为，这样的人力资源开发是相对稳定的。

2. 操作：打造品牌赛事

在有了人力资源提前开发的思路之后，欧莱雅不断进行校园活动地推广，但是欧莱雅逐渐发现，这些活动如果只是平铺下去的话，效果并不好，打造一个品牌性的学生参与度高的比赛才是重要工作。于是“欧莱雅全球在线商业策略大赛”逐渐发展开来。

“全球在线商业策略竞赛”于 2000 年开始，由欧莱雅和《商业周刊》及欧洲著名职业培训软件开发公司 Strat X 联合举办。目前，“全球在线商业策略竞赛”已经成为世界上唯一一项向全球所有大学生包括 MBA 学生开放的商业模拟竞赛。

那么，欧莱雅是如何运作这项赛事，如何在这样的大赛中发掘人才的呢？

竞赛模拟新经济环境下国际化妆品市场的现状，结合商业竞争的各主要要素，让每一位渴望成为未来企业家的大学生有机会在虚拟但又近乎现实的网络空间里，通过运用他们的专业知识和技能，管理和运行一个企业，并根据竞争状况对本公司的主要产品在研发、预算、生产、定价、销售、品牌定位和广告投入等方面做出全方位的战略性决策。这项赛事主要考察各参赛队伍对公司运作、战略制定与实施、市场开拓和培育，财务数值分析，及市场变化的综合分析和随机应变能力。

整个竞赛过程全部在线进行，每 8 天一轮，共计 6 轮。比赛中，三人一组的参赛队伍将自己置身于跨国公司的经理席上，在高度逼真的网络世界里拥有自己的一家化妆品公司，与网上虚拟的另外四家公司进行角逐，最后以公司股票价格的高低来排定名次。

根据安排，入围的队伍被划分成几个赛区，在6周内进行5轮比赛，成绩靠前的队伍将进入半决赛，这些队伍将提交一份完整的商业计划书并进行第6轮比赛，由此产生全球各赛区的区冠军队伍。

竞赛首轮实行淘汰制，目的是要从大量的报名参赛队伍中筛选出一定数量的正式参赛队，比如2003年的时候就从5 600支报名队伍中筛选出800支正式参赛队伍。

最终，各区冠军队伍将受邀到欧莱雅公司的巴黎总部进行最后的总决赛，届时他们将向主要由欧莱雅总部高层管理人员组成的评审团"推销"自己的虚拟公司，由此产生两个组的全球总冠军。全球总冠军队伍将获得在世界任何一地免费一周游的机会，目的地由获奖者自行确定。各区冠军队伍则有机会进行3天的巴黎之旅。

通过竞赛选拔人才的方式并不新鲜，但像欧莱雅这样能把一场商业竞赛做得如此有趣的并不多。

3. 效果：一箭双雕

欧莱雅全球在线商业策略竞赛的前期设计、后期的在线管理以及从全球各地飞向巴黎的冠军们的费用是巨大的，这些费用都由欧莱雅总部统一支出。

天下没有白吃的午餐。通过商业策略大赛，欧莱雅一箭双雕。

"商业策略大赛"给欧莱雅提供了一个与全球各地学生交流的绝佳机会，欧莱雅因此与这个年轻和富有活力的群体保持联系，了解他们的期望。欧莱雅还因此发现了人才，通过运用这种国际化的招聘工具，吸引来自全球的精英。

欧莱雅明确表示，也许他们不能仅仅通过一次比赛就决定是否录用一位参赛者，但比赛确实为他们与潜在的雇员之间建立了一座互相发现、增进了解的桥梁。

欧莱雅对优秀的选手很感兴趣，比赛结束后，欧莱雅会主动和他们联系，共同探讨他们在欧莱雅可能的职业发展机会，但欧莱雅并没有硬性的数量指标。通过几轮比赛后，人力资源部门就能对选手的表现有一个大致地了解。欧莱雅一般都会给在商业策略竞赛取得优异成绩的学生优先面试的机会。

欧莱雅认为，在商业策略大赛中取得好成绩的人在面试的时候会有一定的优势，但并不意味着他们就一定适合这份工作，毕竟比赛和实际工作有一定的差距。

当然，欧莱雅通过商业策略大赛招募的人也不局限于在当年竞赛中表现出色的学生。欧莱雅人力资源部保留了所有曾经参加竞赛学生的资料，一旦有人来欧莱雅应聘，公司发现他曾经在往年的比赛中有出色表现，这对公司与人才的沟通来说显然是一个好的开始。

通过商业策略大赛这种形式，欧莱雅建立了一个丰富的人才资源库，以保证欧莱雅能持续地招募到全球的优秀人才。

多数跨国公司的全球人力资源架构基本遵循"总部-区域（如亚太）-单一国家（如中国）"的路径，由于业务范围广，人力供给链条太长，利弊同时都被放大：用人得当则"海纳百川"，用人不当则"危机四伏"。

欧莱雅的人力资源架构显然更胜一筹。

4. 分析总结

为什么我们的企业总是面临着人才短缺的烦恼：业务高速发展却缺乏相应的人才，员工的频频辞职使工作难以为继,工作效率的低下让主管大为恼火。

答案是,企业没有发掘人才的渠道。

为了避免人才流失带来的损失,我们出台了各种各样的政策和改进方式,但是为什么效果就是没有预期的理想:员工情绪依然低落,辞职怠工不断发生?

答案是,因为企业所做的都是亡羊补牢。

那么,如何有效整合企业人力资源,最大限度地发挥人才的作用,做好招聘工作无疑是人力资源工作的关键。

欧莱雅的战略性招聘,从一开始就将其参加对象锁定为全球顶尖的MBA,保证了参赛者的素质和能力。而通过激烈的竞争和层层地选拔,在商业策略竞赛中脱颖而出的优胜者无疑是精英中的精英。欧莱雅从这样的群体中挑选其未来管理人员的预备队,无疑保证了候选人的素质。

目前国内流行的各类人才选拔的方法还以传统的笔试、面试为主,而案例分析、in-tray test、商业模拟等"仿真练习"的方式较少。欧莱雅则是领先一步,通过全球在线商业策略竞赛的方式,仿真的商业环境中来测试应聘人员的全面战略管理能力,让企业有机会近距离地观察参赛选手的表现,判断其在未来工作中的潜力。

全球在线商业策略竞赛的做法也为中国企业吸引人才提供了启发。

首先,应该积极开辟吸引人才的渠道:对于人才引进的渠道进行细分,并针对不同的候选人群体设计不同的策略。

其次,引进新的人才选拔方法。从对学历、技能和经验的审核,发展到有针对性地测评本企业需要的特定素质。

最后,培育雇主品牌。在毕业生、求职者和潜在的候选人中树立良好雇主形象,为未来的人才争夺战建立优势。

资料来源:百度文库 http://www.wendangku.net/doc/fbded8ea102de2bd960588f7.html

## 第二节　招聘工作质的前提——工作分析

### 4.2.1　工作分析概述

工作分析是对组织中某个特定职务的设置目的、任务或职责、权力和隶属关系、工作条件和环境、任职资格等相关信息进行收集与分析,并对该职务的工作做出明确的规定,且确定完成该工作所需的行为、条件、人员的过程。工作分析是人力资源管理工作的基础,其分析质量对其他人力资源管理模块具有举足轻重的影响。

4.2.1.1　工作分析的含义

工作分析(JobAnalysis)又称职位分析、岗位分析或职务分析,工作分析是通过系统全面的情报收集手段,提供相关工作的全面信息,以便组织进行改善管理效率。工作分析是人力资源管理工作的基础,其分析质量对其他人力资源管理模块具有举足轻重的影响。工作分析在人力资源管理中的位置，通过对工作输入、工作转换过程、工作输出、工作的关联特征、工作资源、工作环境背景等的分析，形成工作分析的结果——职务规范(也称为工作说明书)。职务规范包括工作识别信息、工作概要、工作职责和责任，以及任职资格的标准信息，为其他人力资源管理职能的使用提供方便。

### 4.2.1.2　工作分析的作用

1. 工作分析为人力资源开发与管理活动提供依据

(1) 工作分析为人力资源规划提供了必要的信息；

(2) 工作分析为人员的招聘录用提供了明确的标准；

(3) 工作分析为人员的培训开发提供了明确的依据；

(4) 工作分析为科学的绩效管理提供了帮助；

(5) 工作分析为制定公平合理的薪酬政策奠定了基础。

2. 工作分析为组织职能的实现奠定基础

(1) 工作分析有助于员工本人反省和审查自己的工作内容和工作行为，以帮助员工自觉主动地寻找工作中存在的问题，圆满实现职位对于组织的贡献；

(2) 在工作分析过程中，人力资源管理人员能够充分地了解组织经营的各个重要业务环节和业务流程，从而有助于人力资源管理职能真正上升到战略地位；

(3) 借助工作分析，可以发现职位之间的职责交叉和职责空缺现象，并通过职位及时调整，提高组织的协同效应。

### 4.2.1.3　工作分析的术语

在工作分析中，会涉及一些常用术语，但这些术语又常被人们混淆，因此，掌握和了解这些术语对工作分析是十分必要的。

(1) 工作要素。工作要素是指工作中不能继续再分解的最小动作单位。例如，饭店的迎宾服务工作要素：开门、请客人进来。

(2) 工作任务。任务是指工作中为了达到某种目的而进行的一系列活动。任务可以由一个或多个工作要素组成。例如，工人给产品贴标签这一任务只有一个工作要素。上面提到的迎宾员，任务是迎接客人，包括两个工作要素。

(3) 工作要项。工作就是组织为达到目标必须完成的若干任务的组合。一项工作可能需要一个人完成，如公司总经理的工作也可能需要若干人完成。

(4) 职责。职责是指任职者为实现一定的组织职能或完成工作使命而进行的一个或一系列的工作。

(5) 职位。职位也叫岗位，是指担负一项或多项责任的一个任职者所对应的位置。一般情况下，有多少个职位就有多少个任职者。例如，经理、秘书、财务总监等。应该注意的是职位是以事为中心而确定的，它强调的是人所担任的岗位，而不是担任这个岗位的人。职位是确定的，而职位的任职者是可以更换的。

(6) 职务。职务是由一组主要责任相似的职位组成的，也称为工作。在不同的组织中根据不同的工作性质，一种职务可以有一个或多个职位。例如，处长这一职务，在不同的部门都设有这个职位。职务具有职务地位和职务位置的双重含义。即在同一职位，职务可以不同，如同是副厂级干部，却分为第一副厂长、第二副厂长等。虽然都是副厂级，但其职务地位却不同。一个职务也可以有多个职位。如办公室需要两个秘书，即一个职务有两个职位或需要更多的人来承担这一工作。而对于科长，则由一人担当，它既表示职位又表示职务。一般情况，职务与职位是不加以区别的。但是，职务与职位在内涵上是不同的，职位意味着要承担任务和责任，它是人与事的有机结合体；而职务是指同类职位的集合体，是职位的统称。如行政管理部门的处级干部，职务都是处级干部，但是，职位却相当多。职位又称为编制。所以职位的数量是有限的。一个人担当的职务不是终身制，但对这一职务他可以是专任也可以是兼任，可以是长设，也可以是临时的，所以职务是经常变化的。但是职位是不随人员的变动而变动，它是相对稳定的。职位可以进行分类，而职务一般不进行分类。

(7) 职位分类。职位分类是指将所有的工作岗位(职位)，按其业务性质分为若干职系、职组(横向)，然后按责任大小、工作的难易程度和技术高低又分为若干个职级、职业等。对每一职位给予准确的定义和描述，制成职务说明书，以此作为对聘用人员管理的依据。① 职系。职系是指一些工作性质相同，而责任轻重和困难程度不同的工作。② 职组。职组是指工作性质相近的若干职系的总和。③ 职级。职级是分类结构中最重要的概念，是指将工作内容、难易程度、责任大小、所需资格皆很相似的职位划为同一职级，实行同样的管理、使用和报酬。④ 职业。职业是一个更广泛的概念，它是指在不同的组织中从事相似活动的一系列职务。职业的概念有较大的时间跨度，处在不同时期，从事相似工作活动的人都可以被认为具有相同的职业。例如，教师、工程师、工人、服务员等都属于职业。

(8) 职权。职权是指依法赋予的完成特定任务所需要的权力，职责与职权紧密相关。特定的职责要赋予特定的职权，甚至特定的职责等同于特定的职权。例如，企业的安全检查员对企业的安全检查，这既是他的职责又是他的职权。

### 4.2.2 工作分析的内容

工作分析是指对工作进行整体分析，以便确定每一项工作的 6W1H：用谁做(Who)、做什么(What)、何时做(When)、在哪里做(Where)、如何做(How)、为什么做(Why)、为谁做(Whom)。分析的结果或直接成果是岗位说明书。岗位说明书是记录工作分析结果的文件，它把所分析该岗位的职责、权限、工作内容、任职资格等信息以文字形式记录下来，以便管理人员使用。工作分析是现代人力资源管理的基础，只有在客观、准确的工作分析基础上才能进一步建立科学的招聘、培训、绩效考核及薪酬管理体系。

工作分析由两大部分组成：工作描述和工作说明书。

1. 工作描述

工作描述具体说明了某一工作职位的物质特点和环境特点，主要包括以下几个方面：

(1) 职位名称。指组织对从事一定工作活动所规定的职位名称或职位代号，以便对各种工作进行识别、登记、分类以及确定组织内外的各种工作关系。

(2) 工作活动和工作程序。包括所要完成的工作任务、工作责任、使用的原材料和机器设备、工作流程、与其他人的正式工作关系、接受监督以及进行监督的性质和内容。

(3) 工作条件和物理环境。包括工作地点的温度、光线、湿度、噪音、安全条件、地理位置、室内或室外等等。

（4）社会环境。包括工作群体中的人数、完成工作所要求的人际交往的数量和程度、各部门之间的关系、工作地点内外的文化设施、社会习俗等等。

（5）聘用条件。包括工时数、工资结构、支付工资的方法、福利待遇、该工作在组织中的正式位置、晋升的机会、工作的季节性、进修的机会等等。

2. 工作说明书

工作说明书又称职位要求，要求说明从事某项工作职位的入职人员必须具备的生理要求和心理要求。主要包括以下三个方面：

（1）一般要求。主要包括年龄、性别、学历、工作经验等等。

（2）生理要求。主要包括健康状况、力量和体力、运动的灵活性、感觉器官的灵敏度等等。

（3）心理要求。主要包括观察能力、集中能力、记忆能力、理解能力、学习能力、解决问题的能力、创造性、数学计算能力、语言表达能力、决策能力、特殊能力、性格、气质、兴趣爱好、态度、事业心、合作性、领导能力，等等。

### 4.2.3　工作分析的流程

工作分析是对工作做一个全面的评价过程，这个过程可以分为准备阶段、调查阶段、分析阶段和总结及完成阶段四个阶段。

1. 准备阶段

准备阶段的任务是了解有关情况，建立与各种信息渠道的联系，设计全盘的调查方案，确定调查的范围、对象与方法。

（1）确定工作分析的意义、目的、方法与步骤。

（2）组成由工作分析专家、岗位在职人员、上级主管参加的工作小组，以精简、高效为原则。

（3）确定调查和分析对象的样本，同时考虑样本的代表性。

（4）根据工作分析的任务、程序，将工作分析分解成若干工作单元和环节，以便逐项完成。

（5）做好其他必要的准备工作。在进行工作分析之前，应由管理者向有关人员介绍并解释，使有关人员对分析人员消除不必要的误解和恐惧心理，帮助两者建立起相互信任的关系。

2. 调查阶段

调查阶段是工作分析的第二阶段。主要工作是对整个工作过程、工作环境、工作内容和工作人员等方面做一个全面地调查。具体工作如下：

（1）编制各种调查问卷和提纲。

（2）在调查中，灵活运用面谈法、问卷法、观察法、参与法、实验法，关键事件法等不同的调查方法。

（3）根据工作分析的目的，有针对性地搜集有关工作的特征及所需要的各种数据。

（4）重点收集工作人员必要的特征信息。

（5）要求被调查人员对各种工作特征和人员特征的问题发生频率和重要性做出等级评定。

3. 分析阶段

分析阶段是对调查阶段所获得的信息进行分类、分析、整理和综合的过程，也是整个分析活动的核心阶段。具体工作如下：

(1) 整理分析资料。将有关工作性质与功能调查所得资料，进行加工整理分析，分门别类，编入工作说明书与工作规范的项目内。

(2) 创造性地分析、揭示各职位的主要成分和关键因素。

(3) 归纳、总结出工作分析的必需材料和要素等工作。

4. 总结及完成阶段

总结及完成阶段是工作分析的最后阶段。这一阶段的主要任务是：在深入分析和总结的基础上，编制工作说明书和工作规范。

(1) 将信息处理结果写成职务说明书，并对其内容进行检验。

(2) 召开工作说明书和工作规范的检验会时，将工作说明书和工作规范初稿复印，分发给到会的每位人员。

(3) 将草拟的"职务描述书"与"任职说明书"与实际工作对比，以决定是否需要进行再次调查。

(4) 修正"职务描述书"与"任职说明书"，对特别重要的岗位，还应按前面的要求进行再修订。

(5) 将"职务描述书"与"任职说明书"应用于实际工作中，并注意收集应用的反馈信息，不断完善这两份文件。

(6) 对工作分析工作进行总结评估，并以文件形式将"职务说明书"确定下来并归档保存，为今后的工作分析提供经验与信息基础。

工作职务说明书要定期进行评审，看看是否符合实际的工作变化，同时要让员工参与到工作分析的每个过程。一起探讨每个阶段的结果，共同分析原因，遇到需要调整时，也要员工加入调整工作。只有亲身体验才能加强员工对工作分析的充分认识和认同，从而在实践中被有效实施。

### 4.2.4 工作分析的方法

1. 工作实践法

(1) 可以了解工作的实际任务以及该工作对人的体力、环境、社会等方面的要求；

(2) 观察、记录与核实工作负荷与工作条件；

(3) 观察、记录、分析工作流程及工作方法，找出不合理之处；

适用于短期内可以掌握的工作，而对于需要大量训练才能掌握或有危险的工作，不宜采用此法，如飞行员、脑外科医生、战地记者。

2. 访谈法

访谈法可以分为：个别访谈法、集体访谈法、主管访谈法。

(1) 访谈原则及标准

所提问题和职务分析的目的有关；

职务分析人员语言表达要清楚、含义准确；

所提问题必须清晰、明确，不能太含蓄；

所提问题和谈话内容不能超出被谈话人的知识和信息范围；

所提问题和谈话内容不能引起被谈话人的不满或涉及被谈话人的隐私。

(2) 成功访谈要点

预先准备访谈提纲；

与主管密切配合，找到最了解工作内容、最能客观描述工作职责的员工；

尽快与被访谈者建立融洽的感情氛围(知道对方姓名、明确访谈目的及选择对方的原因)；

访谈中应该避免使用生僻的专业词汇；

访谈者应只能被动地接受信息；

就工作问题与员工有不同意见，不要与员工争论；

员工对组织或主管有抱怨，也不要介入；

不要流露出对某一岗位薪酬的特殊兴趣；

不要对工作方法与组织的改进提出任何批评与建议；

请员工将工作活动与职责按照时间顺序或重要程度顺序排列，这样就能够避免一些重要的事情被忽略；

访谈结束后，将收集到的信息请任职者和主管阅读，以便修正。

**表 4.1　工作分析访谈提纲示例**

**工作分析访谈提纲**

**一、工作目标**

1. 此岗位的工作目标是什么?
2. 此岗位最终要取得什么结果?

**二、工作地位**

1. 您所做的工作在组织中的作用是什么? 或者说组织流程图中所处的位置是怎样的?
2. 您与上下属之间的职能关系是什么? 负有何种监督职责?
3. 与您进行工作联系的主要人员有哪些? 联系的主要方式是什么?

**三、工作内容**：

1. 您所从事的是一项什么样的工作?
2. 您在工作中真正参与的活动有哪些?

**四、工作职责**：

1. 您所从事工作的基本职责是什么?
2. 您所在职位的主要职责是什么? 你是如何做的?
3. 您在完成岗位职责的过程中遇到的主要困难和问题是什么?
4. 组织所赋予您的最主要的权限有哪些? 您认为这些权限有哪些是合适的，哪些需要重新界定?

**五、绩效标准**

1. 您的工作的绩效标准有哪些?
2. 您实际完成的情况与绩效标准之间存在何种差距?
3. 您认为衡量能否出色完成您所在岗位职责的标准是什么?

**六、工作背景**

1. 您的工作环境和工作条件如何?

2. 您的工作环境与别人有何不同？
3. 工作对安全和健康的影响如何？有可能会受到身体伤害吗？

**七、任职资格**

1. 这项工作所需具备的教育程度、工作经历、技能是怎么样的？
2. 工作对身体的需求是怎么样的，工作对情绪、心理和能力的要求又是怎么的？

**八、工作中的问题**

1. 您认为此工作对您最大的挑战是什么？
2. 您对此工作最满意和最不满意的地方分别是什么？
3. 您工作中自主决策的机会有多大？
4. 工作中是否经常加班？工作繁忙程度是否具有很大的不均衡性？

（3）访谈法的优缺点

① 优点：

一种被广泛采用、相对简单、便捷的搜集信息的方法，而且适用面较广，尤其是用来达到编制工作描述的目的；

经常被作为其他信息收集方法的辅助，如当问卷填写不清楚、观察员工工作时存在问题等；

通过访谈能探察到一些不为管理层知晓的内容，如工作态度、工作动机等较深层次的东西或一些管理问题；

方式亲切，能拉近访谈者与员工的关系。

② 缺点：

对访谈者技巧要求高，如运用不当可能影响信息收集的质量；不能作为工作分析的唯一方法；

打断被访问人员的正常工作，有可能造成生产的损失；

可能会因问题不够明确或不够准确而造成双方误解或信息失真。

（4）访谈法的典型提问方式

尽管访谈法有其不足，但还是被广泛地使用着。下面是一些在访谈时所运用的典型提问方法：

你所做的是一种什么样的工作？

你所在职位的主要职责是什么？你是如何处理的？

你的工作环境与别人的有什么不同？

做这项工作所需具备的教育程度、工作经历、技能是怎样的？它要你必须具有什么样的文凭或工作许可证？

你都参加些什么活动？

这种工作的职责和任务是什么？你所从事的工作的基本职责是什么？说明你工作绩效的标准有哪些？

你真正参与的活动都包括哪些？

你的责任是什么？你的工作环境和工作条件是怎样的？

工作对身体的要求是怎样的？工作对情绪和脑力的要求又是怎样的？

工作对安全和健康的影响如何？

在工作中你有可能会受到身体伤害吗？你在工作时会暴露于非正常工作条件下吗？运用访谈法进行工作分析时可以提出的问题还远不止这些。一般认为，富有成效的访谈是根据一张结构合理或可以加以核正、对比的问卷来进行。这种工作分析问卷包括了一系列与以下内容有关的信息：工作的总体目的；监督职责；工作责任；对教育、经历、技能等的要求等。工作分析人员在运用这种问卷表格来搜集信息时，既可以通过观察工作的实际进行情况来自行填写，也可以先由承担工作的人填写，然后由工作分析人员来加以整理。

3. 问卷调查法

(1) 优点：

能够从众多员工处迅速得到信息，节省时间和人力，费用低；

员工填写工作信息的时间较为宽裕，不会影响工作时间；

适用于在短时间内对大量人员进行调查的情形；

结构化问卷所得到的结果可由计算机处理。

(2) 缺点：

问卷的设计需要花费时间、人力和物力，费用较高；

单向沟通方式，所提问题可能部分地不为员工理解；

可能造成填写者不认真填写，影响调查的质量。

4. 观察法

(1) 观察法的原则及标准

被观察者的工作应相对稳定、工作场所也应相对固定，这样便于观察；

适用于大量标准化的、周期较短的以体力活动为主的工作，如组装线工人、会计员，而不适用于脑力活动为主的工作如律师、设计工程师等工作；

观察者尽可能不要引起被观察者的注意，也不要干扰被观察者的工作，否则可能引起霍桑效应；

对于不能通过观察法得到的信息，应辅以其他形式如访谈法来获得；

观察前要有详细的观察提纲；

可以采用瞬间观察，也可以定时观察。

(2) 观察法的优缺点

① 优点：

操作较灵活、简单易行；

直观、真实，能给岗位分析人员直接的感受，因而所获得的信息资料也较准确；

可以了解广泛的信息，如工作活动内容、工作中的正式行为和非正式行为，工作人员的士气等。

② 缺点：

不适用于脑力劳动成分较高的工作，以及处理紧急情况的间歇性工作；

对有些员工而言难以接受，会觉得自己受到监视或威胁，从而从心理对工作分析人员产生反感。

**表 4.2 工作分析观察提纲(部分)**

| | |
|---|---|
| 被观察者姓名:________ | 被观察者职位:________ |
| 观察者姓名:________ | 观察时间:________ |
| 工作类型:________ | 直接主管:________ |
| 观察内容: | |
| 1. 什么时候开始正式工作________ | |
| 2. 上午工作多少小时________ | |
| 3. 上午休息几次________ | |
| 4. 第一次休息时间从________到________ | |
| 5. 第二次休息时间从________到________ | |
| 6. 上午完成产品多少件________ | |
| 7. 平均多长时间完成一件产品________ | |
| 8. 与同事交谈约多长时间________ | |
| 9. 每次交谈约多长时间________ | |
| 10. 室内温度________度 | |
| 11. 上午抽了几支香烟________ | |
| 12. 上午喝了几次水________ | |
| 13. 什么时候开始午休________ | |
| 14. 出了多少次品________ | |
| 15. 搬了多少次原材料________ | |
| 16. 工作地噪音分贝是多少________ | |

5. 日志法

(1) 日志法原则及标准

若运用得好,能获得大量的、更为准确的信息;

前期直接成本小;

收集信息可能较凌乱,整理工作复杂;

加大员工工作的负担;

也存在夸大自己工作重要性的倾向。

(2) 日志法的优缺点

① 优点:

由于工作日志应是在工作不知觉状态下的忠实记录,因而资料来源比较可靠;

工作记录本身非常翔实,提供的信息充分。

② 缺点:

需要积累的周期较长,时间成本高;

资料口径可能与岗位分析的要求有出入,因而整理的工作量较大;

工作日志往往有夸大的倾向,不利于信息的收集。

**表 4.3　工作日志示例**

**工作日志**

**一、工作日志基本信息**

姓名：

年龄：

岗位名称：

所属部门：

直接上级：

从事本业务工龄：

填写日期自____月____日

至____月____日

**二、工作日内容**

____年____月____日

工作开始时间：________

工作结束时间：________

| 序号 | 工作活动名称 | 工作活动内容 | 工作活动结果 | 工作活动起止时间 | 工作地点 | 工作关系 | 工作性质 | 备注 |
|---|---|---|---|---|---|---|---|---|
| 1 | | | | | | | | |
| 2 | | | | | | | | |
| 3 | | | | | | | | |
| … | | | | | | | | |

填表人签字：________

审　核　人：________

6. 关键事件法

关键事件法就是收集、整理导致某工作成功或失败的典型、重要的行为特征或事件。它是在二战期间由 John Flanagan 开发出来用于识别各种军事环境下提高个人绩效的关键性因素的手段和方法；John Flanagan 认为，关键事件法应对完成工作的关键性行为进行记录，以反映特别有效和特别无效的工作行为。

关键事件法需要专业人员对“关键性事件和行为”进行信息收集、概括和分类，由于它没有提供对工作全方位的描述和探察，所以主要应用于下述工作分析目的：绩效评价标准的建立、甄选标准的开发以及培训员工。

**表 4.4 关键事件记录示例**

| |
|---|
| 请以您多年的工作经验，回忆工作者在工作中有哪些显著、典型的行为，能够反映出不同水平的工作绩效：非常有效（好）、非常无效（差）。<br>1. 引起这个行为范例的环境是什么？<br>2. 请详细描述那些能够反映出不同水平的工作绩效的显著的行为。<br>3. 这些行为的后果是什么？<br>4. 请提供以下的信息。<br>a. 工作名称：<br>b. 工作绩效范围：<br>c. 绩效等级划分：1 2 3 4 5 6 7 8 9<br>差 适中 好 |

7. 亲验法

亲验法顾名思义，就是工作分析人员到被分析的岗位中实际体验岗位工作特点，获得岗位信息的一种方法。但这种方法的局限性非常大，观察法所具备的限制条件它都存在，因而这是一种用的很少的方法，经常作为其他方法的一种补充，对难以用语言表达的一些特殊岗位或验证一些信息时才使用。

（1）亲验法的操作要点，主要有：

亲验的岗位是岗位分析人员能够理解和从事的；

在岗位亲验时不能给实际工作造成障碍；

较危险的岗位不适合亲验；

对岗位的体验要保证一定的周期，以对岗位的相关信息有完整的认识。

（2）亲验法的优缺点

① 优点：

准确地了解工作的实际任务和在体力、环境、社会方面的要求；

直接、直观，信息的可靠性高；

可以弥补不善表达的员工对岗位信息提供的不足；

可以收集到观察法所不能体会到的内容。

② 缺点：

时间成本很高，效率低下；

对于岗位分析人员的专业性要求太高，许多岗位根本无法亲验；

体验周期和时间都不易确定。

### 4.2.5 工作分析的结果

工作分析的结果就是形成工作说明书，工作说明书是对每一工作的性质、任务、责任、环境、处理方法及对工作人员的资格条件的要求所做的书面记录。它是根据工作分析的各种调查资料，加以整理、分析、判断所得的结论编写成的一种文件，是工作分析的结果。工作说明书的外在形式是根据一项工作编制一份书面材料，可用表格显示，也可用文字叙述。

**表 4.5　工作说明书示例 1**

<table>
<tr><td>单位：</td><td>职位名称：服装设计师</td><td>编制日期：</td></tr>
<tr><td rowspan="3">部门：服装设计部</td><td>任职人：</td><td>任职人签字：</td></tr>
<tr><td>直接主管：服装设计部部长</td><td>直接主管签字：</td></tr>
<tr><td>直接下属：(　　)人</td><td>间接下属：(　　)人</td></tr>
<tr><td>职位编号：</td><td>说明书编号：</td><td>批准日期：</td></tr>
<tr><td colspan="3">职位概要：<br>根据公司技术发展战略和年度设计计划的要求，在设计部部长的领导下，完成产品设计开发任务，控制产品质量和开发成本，严控执行设计预算。</td></tr>
</table>

<table>
<tr><td rowspan="15">任职条件</td><td>学历/专业</td><td colspan="2">本科以上</td></tr>
<tr><td rowspan="3">必备知识</td><td>专业知识</td><td>服装设计及相关管理经验</td></tr>
<tr><td>外语要求</td><td>国家四级以上</td></tr>
<tr><td>计算机要求</td><td>熟练使用网络和相关办公软件</td></tr>
<tr><td>工作经验</td><td colspan="2">三年以上服装设计经验</td></tr>
<tr><td>业务了解范围</td><td colspan="2">熟悉掌握服装设计、工业技术设计相关知识和技能</td></tr>
<tr><td>能力素质要求</td><td>能力项目</td><td>能力标准</td></tr>
<tr><td rowspan="6">职位晋升</td><td>设计能力</td><td>对新产品的设计、新面料的开发及应用具备专业开发能力</td></tr>
<tr><td>分析、预测能力</td><td>对服装行业潮流趋势、市场情况的分析和预测能力</td></tr>
<tr><td>可直接晋升的职位</td><td>设计部部长</td></tr>
<tr><td>可相互轮换的职位</td><td></td></tr>
<tr><td>可晋升至此的职位</td><td>服装设计员</td></tr>
<tr><td>可以降级的职位</td><td>服装设计员</td></tr>
<tr><td colspan="3"></td></tr>
<tr><td colspan="3"></td></tr>
<tr><td rowspan="4">工作关系</td><td rowspan="3">内部关系</td><td>所受监督</td><td>受运营总监和服装设计部部长的领导和监督</td></tr>
<tr><td>所施监督</td><td>对设计过程中相关工作的监督</td></tr>
<tr><td>合作关系</td><td>同其他部门相互协调的沟通关系</td></tr>
<tr><td>外部关系</td><td colspan="2">同国内外服装设计、研究机构及其他企业技术管理部门之间的关系</td></tr>
<tr><td>沟通关系</td><td colspan="3">内部<br>服装设计部部长　运营总监和其他各总监<br>各职能部门　服装设计部其他同事<br>外部<br>各设计机构　各高校科研单位<br>国内设计开发组织　国外相关设计组织</td></tr>
</table>

续表

| | | | |
|---|---|---|---|
| 责任范围 | 汇报责任 | 直接上报： | 间接上报： |
| | 督导责任 | 直接督导： | 间接督导： |
| | 成本责任 | 电话/手机 | 每月费用控制在(　　)元之内 |
| | 保密责任 | 电脑安全 | 保证电脑的安全使用 |
| | | 办公用品设备 | 对所使用的办公用品和设备负有最终成本责任 |
| | | 对产品设计相关的重要资料、研发成果具有保密责任 | |
| | 技术创新责任 | 对公司工艺水平、设计水平负有不断提升的责任 | |
| 权力范围 | 权力项目 | 主要内容 | |
| | 设计权 | 负责公司产品的设计 | |
| | 建议权 | 对相关技术选题、产品设计方向的确定具有建议权 | |

| 工作范围 | 工作依据 | 负责程度 | 建议考核标准 |
|---|---|---|---|
| 1. 协助服装设计部部长，拟订公司年度设计开发计划、设计开发预算和技术创新方案 | 公司发展战略和新产品设计的相关规定 | 部分 | 新产品设计课题完成情况 |
| 2. 根据新产品设计的实话计划，组织产品设计的实施 | 公司产品设计相关管理规定 | 全责 | 产品设计过程相关工作管理情况 |
| 3. 定期参加部门分析会议，分析市场与潮流趋势、市场需求、产品质量及设计工作情况并提出有价值的建议 | 设计部相关工作制度 | 全责 | 部门会议开展情况 |
| 4. 负责做好产品信息、设计资料的归档管理工作 | 公司技术档案的管理规定 | 全责 | 设计文档等资料的管理情况 |

**表 4.6　工作说明书示例 2**

## 一、岗位概况

| 岗位名称 | 人力资源部部长 | 工作性质 | 行政管理 |
|---|---|---|---|
| 所属部门 | 人力资源部 | 工作地点 | |
| 直接上级 | 人事总监 | 撰写日期 | 2016 年 10 月 |
| 直接下级 | 人力资源部副部长、战略管理员、信息分析员 | 修改日期 | 2016 年 12 月 |
| 监管人数 | 5 人 | 核准人 | ★★ |

## 二、工作内容

1. 工作概要

| |
|---|
| 人力资源研究与战略规划；职位分析与设计；人员配置；人员培训与开发；绩效管理；薪酬管理；劳动关系管理。 |

## 2. 工作说明

| 工作职责 |
| --- |
| 1. 人力资源研究与战略规划<br>1.1　组织制定人力资源战略和人力资源规划，保证为公司的发展战略提供有效的人力资源支撑；<br>1.2　负责组织对国家工资法律、法规政策的研究，国内外人力资源新方法、技术的研究，内部人力成本预算的控制与分析。<br>2. 职位分析与设计<br>负责督导公司职位分析、设计和评价体系的建立，以适应公司的发展战略变化，保证公司各职位描述清楚、合理。<br>3. 人员配置<br>督导公司年度人力资源使用计划的组织落实，按岗位要求做好公司内部人力资源配置。<br>4. 人员培训与开放<br>4.1　负责督导公司年度的职业生涯设计、各类培训与开发计划的制定，确保计划的系统性、针对性和有效性；<br>4.2　负责督导培训经费的合理使用，确保培训费用的合理开支；<br>4.3　负责督导培训开展开发计划的推进实施，培训效果的评估，确保达到培训目标。<br>5. 绩效管理<br>5.1　负责督导公司内部员工绩效考核体系完善，确保考核体系的有效运行；<br>5.2　负责督导绩效考核工作，指导基层各单位做好员工的绩效考核工作。<br>6. 薪酬管理<br>6.1　负责督导公司薪酬体系的设计和改善，公司工资、奖金管理制度的设计、实施和控制；<br>6.2　负责督导各项社会基本保险政策的落实，公司激励性保险制度的设计与完善；<br>6.3　负责督导公司员工福利制度的设计与改善。<br>7. 劳动关系管理<br>负责督导员工劳动合同的签订、签证及日常管理，同工会等部门协商签订集体合同并组织落实。<br>兼办工作<br>(1) 管理人员选拔任用领导小组成员<br>(2) 公司专业技术职务聘任委员会委员<br>协助办理工作<br>经济责任制<br>临时代理工作<br>上级临时交办的各项工作 |

## 3. 职权范围

| 所受监督 | 人事总监 |
| --- | --- |
| 所施监督 | 人力资源部副部长 |
| 工作权限 | 对部门各项工作有决策权<br>对直接下属提升、转岗或轮岗等有建议权<br>对直接下属有考核权和使用权<br>对部门预算内资金有审核与使用权 |

续表

| | | |
|---|---|---|
| 所受监督 | 人事总监 | |
| 沟通关系 | 集团内部 | 相关的领导、各部室负责人、基层各单位领导 |
| | 集团外部 | 省局人事劳资处；市劳动和社会保障局、人事局；市军转安置办公室；复员退伍军人安置办公室 |

4. 工作环境与条件

| | |
|---|---|
| 工作时间 | 每天 8 小时，每周 40 小时；上班时间有一定规律 |
| 工作强度 | 体力疲劳度小；精神疲劳度较大 |
| 出差情况 | 赴外地出差一年约 4 次，每次约 4 天 |

### 三、任职资格

| | | |
|---|---|---|
| 所需学历与专业 | 最低学历 | 本科 |
| | 专业 | 人力资源管理或相近专业 |
| | 其他说明 | 中级职称 |
| 所需知识 | 综合知识 | 一定的计算机知识、网络知识和战略管理、企业管理知识 |
| | 专业知识 | 全面的人力资源管理知识和烟草行业有关人事政策法规 |
| | 相关知识 | 一定的行业背景知识 |
| 所需能力 | 管理能力 | 较强的领导、计划、分析、综合与判断能力；较强的组织、协调能力 |
| | 专业能力 | 解决业务实际问题的能力强；较强的公文写作能力和沟通能力 |
| | 人际能力 | 很强的人际关系能力 |
| 所需经历或经验 | | 在下一层级岗位上工作 2 年以上，在管理岗位工作 7 年以上 |
| 所需体能 | | 身体健康，精力充沛，能连续工作 8 小时以上 |
| 所需职业风格 | | 处事公平、公正；诚信；敬业 |

## 本章小结

人力资源规划是组织建立战略型人力资源管理体系的前瞻性保障，通过对组织人力资源的供需分析，预见人才需求的数量和质量要求，以此确定人力资源工作策略。人力资源规划的程序包括：环境分析、人力资源现状分析、人力资源需求预测、人力资源外部供给预测、人力资源规划目标和行动方案。

工作分析是对组织中某个特定职务的设置目的、任务或职责、权力和隶属关系、工作条件和环境、任职资格等相关信息进行收集与分析，并对该职务的工作做出明确的规定，且确定完成该工作所需的行为、条件、人员的过程。工作分析是对工作做一个全面的评价过程，这个过程可以分为准备阶段、调查阶段、分析阶段和总结及完成阶段四个阶段。

## 练习题

**一、思考题**

1. 组织人力资源规划的内容是什么？

2. 组织人力资源规划的程序是什么？

3. 组织工作分析的内容是什么？

4. 组织工作分析的过程是什么？

5. 组织在进行工作分析时可以采用什么方法？

**二、讨论题**

谈谈对人力资源规划和工作分析在员工招聘管理中的地位和作用的认识。

**三、案例分析**

A 公司是一家六十年代建厂，年产 120 万吨钢材，拥有 3 万名职工的老国有大型企业。在市场经济的冲击下 A 公司也进行了公司化制度改革，初步建立了现代企业制度，公司生产、经营业绩显著提高，职工收入明显增加。但随着中国即将加入 WTO 的临近，公司面临着降低成本的巨大压力，公司高层根据分析论证认为：产品成本太高的主要原因在于公司闲杂人员太多，人未尽其事。因此，公司给人事处下达了 2011 年的工作任务：在引进高层次人才的同时将企业总职工人数降至 2.5 万人。面对 5 000 人的减员计划，公司人事处制定了一系列的考核政策，采取下岗分流、内退、工龄买断、提前退休等措施。

经过第一季度的政策实施，在季度工作总结中发现，公司减员成绩显著，仅钢铁生产部就减少员工 300 人，加上其他部门，第一季度总共减员 1 500 人，人事处上下对这一成绩感到振奋，认为 5 000 人的裁员目标指日可待。但是在季度生产工作总结会上，人事处长却受到了各生产部门经理的责难。公司总经理认为第一季度钢材产量和质量都不如从前，要求各部门经理找出原因。生产部经理说：第一季度从我部门离职的员工有 300 人，其中有 150 人是刚毕业不久的大学生以及有 5 至 10 年以上工作经验的工程师，刚毕业不久的大学生都是主动要求下岗离去，而有工作经验的工程师大多是通过买断工龄或提前退休离去。年轻大学生申请离职时都反映：从大学里出来，本来以为可以有一个很好的环境去发挥自己所学知识，没想到自己卖力工作拿的工资与成天闲聊的技校生没区别，真没劲。离职的工程师说：都为企业工作了十几年了，小孩都快上小学了，一家人还挤在一间屋子里。高素质的技术人员都走光了，产品质量能上得去吗？该走的没有走，不该走的全走了。我手里现在还有几个大学生的辞职报告，你说我批还是不批。技术部经理也反映：自己部里大学生流失严重，高级技术人员抱怨得不到再学习的机会，对前途没有信心，成天对工作不投入，技术革新缓慢，更谈不上开发适应市场需求的新产品，要求人事部对此负责。市场部经理抱怨：市场部业务员无论业绩多好工资也得不到提升，仍然拿固定工资，奖金微薄，市场部业务员工作没有积极性。对此，公司经理要求人事部门经理做出书面解释，并制定出有效的措施。

**思考题**

如果你是人事部经理，你会做出何种书面解释？采取哪些措施呢？

**四、课外实践题**

深入到一家企业进行实地调查，运用观察法、访谈法、问卷调查法、关键事件法等，通过准备阶段、调查阶段、分析阶段和总结及完成阶段四个阶段，完成对某一岗位的工作说明书。

# 第 四 篇

# 招募篇

# 第五章　员工招募计划与策略

**本章学习目标**

☆ 掌握员工招聘计划的概念和内涵；

☆ 掌握招聘计划的内容；

☆ 了解招聘计划的编写；

☆ 掌握不同的招聘策略。

**【本节案例：问题提出】**

**中兴通讯的蓝剑计划**

2015届的毕业生已是90后的新生群体，他们有着移动互联网时代的特征，其需求、个性特征、创造力、活力与以往时代已有很大的不同。面对这样一个群体和公司战略、业务以及组织的变革，中兴在校园招聘上也跟着做出了很大的调整，"最近这两年我们不仅招聘政策在调整，人力资源管理的政策以及包括企业文化都在适应新生代。"中兴通讯人力资源负责人曾力表示，在中兴恢复性增长的情况下，一方面需要更多的专业化人才。另一方面，移动互联网时代，中兴作为传统的通信解决方案提供商会顺应时代的变革，包括校园招聘会更符合移动互联网的发展、社会的发展甚至包括商业模式变化的发展。"中兴经过一段时间的调整，准备正式向全球发布我们的M—ICT新战略，对自己未来五年甚至十年的发展有很大的变革，这一次的校园招聘政策也是为我们M—ICT战略实施进行核心人才的储备。"

以往对学生招聘没有做很大的区分，这次的校园招聘中兴还有一个新的计划——蓝剑计划，口号是"中兴100，引领未来"。借助这次校园招聘，中兴希望向全球招聘到一百名精英级人才。据不完全透露的信息，这些特殊的学生将能享受到更好的福利待遇、特别的培养培训、更快速的职业发展通道。曾力表示，希望在这一百人中能涌现出一批未来M-ICT战略实施的领军人物。当然，中兴对这一百人的要求会更高，他们要更特别，要是学生中的精英。中兴会配置顶级专家、高管导师辅导，他们一开始就能接触到高端技术和决策领域，特殊的人才不能按部就班地成长。在实际的验证和双向选择的过程，他们还会有竞争和淘汰，被淘汰者将退出蓝剑项目。

资料来源：一览话职场 http://www.job1001.com/zhuanti/zhiye/periodical.php?qikanId=9451409016098674，2014-8-26。

从上述中兴通讯在校园招聘中努力吸引精英人才的案例中，可见员工招募工作对于发展中的组织来说十分重要。另一方面，组织要做好招募工作也不是一件易事，中兴通讯面对90后的应聘者群体也是摸索了多年才制定出蓝剑计划。

组织招聘工作大致可以分为三个阶段：一是招聘筹划和准备阶段；二是员工选拔和录用阶段；三是员工安置阶段。显而易见，员工招募工作处于组织招聘工作的首要步骤，也是其重要组成部分。员工招聘就是组织吸引合适的应聘者并对应聘者信息进行初步管理的过程，具体来说，组织在确定员工需求的数量、质量、结构、层次等方面的信息后，招聘部门就开始制定招聘计划、确定招聘策略、选择招聘渠道发布招聘信息，并建立招聘信息库。

# 第一节　招聘计划

### 5.1.1　招聘计划的内涵和内容

招聘计划是组织人力资源部门根据各用人部门的增员申请，结合组织的人力资源规划和工作分析，明确一定时期内组织需要招聘的职位、人员数量、资质要求等要素，并制定具体的招聘活动执行方案的过程。

一般情况下，组织的招聘计划包括以下内容（如图 5－1）：

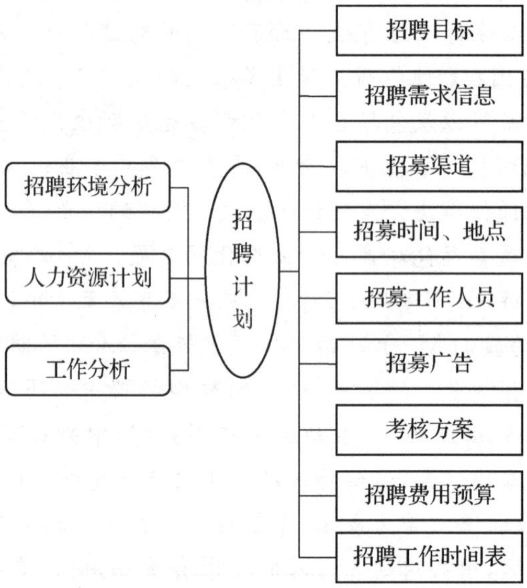


**图 5－1　招聘计划内容**

（1）招聘目标，即组织此次（此阶段）招聘活动的主要目标是什么。例如，快速招聘到大量员工、宁缺毋滥选拔适合人才、节约招聘成本、树立良好的组织形象等。

（2）员工需求清单，包括招聘的职位名称、人数、任职要求等。

（3）招聘信息发布的时间和渠道。

（4）招聘小组人选，包括小组人员姓名、职务、职责。

（5）应聘者的甄选方案，包括考核时间、地点、题目设计者姓名等。

（6）招聘的截止日期。

(7) 新员工的上岗时间。

(8) 招聘费用预算,包括资料费、广告费、会议费用等(见表5-1)。

(9) 招聘工作时间表,即从组织招聘活动开始到新员工上岗过程的具体安排,尽可能详细,以便和其他职能部门配合。

(10) 招聘广告样稿。

**表5-1　组织招聘费用的种类和内容**

| 招聘费用种类 | 主要内容 |
| --- | --- |
| 招募费用 | 广告费、摊位费、差旅费、中介费等 |
| 甄选费用 | 各种测评工具费、测评人员费和应聘人员的接待费等 |
| 录用费用 | 背景调查费、体检费、建档费等 |
| 安置费用 | 新录用员工的迁徙费、安家费、办公设施费等 |
| 招聘工作人员费用 | 组织内部从事招聘管理工作的员工薪酬福利费 |
| 其他费用 | 除以上各项费用之外的其他费用 |

### 5.1.2　招聘计划的意义

组织在对其内外部环境分析的基础上,结合组织人力资源规划和工作分析制定招聘计划,为组织人力资源管理提供了一个基本框架,也为员工招聘和录用工作提供了客观依据、科学规范和实用方法,减少了员工招聘管理中的盲目性和随意性,降低了组织不规范选才乃至错误选才带来的损失。

### 5.1.3　招聘计划的编写和管理

1. 招聘计划的编写步骤

组织一般按照以下步骤编写招聘计划:

(1) 获取员工需求信息。一般在以下几种情况下会产生员工需求:① 组织人力资源规划书中明确规定的员工需求信息;② 组织内部员工离职后产生的岗位空缺;③ 职能部门递交的经过上级领导批准的招聘申请。

(2) 组织选择招聘信息的发布时间和发布渠道。

(3) 确定招聘小组成员。

(4) 选择招聘甄选方案。

(5) 编制招聘费用预算。

(6) 制定招聘工作时间表。

(7) 草拟招聘广告样稿。

2. 招聘计划的管理

从人力资源规划、方案、程序、内容的四个环节上,正是招聘计划的逐步递进和方法的运用,从而获得在规划、策略到实施的过程中的检验,资源条件、客观环境与程序的评估,是相对组织当期用人的必备条件(工作分析中所对应的要求、经验、学识、能力、潜质)和择优条件

（同等条件下谁更适合的人选），在相关环节指引需求操作性。

招聘计划实施时，应从规划与方案（地点→时间→渠道→方法→宣导→流程）入手，通过内容的具体化和选择性确认；然后在程序化支持和操作上，达成预期与实际的目标。

从规划上来说，以决策层→职能层→专责部门的自下而上传导，体现为招聘计划策动的实施方案，包括从地点、时间、渠道、方法、宣导、流程等的要项文本。

从内容上来说，招聘计划是在实施方案的框架下，与要项文本相对应的更为细化的管理项目和具体操作指引。例如：招聘人数、招聘标准、相对条件、费用预算和人员配备等。

从程序上来说，不但检验计划与方案，而且是把内容连接到落实的行动上。例如：招聘确认、发布信息、面试沟通、录用决策和检查评估等。

从规划到计划、从方案到内容及程序上的管理，都明确职能和层次权责运用。应注意以下三点：

首先，在实施和执行方面，应围绕着如何快速有效地获得人力资源上的合理使用，并从人力资源成本预算到实际可控的程度为目的。

其次，在上下沟通方面，不但体现在权责范围内的呈报，更应当包括对招聘工作的想法和可行的建议。在部门之间的支持上，更注重如何让入职员工在考察期的平稳过渡。

最后，在层次权责运用方面，决策层主要是制定政策、审核计划和起始薪酬及相应超出原制度执行范围的审批；职能层是提供本部门空缺和参加面试，及筛选与配合整个招聘过程各项工作；专责部门（一般为人力资源部或人事行政部），负责具体的招聘方案实施和进行招聘筛选及录用的过程管理。

### 5.1.4 招聘计划制定时的注意事项

（1）不同类型的组织或者处于不同的生命周期的同一组织，在编制员工招聘计划时应有的放矢、突出重点、区别对待，特别是要根据组织的整体战略目标来确定招聘目的，并在此招聘目的的指导下制定招聘计划。

（2）组织除了要在员工招聘计划中体现未来的用人需求，还应该反映出目前组织内现有员工的情况，例如，员工的调入、调出和升迁等。

（3）组织应根据招聘目标明确区分人员招募的不同方式，并做好分类规划安排。例如，组织要考虑是外部招募还是内部招募，是采取定期招募、临时招募还是个别招募。

（4）当今知识经济时代，组织面对着时刻变化的市场环境，因此，组织在执行招聘计划时，应根据具体的执行情况或者外部环境的变化进行适时、适度地调整，例如人员策略、地点策略、方式策略和经费预算等。

（5）组织在编制招聘计划时还必须要考虑社会大众的价值观念取向、政府出台的劳动就业政策和国家颁布的劳动法律法规等。例如，在招聘员工时，不能对女性、残疾人等有所歧视。

### 5.1.5 招聘计划样本

下面以某科技型企业的招聘计划书为例，具体如下（见表 5-2）。

**表 5-2　某企业招聘计划书**

一、招聘目标

1. 在应聘者中树立企业良好形象，扩大企业在长三角地区的知名度；
2. 通过招聘吸引大量优秀的应聘者前来应聘，并进行科学有效的甄选。

二、招聘需求信息

| 职务名称 | 需求人数 | 主要任职要求 |
|---|---|---|
| 生产控制员 | 6 | 大专及以上学历，35 岁以下，2 年以上相关工作经验 |
| 生产检验员 | 6 | 大专及以上学历，35 岁以下，2 年以上相关工作经验 |
| 生产协调员 | 6 | 大专及以上学历，35 岁以下，2 年以上相关工作经验 |
| 软件工程师 | 4 | 研究生及以上学历，40 岁以下，5 年以上相关工作经验 |
| 程序设计师 | 4 | 研究生及以上学历，40 岁以下，5 年以上相关工作经验 |
| 地区营销员 | 10 | 本科及以上学历，35 岁以下，3 年以上相关工作经验 |
| 营销经理 | 2 | 本科及以上学历，40 岁以下，6 年以上相关工作经验 |
| 行政人员 | 4 | 大专及以上学历，30 岁以下，2 年以上相关工作经验 |
| 行政经理 | 1 | 本科及以上学历，40 岁以下，5 年以上相关工作经验 |

三、招募渠道

1. 参加招聘洽谈会；2. 广告招聘；3. 网络招聘；4. 内部员工推荐

四、招聘信息发布时间和渠道

1. 现代快报，2 月 17 日至 2 月 21 日
2. 江苏有线，2 月 17 日至 2 月 21 日
3. 智联招聘网、中华英才网，2 月 17 日至 3 月 1 日

五、主要招聘工作人员名单及职责

| 姓名 | 职务 | 招聘工作中的主要职责 |
|---|---|---|
| 王×× | 人力资源部部长 | 全面负责此次招聘活动，包括筹划、组织、协调、评估 |
| 陆×× | 人力资源部招聘经理 | 具体负责招聘信息的发布、组织安排各种甄选工作 |
| 江×× | 人力资源部招聘专员 | 具体负责应聘者信息资料库的创建 |
| 李×× | 人力资源部招聘专员 | 具体负责招聘现场活动的实施、接待应聘者 |
| 齐×× | 人力资源部招聘专员 | 具体负责联络相关媒体发布和更新招聘信息 |
| 蒋×× | 生产部部长 | 负责进一步筛选本部门应聘者，包括笔试、面试内容的设计和确定 |
| 葛×× | 研发部部长 | 负责进一步筛选本部门应聘者，包括笔试、面试内容的设计和确定 |
| 高×× | 市场营销部部长 | 负责进一步筛选本部门应聘者，包括笔试、面试内容的设计和确定 |
| 吴×× | 行政部部长 | 负责进一步筛选本部门应聘者，包括笔试、面试内容的设计和确定 |
| 陈×× | 行政专员 | 负责招聘方案的审批 |

续表

六、甄选方案和时间安排(节选)

| 拟聘岗位 | 甄选事项 | 负责人 | 时间安排 |
| --- | --- | --- | --- |
| 生产控制员 | 资料初步筛选 | 江×× | 3月20日截止 |
| | 资料再次筛选、初步面试 | 蒋×× | 3月22日至3月25日 |
| | 笔试、综合面试 | 江××、蒋×× | 3月27日 |
| 软件工程师 | 资料初步筛选 | 江×× | 3月20日截止 |
| | 资料再次筛选、初步面试 | 葛×× | 3月22日至3月25日 |
| | 笔试、综合面试 | 江××、葛×× | 3月27日 |
| 营销经理 | 资料初步筛选 | 江×× | 3月20日截止 |
| | 资料再次筛选、初步面试 | 高×× | 3月22日至3月25日 |
| | 笔试、综合面试 | 江××、高×× | 3月28日 |

七、录用审批及入职时间

1. 生产技术部副部长、市场营销部副部长、研发部副部长、行政部副部长及总经理审批,4月3日截止
2. 新员工拟入职时间为4月8日

八、招聘费用预算

1. 参加四次招聘洽谈会:约32 000元
2. 广告费用:电视(20 000元)+报纸(8 000元)=28 000元
3. 网络费用:15 000元
4. 甄选费用:初步面试(4 000元)+笔试(6 000元)+综合面试(30 000元)+人员接待(15 000元)=55 000元
5. 新员工录用及安置费用:43×2 000元=86 000元
6. 员工推荐费用:按公司招聘管理制度支付

合计(不计推荐费):216000元

九、招聘工作时间表

① 2月1日截止:准备好招聘广告样本稿,并设计完成招聘广告的版面和页面
② 2月2日至2月8日:完成电视台、报社、网站的联络工作并签订相关协议
③ 2月10日:报纸、电视、网站刊登招聘信息
④ 2月11日至3月18日:收集、整理应聘者资料,进行初步筛选,建立应聘者信息库,并与相关职能部门达成信息共享
⑤ 2月14日至2月26日:参加四次招聘洽谈会
⑥ 3月22日至3月25日:进一步筛选应聘者资料、进行初步面试、通知相关应聘者参加复试
⑦ 3月27日至3月28日:进行笔试、综合面试
⑧ 4月3日:相关领导对拟录用人员进行审批
⑨ 4月4日至4月6日:通知初录人员入职报到
⑩ 4月8日:新录用员工正式入职

人力资源部
2015年1月10日

# 第二节　招募策略

## 5.2.1　招聘策略的概念和内容

招募策略(Recruitment Strategy)是招聘计划的具体体现,是为实现招聘计划而采取的具体策略。具体来说包括:招聘数量、对人员的要求、吸引人才的手段、招聘渠道、甄选模式和招聘时间等。一个成功的招聘策略将帮助组织快速找到适合的人才,推动其持续发展。

招募策略主要有:招募人员策略、招募时间策略、招募地点策略、招募渠道策略和招募宣传策略五个方面的内容。具体内容包括:

### (一) 招募人员策略

通常情况下,与应聘者首次接触的组织人员就是招募人员,他们是组织机构的代表。应聘者往往通过观察招募人员的风貌气质、言谈举止、办事风格等外显性因素来判断该组织的价值观、经营理念、管理方式和发展前景。招募人员的素质高低将会直接影响到组织能否吸引到优秀的人才,因此,招募人员的选择是十分重要的环节,组织需要运用一定的策略和技巧。

(1) 各职能部门应积极配合招募工作。各职能部门员工应认识到组织招募工作不仅仅是人力资源部门的任务,而应该尽量加入到招募活动中去。各职能部门的参与一方面能切实加强对所需专业适合人才的初步甄选,另一方面更能展现组织对专业人才的渴求和重视。

(2) 招募人员需充满热情。应聘者从招募人员的言行举止感受到的热情程度也从某种程度上反映出招聘人员乃至组织对其关心的程度。因此,在招募工作中招聘人员一定要展示出足够的热情,这一方面可以给应聘者起到示范和带动的作用,另一方面对组织吸引到优秀人才起到良好的宣传作用。

(3) 招募人员需展示公正。招募人员在招募应聘者时,应该有正确的出发点,始终坚持客观公正的原则。否则,容易造成任人唯亲等不公正的现象,从而严重影响组织招聘的质量。

(4) 招募人员需具有法律意识。招募人员应具备一定的法律意识,熟悉和掌握劳动法、经济法等法律法规,这样在招募工作中就能依法办事,杜绝招募童工、性别歧视、民族歧视等违法现象。

(5) 其他要求。招募人员除了具备丰富的人力资源专业知识外,还应掌握一定的心理学知识和人际沟通能力,具有高尚品德、举止礼貌、办事高效等特点,这样可以使招募工作顺利开展。

### (二) 招募时间策略

招募时间策略是指组织选择什么时间和时机开始发布招聘信息,这不仅关系到招募应聘者的数量,还会影响招聘的成本和效率。组织的招募工作开展得越早,那么就越有可能吸引到更多的优秀人才,组织挑选的余地就越大;但是,这也会造成招募时间过长,组织花费的成本会上升。因此,组织在招募时间的选择上应注意两个方面:一是招募的时机;二是招募持续的时间。

(1) 招募时机选择。首先,组织选择招募时机时应考虑到人才市场供给的季节性。一般来说,我国人才市场每年有3个旺季,分别是每年的3—4月、6—7月和11—12月。通常高校中即将毕业的学生都会在11—12月份就开始找工作,很多组织为了能获得最大范围的优秀生源,也会在这一时期就开始招募工作。每年三四月份时,正值中国传统新年刚结束,各类人员都会广泛收集招聘需求信息,做出新年新打算,因此,往往会出现倾巢而出找工作的现象。每年六七月份是高校学生的毕业季,在校学生也往往利用暑期参加社会实践活动,而此时合同期满的员工也会有跳槽的打算。因此,按照成本最小化原则,组织应避开人才供应的淡季,尽量在人才供应的旺季开展招募工作。其次,组织应根据招聘过程所需时间采取倒推法确定招募工作的开始时间。一般可通过对招聘各个阶段所需时间的大致分析和安排,计算出招聘过程所需的时间,然后运用倒推法计算出招聘的开始时间。

(2) 招募持续时间的确定。组织招募工作的持续时间长短,主要取决于以下两项因素:

一是,待聘岗位的性质。通常,如果待聘岗位是人员需求紧急的岗位,那么招募持续的时间就要短些为好,同时组织可以选择多种媒体投放招聘信息。如果待聘岗位级别较高,对组织来说此岗位非常重要的话,那么招募持续的时间就可以加长些,这样也有利于获取更多优秀的人才。

二是,招募信息发布的媒体特点。组织需要同时考虑到媒体的成本和作用时效。采用电视媒体发布招聘信息,则招募时间宜短,因为其覆盖面广、受众多、价格也高;采用网络发布招聘信息,则招募时间宜长,因为其受关注度不高、受众较少、价格也较低。

### (三) 招募地点策略

组织应综合考虑人才分布规律、应聘者活动范围劳动力市场状况、组织所在位置以及招募成本等因素,从而做出招募地点的选择。一般情况下,组织倾向于在其所在地市场招募普通员工,在跨地区市场上招募专业技术型员工,在全国范围甚至世界范围内招募高级管理人员。

(1) 招募范围选择。招募范围一般包括本地区、周边地区、重点城市、全国范围以及全球招募。一般来说,招募范围越大,就可能吸引越多的人才,但是同时招募成本也会增加。如果组织招聘技术要求不高的劳动力,可就近在所在地区或周边地区招募;如果组织招聘高级技术人员、营销人员、管理人员,则可扩大范围以便招募到合适的优秀人才。

(2) 固定招募地点。固定招募地点是指组织选择相对固定的地点进行招募活动更能够节约成本,并能与相关机构保持良好的合作关系。因此,在通常情况下,组织会选择在既具备招募条件又有招募经历的地点开展招募工作,这样一方面能确保招募工作地高效开展,另一方面也能降低一部分成本。例如,招募普通工人,组织可以选择劳动力输出大省进行招募;招募中高级管理人员或技术人员,组织可以选择长三角地区的人才市场进行招募。当然,由于组织每次招募都可能涉及不同类型、不同层次的需求,因此,基本不可能在一个市场就完成所有的招募工作,而需要在多个市场上进行招募。也有可能组织在某个市场上的招募没有达到预期效果,因此,需要转向其他市场再招募以获得所需人才。可见,组织应当根据招聘员工的类型、数量和发展战略等选择合适的招募地点。

（四）招募渠道策略

组织招聘岗位的不同、人员需求数量的差异、整体战略部署的不同、招聘费用的限制等因素，都决定了招募信息发布的方式、时间和范围，从而也就使得组织选择不同的招募渠道。招募渠道可分为外部招募和内部招募，或者校园招募和社会招募。外部招募是指组织从外部吸引适合待聘岗位需求的应聘者，主要通过中介机构、媒体、校园招募、熟人推荐等方式。内部招募则是在组织内部公开发布招募信息，从现有员工中吸引和甄选适宜人员至待聘岗位，主要有推荐法、布告法和档案法。

（五）招募宣传策略

良好的招聘工作不仅能使组织招募到优秀的合适人才，而且也能通过此项活动在应聘者和社会中树立良好的形象和声誉。因此，组织应该科学地选择适合的宣传手段发布招募信息。例如，选择电视媒体发布招募广告能快速地在较广范围内宣传企业良好社会形象和优质产品供给；选择纸质媒体发布招募广告，则需选择影响较大、覆盖面较广的报纸；而在招聘洽谈会或校园招聘中，则可利用投影、宣传手册、微信视频等来提升企业形象。

### 5.2.1 招聘策略的选择

（一）创业期招聘策略

组织是新生儿，还没有得到社会承认，规模小、人员少、实力弱，但却极富灵活性和成长性。各方面均不成熟，制度基本没有，企业文化也未形成，企业发展战略的目标是求得生存与发展。企业的发展与业务的开展主要依靠老板的个人能力，大家高度团结，效率高，品牌知名度差，市场占有率低，面对的主要问题是市场开拓和产品创新。创业期高层团队依靠创业精神维系比较稳定，中层相对稳定，但一般员工却由于企业管理制度不完善，保障体系不健全，工资待遇低等因素的影响流动率通常较高。

对外部人才的需求不突出，数量少，以一般员工尤其是销售人员的招聘为主，招聘极少的中层，基本没有高层招聘。对人员的要求较高，丰富的工作经验和工作业绩是重点选择标准，最好是多面手；尤其是一些对企业发展方向和目标比较认同、年纪较轻的人员。吸引人才的手段主要依靠良好的职业前景、工作的挑战性和领导者的个人魅力。薪酬虽然较低，但弹性相对要高，最好有较大的增长空间；也可采取股票期权的激励方式。由于企业资金不充裕，招聘费用较低，多采用朋友介绍、网络招聘和招聘会等招聘渠道。企业还没有形成人力资源的专业部门，甄选主要依赖老板的个人判断力。用人的灵活性较强，一人多岗和因人设岗的现象明显，对招聘时间和招聘效率没有明确的要求。

（二）成长期招聘策略

企业逐步走向正规化，经营规模不断扩大并快速增长，人员迅速膨胀，品牌知名度急剧上升，机构和规章制度不断建立和健全，企业的经营思想、理念和企业文化逐渐形成；跨部门的协调越来越多，并越来越复杂和困难；企业面临的主要问题是组织均衡成长和跨部门协同。高层之间开始出现分歧，跟不上企业发展步伐的员工主动辞职，员工流动性相对较大。

人才需求大，外部招聘数量多，高层、中层、一般员工等各层级均有。对专业技术人才和中层管理人才的需求大幅度增加。要求人员具备相同职位的工作经验，能直接上手，具备一定的发展潜力，同时，对变化的适应速度快。吸引人才的手段主要依靠较大的晋升空间、良好的发展前景和与行业平均水平接近或以上的薪酬。有一定的招聘费用，由于招聘需求急迫，因此，采用以招聘会为主，网络招聘为辅，在专业人才的招聘上开始引入猎头，建立广泛而灵活的招聘渠道。企业已经设置了人力资源部，但专业性不强，甄选主要依赖用人部门的经理进行评判。要推测业务的发展进行人力资源需求预测，用人开始有一定的计划性，对招聘时间和招聘效率的要求高。

### （三）成熟期招聘策略

成熟阶段的企业是企业发展的巅峰时期，在这个阶段规模大，业绩优秀，资金充盈，制度和结构也很完善，决策能得到有效实施，企业非常重视顾客需求、注意顾客满意度，一切以顾客至上为原则，重视市场和公司形象，要求计划能得到不折不扣地执行，而如何使繁荣期延长并力争使企业进入到一个新的增长期成为制定企业发展战略的关键。在企业的成熟期，晋升困难，各层面人员的流动率低，在人员规模上相对稳定。企业的发展，主要是靠企业的整体实力和规范化的机制，企业内部的创新意识可能开始下降，企业活力开始衰退。

人才需求不多，外部招聘数量少，只在公司开拓新业务和新市场时才会产生大量的外部人才需求。人员要求高，强调综合能力素质，尤其是创新意识、执行力和明确的职业发展方向。吸引人才的手段主要依靠企业实力形象和领先于行业平均水平的薪酬。招聘费用充裕，高级人才的招聘以猎头为主，辅以内部推荐、专场招聘会、网络招聘、校园招聘、平面媒体等丰富多样的招聘渠道。人力资源部具备较好的专业性，开始使用评价中心技术对人才的能力素质进行评价，业务水平则由用人部门的部门经理进行评判。规范的招聘计划，对招聘时间和招聘效率有明确的规定。

### （四）衰退期招聘策略

这是企业生命周期的最后阶段，企业市场占有率下降，整体竞争能力和获利能力全面下降，赢利能力全面下降，资金紧张，危机开始出现，企业战略管理的核心是寻求企业重整和再造，使企业获得新生。企业内部官僚风气浓厚，人浮于事，制度多却缺乏有效执行，员工做事越来越拘泥于传统、注重于形式，只想维持现状，求得稳定。人心涣散，核心人才流失严重，一般人员严重过剩，高层更替频繁，并波及中层。

对外部人才的需求集中在一把手上，其他层级基本以内部竞聘为主，无对外招聘。要求高管具备改革意识、大局观、决策能力、战略眼光和驾驭企业的整体能力，尤其是同行业类似企业的运营经验，有扭亏为盈的经历最好。吸引人才的手段主要依靠利益分享机制和操作权限。招聘经费锐减，但由于招聘时间短，而且还是高级、稀缺人才，因此，仍然以猎头为主要渠道。一把手的招聘由董事会直接进行评价，并引入专业的人才评价机构辅助。

## 本章小结

招聘计划是组织人力资源部门根据各用人部门的增员申请，结合组织的人力资源规划和工作分析，明确一定时期内组织需要招聘的职位、人员数量、资质要求等要素，并制定具体的招聘活动执行方案的过程。招募策略是招聘计划的具体体现，是为实现招聘计划而采取的具体策略。具体来说包括：招聘数量、对人员的要求、吸引人才的手段、招聘渠道、甄选模式和招聘时间等。一个成功的招聘策略将帮助组织快速找到适合的人才，推动其持续发展。招募策略主要有：招募人员策略、招募时间策略、招募地点策略、招募渠道策略和招募宣传策略五个方面的内容。

## 练习题

**一、思考题**

1. 什么是员工招聘计划？
2. 员工招聘计划的内容是什么？
3. 应如何编写员工招聘计划？
4. 什么是招聘策略？
5. 招聘策略有哪些不同的类型？

**二、讨论题**

“HR 部门发出需求调查表——用人部门提出需求——HR 部门汇总——高层审批”是绝大多数企业制定招聘计划的流程。相信下面这种情形，很多人都不会陌生，高层看到 HR 部门提交上来的招聘计划，觉得招聘人数太多，要求删减，但每个部门都说现有人员的数量不够，如果不增加，下一年的任务肯定完不成。双方各持己见，最终往往是相互妥协的结果，部门提出招 10 个人，高层不同意，几番沟通之后，确定招 5 个人，但是，究竟 5 个人是否足够、是否必须，各方都拿不出客观的依据。请对上述过程展开讨论。

**三、案例分析**

华为技术有限公司是一家生产销售通信设备的民营通信科技公司，总部位于中国广东省深圳市龙岗区坂田华为基地。华为的产品主要涉及通信网络中的交换网络、传输网络、无线及有线固定接入网络和数据通信网络及无线终端产品，为世界各地通信运营商及专业网络拥有者提供硬件设备、软件、服务和解决方案。华为技术有限公司于 1987 年在中国深圳正式注册成立。

华为技术有限公司战略性招聘历程可以分为三个阶段：

第一阶段为 1988 年到 1996 年：初创业，实力单薄，小范围寻求技术人才。

第二阶段为 1997 年到 2002 年：高速发展，尽揽人才于高校。

第三阶段为 2005 年底至今：给国际化的企业配备国际化的人才。

具体如下：

（一）1988 年到 1996 年：初创业，实力单薄，小范围寻求技术人才这一阶段的华为技术有限公司初涉通信领域，再加上是一个民营企业，没有政治背景，一切条件都比较艰苦，最早的工资都是有了上月没下月。加上当时中国电信业被外国厂商全面垄断，通信人才奇缺，像华为技术有限公司这样的企业不可能也没有能力进行大面积的招聘。所以，华为技术有限公司当初的招聘主要是通过去人才市场和去同地的几个诸如华南理工之类的学校招聘，招聘的对象也主要是工科出身的技术人员。

（二）1997 年到 2002 年：高速发展，尽揽人才于高校

华为技术有限公司自行研制生产出 C&C08 万门交换机后，在市场上取得巨大成功，同时，企业对人才的需求也急剧增加，华为技术有限公司开始了大规模的校园人才计划。1998 年，华为技术有限公司一次性从全国招聘了八百多名应届毕业生，这是华为技术有限公司第一次大规模招聘毕业生；1999 年，一次性招聘两千名大学毕业生；到 2000 年，总共招聘了四千名毕业生；2001 年，华为技术有限公司挨个到全国著名高校招聘最优秀的学生。此次，意向约定了七千多人，最后实际招聘了五千多人。到 2002 年年底，华为技术有限公司员工已经超过两万人。这些学生经过华为技术有限公司近半年的培训后，有 80%以上充实到了研发岗位，另外 20%则逐渐构建起了华为技术有限公司的销售行政部门。

（三）2005 年底至今：给国际化的企业配备国际化的人才

从 2005 年底开始的招聘模式和前两个模式都有很大的区别，主要是招聘的人才明显倾向于其全球业务的发展。华为技术有限公司对财经、管理、外语等文科专业的人才需求有了明显增加，其对母语为一些小语种的外籍人才也表现出了浓厚的兴趣。这些人才在经过华为技术有限公司的统一培训后大部分将被派往华为技术有限公司在世界各地的办事处，这也是华为技术有限公司在实现跨国化、向世界级公司努力过程中的一个明显标志。

从上述华为技术有限公司的战略性招聘中，可以获得什么启示？

**四、课外实践题**

深入到一家企业进行实地调查，分析该组织是如何制定招聘计划的？在实践过程中采取了什么样的招聘策略？

# 第六章　员工招募渠道

**本章学习目标**

☆ 了解招聘渠道的分类；
☆ 掌握组织确定招聘渠道的方法；
☆ 了解内部招聘的原则和途径；
☆ 理解外部招聘的方法；
☆ 掌握网络招聘的方法和步骤。

**【本节案例:问题提出】**

## 第一节　员工招聘渠道概述

### 6.1.1　员工招聘渠道的特征和选择

#### 6.1.1.1　员工招聘渠道的特征

员工招聘渠道是组织招聘行为的辅助之一。一个好的员工招聘渠道应该具备以下特征：

(1) 招聘渠道具有目的性,即招聘渠道的选择是否能够达到组织招聘的要求。

(2) 招聘渠道的经济性,即组织在招聘到合适人员情况下,所花费的成本最小。

(3) 招聘渠道的可行性,即组织选择的员工招聘渠道应符合现实情况,具有可操作性。

#### 6.1.1.2　组织选择员工招聘渠道时的考虑因素

无论采用何种招聘渠道,最终的目的都是为组织招聘到合适的人才。而在组织招聘过程中,有许多影响招聘渠道选择的因素,因此,在选择员工招聘渠道之前组织要根据自身的实际情况需要考虑以下因素。

(1) 组织的经营战略。当企业处于发展阶段,根据未来的发展战略和业务拓展要求,需要大批量人才,此时,内部招聘不能满足需求,应采取外部招聘方式来获得人才。若企业采用维持战略,出现空缺职位时,从外部招聘可能会增加企业人工成本,而内部又有较合适的人选,此时可采用内部招聘。

(2) 组织现有人力资源状况。当空缺职位比较重要,现有人员中没有合适人选,可以先培养对象,或者有培养对象但培养对象所需成本较高,可以采用外部招聘。若现有人员中有培养对象,且培养对象成本不高,则可采用内部招聘来填补空缺。

(3) 招聘的目的。当招聘的目的不仅仅是为了找到的合适的人来填补空缺,更重要的是出于对管理的考虑,通过招聘增加新鲜血液,带来新思想、新观点,激发现有员工队伍的活力,为老员工带来新的竞争,来达到提高员工的积极性,转变经营观念和经营方式的目的,则可采用外部招聘的方式。

(4) 组织的用人风格。企业的用人风格对企业的招聘渠道的选择具有决定作用。有些企业喜欢从外部引进人才,而有些企业则对内部招聘感兴趣。

(5) 组织所处的外部环境。包括人才市场建立与完善的情况、行业薪酬水平、就业政策与保障法规、区域人才供给状况、人才信用状况等等。这些因素决定了企业能否从外部招聘到合适的人选。若企业的人才市场发达、政策与法规健全、有充足的人才供给、人才信用良好等等,外部招聘可以获得理想人选且方便快捷。若企业所处的外部环境与上述相反,则采用内部选拔培养,这样既可以节约成本,又可避免外部招聘风险。

### 6.1.2 常见的招聘渠道

(1) 现场招聘。现场招聘是一种企业和人才通过第三方提供的场地,进行直接面对面对话,现场完成招聘面试的一种方式。现场招聘一般包括招聘会及人才市场两种方式。

招聘会一般由各种政府及人才介绍机构发起和组织,较为正规,同时,大部分招聘会具有特定的主题,比如"应届毕业生专场"、"研究生学历人才专场"或"IT 类人才专场"等,通过各种毕业时间、学历层次、知识结构等的区分,企业可以很方便地选择适合的专场设置招聘摊位进行招聘。对于这种招聘会,组织机构一般会先对入会应聘者进行资格的审核,这种初步筛选,节省了企业大量的时间,方便企业对应聘者进行更加深入的考核。但是目标人群的细分方便了企业的同时,也带来一定的局限性,如果企业需要同时招聘几种人才,那么就要参加几场不同的招聘会,这在另一方面也提高了企业的招聘成本。

人才市场与招聘会相似,但是招聘会一般为短期集中式,且举办地点一般为临时选定的体育馆或者大型的广场,而人才市场则是长期分散式,同时地点也相对固定。因此,对于一些需要进行长期招聘的职位,企业可以选择人才市场这种招聘渠道。

现场招聘的方式不仅可以节省企业初次筛选简历的时间成本,同时,简历的有效性也较高,而且相比其他方式,它所需的费用较少。但是现场招聘也存在一定的局限,首先是地域性,现场招聘一般只能吸引到所在城市及周边地区的应聘者。其次这种方式也会受到组织单位的宣传力度以及组织形式的影响。

(2) 网络招聘。网络招聘一般包括企业在网上发布招聘信息甚至进行简历筛选、笔试、面试。企业通常可以通过两种方式进行网络招聘,一是在企业自身网站上发布招聘信息,搭建招聘系统,二是与专业招聘网站合作,如中华英才网,前程无忧,智联招聘等,通过这些网站发布招聘信息,利用专业网站已有的系统进行招聘活动。

网络招聘没有地域限制,受众人数大,覆盖面广,而且时效较长,可以在较短时间内获取大量应聘者信息,但是随之而来的是其中充斥着许多虚假信息和无用信息,因此,网络招聘对简历筛选的要求比较高。

(3) 校园招聘。校园招聘是许多企业采用的一种招聘渠道,企业到学校张贴海报,进行宣讲会,吸引即将毕业的学生前来应聘,对于部分优秀的学生,可以由学校推荐,对于一些较为特殊的职位也可通过学校委托培养后，企业直接录用。

通过校园招聘的学生可塑性较强，干劲充足。但是这些学生没有实际工作经验，需要进行一定的培训才能真正开始工作，且不少学生由于刚步入社会对自己定位还不清楚，工作的流动性也可能较大。

(4) 传统媒体广告。在报纸杂志、电视和电台等载体上刊登、播放招聘信息受众面广，收效快，过程简单，一般会收到较多的应聘资料，同时也对企业起了一定的宣传作用。通过这一渠道应聘的人员分布广泛，但高级人才很少采用这种求职方式，所以，招聘公司中基层和技术职位的员工时比较适用。同时，该渠道的效果同样会受到广告载体的影响力、覆盖面、时效性的影响。

(5) 人才介绍机构。这种机构一方面为企业寻找人才，另一方面也帮助人才找到合适的雇主。一般包括针对中低端人才的职业介绍机构以及针对高端人才的猎头公司。企业通过这种方式招聘是最为便捷的，因为企业只需把招聘需求提交给人才介绍机构，人才介绍机构就会根据自身掌握的资源和信息寻找和考核人才，并将合适的人员推荐给企业。但是这种方式所需的费用也相对较高，猎头公司一般会收取人才年薪的 20%—30%作为猎头费用。

(6) 内部招聘。内部招聘是指公司将职位空缺向员工公布并鼓励员工竞争上岗，如中国移动就采用这种招聘方式。对于大型企业来说，进行内部招聘有助于增强员工的流动性，同时，由于员工可以通过竞聘得到晋升或者换岗，因此，这也是一种有效的激励手段，可以提高员工的满意度，留住人才。内部招聘的人才一般对公司和业务已经比较了解，可以较快进入新角色，不需要公司大量的培训成本。但是这种方式也有一定的缺点，如果企业过多地使用内部招聘，企业将缺乏新观点新视角的加入，员工存在一定的思维惯性，缺少活力。详细来说，内部招聘渠道包括职位公告、职位技术档案、员工推荐 3 种。以员工推荐为例，我国许多企业都采取老员工推荐的方法来招聘新员工，针对性、可靠性比较高。但要注意某一地区员工推荐过多的话，很可能会产生一些小利益团体。为了鼓励员工推荐，企业可以出台一些奖励措施。例如，2010 年初，由于金融危机之后的企业订单激增，外来务工人员不足，深圳富士康推出了员工推荐老乡有奖励的方法，包括报销到深圳的路费及奖金 200 元。

(7) 员工推荐。企业可以通过员工推荐其亲戚朋友来应聘公司的职位，这种招聘方式最大的优点是企业和应聘者双方掌握的信息较为对称。介绍人会将应聘者真实的情况向企业介绍，节省了企业对应聘者进行真实性的考察，同时，应聘者也可以通过介绍人了解企业各方面的内部情况，从而做出理性选择。已经有许多企业采用这种招聘方式，如高露洁公司就鼓励员工推荐并设置了激励手段，如果应聘者被录取，介绍人将会得到一定的奖金。但采用该渠道时也应注意一些的负面影响：一些公司内部员工或中高层领导为了栽培个人在公司的势力，在公司重要岗位安排自己的亲信，形成小团体，这会影响的公司正常的组织架构和运作。

(8) 人事外包。所谓外包(outsourcing)，英文直译为“外部资源”，指组织整合利用其外部最优秀的专业化资源，从而达到降低成本、提高效率、充分发挥自身核心竞争力和增强企业对环境的迅速应变能力的一种管理模式。在一个企业里，要健全人力资源部门就要设置配套的各种专业人力资源人员，如“薪资管理专员”“招聘专员”“ 培训专员”，等等，代价相对来说是相当庞大的。但是，在国内很多企业都没有这样的配备，尤其是一部分中小型企业，从性价比例值的角度来讲，他们没有必要在这样规模的企业中设置这样多的人员，于是就把这一块管理外包给人事机构，而专业的人力资源机构相对来说比自身企业做得更加完备，企业借助了更多专业的东西来完善自身人力资源不足的现象，从而节约自己的资源创造了最大的价值。

人事代理的好处，规避风险，减少纠纷，降低营运成本，节省人事专员的时间，提高工作效率。特别是针对新劳动法后，外包规避风险更值得提倡。

除此之外，人事外包还客观地反映劳动力市场的普遍薪酬行情，为企业进行薪酬管理提供科学的依据，为企业吸引、留住和激励人才打下坚实的基础。根据企业的实际需求，提供专业人事服务，使企业不但可以及时引进先进的人事管理方式，规避政策风险，提高员工满意度，还可以节省大量事务性工作的人力、资金和时间。

## 第二节 内部招聘

### 6.2.1 内部招聘的含义和来源

#### 6.2.1.1 内部招聘的含义

内部招聘是指在组织出现职务空缺后，从组织内部选择合适的员工人选来填补此位置。由于外部招聘的风险增大、招聘成本也逐步增多，现在很多组织已经开始青睐内部招聘，尤其是身处经济欠发达地区、人才资源匮乏、知名度较低、招聘资金预算有限的组织更是如此。甚至有些著名的大型组织也通过人才培养和储备的形式为高层次职位谋求合适人选。一方面，通过内部招聘可以鼓舞员工士气，调动其工作积极性；另一方面也有利于提高组织招聘工作的正确性和有效性，降低组织招聘风险，节约招聘成本，同时，也可使组织对员工的培训投资取得合理回报。

#### 6.2.1.1 内部招聘的来源

内部招聘具体可分为内部晋升、工作调换、工作轮换和人员重聘等几种方法。

(1) 内部晋升。内部晋升是指组织内部符合条件的员工从现有的岗位晋升到更高层次岗位的过程。这种做法可以给内部员工以升职的机会，会使其感到留在组织内是有希望、有发展机会的，对于激励员工非常有利。另一方面，从组织内部提拔的员工对组织的工作内容较为熟悉，也能够较快适应新的工作。但是，内部晋升也有一定的不利之处，例如，从组织内部提拔的员工不一定是最优秀的；还有可能在少部分员工心理上产生嫉妒、比较的想法。因此，许多组织在出现职务空缺后，往往同时采用两种方式，即从内部和外部同时寻找合适的人选。

**※【知识链接 6－1】**

**微软的内部晋升之路**

在大型企业中，人员的配置永远呈金字塔形，越是地位较高的管理者，人数就越少，其职位的争夺也就越激烈。微软公司扩张得异常迅速，每隔几个月就得重新组合一次，为了保持自己的活力，该公司鼓励员工往高处走，不断争取扮演重要角色的机会。这意味着在微软谋职的可能性随时都有，而最适合的人即会被提升。

在微软决定晋升的因素是员工的业绩。一旦某人获得一个职位，他或她就需要创造业绩。然而，随着管理台阶的一步步提高，竞争也就变得越来越残酷。因为晋升主要基于业绩，工作做得好就能获得最直接的报答，这一选择机制使人们全神贯注于尽量做好工作，既增加了晋升的可能性，又保护了他们现有的工作岗位。那些不喜欢这种竞争的员工，只能是适者生存，不适者被淘汰，他们通常只能在竞争性较弱的环境中，在其能够担任的职位以下的几个层次徘徊。

关于内部晋升，在美籍华人李开复的身上就体现得很充分。他于1998年出任刚创立的微软中国研究院（现在的微软亚洲研究院）院长，在短短的两年时间里，李开复带领一帮世界级的科学家做出了令人瞩目的成就，受到了比尔·盖茨和史蒂夫·鲍尔默等人的赞扬。2000年在史蒂夫的大力推荐和盖茨的支持下，李开复被提升为微软公司的副总裁，成为“NET”集团主管之一。

资料来源：MBA智库百科，http://wiki.mbalib.com/wiki/。

（2）工作调换。工作调换也叫作平调，是在组织内部寻找合适人选的一种基本方法。这种做法的目的就是要填补空缺，但实际上，它还起到许多其他作用，例如，可以使内部员工了解组织内部其他部门的工作，与组织内更多的人员有深的接触、了解。这样，一方面有利于员工今后的提拔，另一方面可以使上级对下级的能力有更进一步地了解，也为今后的工作安排做好准备。

工作调换也要遵循以下原则：① 组织要尽可能在事前征求被调用者的意见并获得同意；② 组织需确定发生调用后该员工会更适合此岗位，并且能创造更好的绩效结果；③ 组织需明确新上任的员工能发挥其长处。

（3）工作轮换。工作轮换是一种短期的工作调动，是指在组织的几种不同职能领域中为员工做出一系列的工作任务安排，或者在某个单一的职能领域或部门中为员工提供在各种不同工作岗位之间流动的机会。一方面，员工长期从事同一职位的工作，特别是从事常规性工作的员工，时间长了会觉得工作很枯燥、缺乏变化和挑战。另一方面，员工也不希望只掌握一种工作技能，而是希望能够掌握更多不同的工作技能以提高对环境的适应能力。因此，工作轮换常常与培养员工多样化的工作技能结合在一起，也被称为交叉培训法。

**※【知识链接6-2】**

**华为的轮岗制度**

轮岗制现在已经成为企业培养人才的一种有效方式。在一些大型的高科技企业和著名外企中实行轮岗制的公司较多，华为、西门子、爱立信、柯达、海尔、北电网络、联想、明基等都在公司内部或跨国分公司之间进行了成功的岗位轮换。

华为为了在人力资源管理中引入竞争和选择机制，专门建立了轮岗制度。其高层领导基于这样一种考虑：要想留住人才，单靠物质奖励是难以奏效的，因为员工个人的物质水平随着时间的推进而提高，薪金的奖励作用在慢慢降低。而轮岗制度为员工提供了职业发展的空间，留住了优秀人才。而在员工看来，在交换工作岗位的过程中，不但享受到了类似“跳槽”的新鲜和乐趣，而且从中学到了不少东西，对日后自身的职业发展大有好处。为此，华为在公司内部建立一个劳动力市场，以促进人才的合理流动，通过岗位轮换实现人力资源的合理配置和激活潜力，同时还明确规定，高中级中层管理者必须强制轮换。

资料来源：百度百科，http://baike.baidu.com/link? url＝7hm_bfnftP7k6PQZG7C1S wJAYAX_MIXeHaANAmFsJdNLqzZGJ3SzU8eG0J7at1hhQwRJ9jELXfU－OpPVGGNHKa。

（4）人员重聘。有些组织由于某些原因会有一批不在岗位的员工，例如，下岗人员、长期休假人员（如曾因病长期休假，现已康复但由于无位置还在休假），已在其他地方工作但关系还在本单位的人员（如停薪留职）等。在这些人员中，有的恰好是内部空缺需要的人员，且其中有的员工素质较好，对这些人员的重聘会使其有再为单位尽力的机会。另外，组织重新聘用这些人员可以使他们尽快上岗，同时也减少了培训等方面的费用。

### 6.2.2 内部招聘的原则

（1）公平公正原则。公开就是要公示内部招聘信息、招聘方法，这样既可以将招聘工作置于公开监督之下，防止以权谋私、假公济私的现象，又能吸引组织内部的员工。内部招聘的信息应该能覆盖组织内部的全体员工，并且每个员工都能明确空缺岗位的待遇、要求、截止时间等信息。

（2）因事择人原则。所谓因事择人，就是组织的内部招聘活动应以实际工作的需要和岗位的空缺情况为出发点，根据岗位对任职者的资格要求选用人员。

（3）激励原则。组织无论是通过内部招聘还是外部招聘都应该使员工认识到，切实增强自身的专业知识和不断提高自身的工作能力将会使自己获得更好的工作机会，从而全面调动员工的工作积极性。

（4）效率优先原则。如果组织通过内部招聘安排员工在新的职位上工作，经过一段时间后通过绩效考核发现，该员工在新职位上并没有取得比原先职位更高的绩效结果和工作效率。那么，这就意味着是一次不成功的内部招聘，组织必须重新做出调整提高效率。

### 6.2.3 内部招聘的主要方法

（1）推荐法。推荐法是由组织内部员工根据招聘岗位的要求推荐其熟悉的合适人员供组织进行选择和考核的一种方法，这种方法既可用于内部招聘，也可用于外部招聘。因为推荐人一般较为了解招聘职位和候选人双方，也较为真实客观，所以对候选人的工作匹配度把握一般较高，推荐的人员较符合职位的要求。特别是招聘专业技术人员时，尤为有效。组织内部最常见的推荐法是主管推荐，因为主管一般对候选人的能力、性格、办事风格等情况都比较了解，所以其提名具有一定的可靠性。其缺点是容易形成裙带关系、任人唯亲和小团体现象，不利于组织方针政策和管理措施的落实。

（2）布告法。布告法是指组织在确定了空缺岗位的性质、职责及其所要求的条件等情况后，将这些信息以布告的形式，公布在组织中一切可利用的墙报、布告栏、内部报刊上，尽可能地使全体员工能够获得信息，所有对此岗位感兴趣并具有此岗位任职能力的员工均可申请此岗位。布告法的主要目的一方面在于让组织内部员工都了解哪些职务空缺,需要补充什么样的人员;另一方面让员工们在进行内部招募的过程中,都感觉这是一种透明、公平的招聘行为,而且这么做有利于提高员工的士气。

现在,在一些比较大型而且管理比较成熟的组织中,张榜公布报聘信息的方式,已经从海报层面转向组织内部网上进行发布,各种申请手续也在网上开始进行,从而使得整个招募程序更加快捷、方便。一般来说,这种布告法的招聘主要应用于非管理层人员的招聘上,比较适合普通员工的招聘。这种方法的主要优点在于可以让组织的更多人员了解招聘信息,为员工的职业生涯发展提供更多的机会,还可以使员工脱离原来并不如意的工作岗位和工作环境,也可以使主管能够更有效地管理自己下属,以防止本部门的员工离职,造成部门人才的流失。其缺点在于布告法耗时较长,如果岗位长期空缺会影响日常的运营。

**※【知识链接 6-3】**

**××集团内部系统招聘公告**

为促进集团系统内部人才合理有序流动,发挥集团整体优势和各企业专业技术人员队伍优势互补作用,集团人力资源部组织协调××电力有限公司和××热电有限公司在集团系统内公开招聘有工作经验的相关专业技术和管理人员 25 人。现将有关事项公告如下:

**一、基本原则**

紧紧围绕集团 2016 年整体工作目标,本着精干、高效、优化人员配置,公开、公正、竞争、择优的原则,引导集团人才有序流动。

**二、招聘条件及岗位**

1. 集团系统内正式员工。
2. 具有扎实的相关专业知识基础和较强的工作能力。
3. 身体健康。
4. 年龄 40 周岁及以下(条件优秀者可适当放宽至 45 周岁及以下)。
5. 学历、职称和工作经历等要符合具体岗位的任职条件(详见附件)。

**三、招聘程序**

1. 应聘者应根据个人情况选择一个或两个公司应聘报名,要如实填写《招聘报名表》所列各项内容(须粘贴相片),并附身份证、学历、学位、专业技术资格(技能等级)、执业资格、获奖证书等证书扫描件,发送至招聘企业公布的邮箱,电子邮件主题统一命名为"应聘岗位+姓名"。

2. 招聘企业工作流程:

1) 对应聘人员进行资格审查;

2) 对初选人员进行笔试、面试、体检;

3) 确定拟招聘人员。

4) 集团审批通过后,办理录用手续。

3. 集团人力资源部负责公开招聘的组织协调工作。

**四、要求**

集团公司各下属企业应大力支持集团内部招聘工作,鼓励本企业具备条件的专业技术人员积极参与应聘。

**五、报名时间**

2016年9月10日9：00—9月30日17：00

**六、联系方式**

(1) ××电力有限公司

联 系 人：×××

联系电话：×××

邮 箱：×××

(2) ××有限公司

联 系 人：×××

联系电话：×××

邮 箱：×××

(3) ××集团人力资源部

联系人：×××

联系电话：×××

邮 箱：×××

附件：1. ××电力有限公司招聘岗位及任职条件；2. ××热电有限公司招聘岗位及任职条件；3. ××电力有限公司招聘报名表；4. ××热电有限公司招聘报名表

××集团人力资源部

2016年9月6日

(3) 档案法。组织人力资源部门都有员工档案，从中可以了解到员工在教育、培训、经验、绩效等方面的信息，从而帮助用人部门与人力资源部门寻找合适的人员补充岗位空缺。员工档案对员工晋升、培训、发展有着重要的作用，因此，员工档案应力求准确、完备，对员工的岗位、技能、教育、绩效等方面信息的变化应及时做好记录，为人员选择与配备做好准备。

### 6.2.4 内部招聘的优缺点和适用性

#### 6.2.4.1 内部招聘的优点

(1)准确性较高，有利于提高组织招聘质量。内部招聘中，人力资源部门和用人部门对招聘的对象都有较充分地了解。招募对象在组织工作时所表现出来的动机、态度、能力、知识、个性等特质，都有利于提高招聘成功率。

(2) 有利于组织内部产生激励效果和榜样的力量。一方面，内部招聘能够给员工提供晋升机会，使组织的成长与员工的成长同步。美好的愿景，容易鼓舞员工的士气，形成积极进取、追求成功的氛围。另一方面，获得晋升的员工也能为其他员工做出榜样，发挥带头作用。

(3) 有利于提高员工的忠诚度。获得聘用的内部员工，本身就是在品德、能力和专业方面都比较优秀的员工，他们不仅把组织当作自己事业的“平台”，而且更重要的是把组织当成自身命运的共同体，因而对组织的忠诚度较高。

(4) 成本较低、效率较高。内部招聘可以节约高昂的招聘费用，同时还可以省去一些不必要的培训，减少了间接损失。现有的员工更容易接受领导和管理，易于沟通和协调，易于消除边际摩擦，易于发挥组织的整体效能。

(5) 适应能力较强。与从外部招聘的新员工相比较，现有的员工更加了解和熟悉本组织的运作模式、业务流程、人际关系等，因而能够更快和更好地适应新工作。

6.2.4.2　内部招聘的缺点

(1) 容易造成内部矛盾。内部选拔是难免存在竞争，落选的员工可能会产生不满、心理失衡或心灰意冷、士气低下，这样容易造成员工的消极情绪。内部选拔还可能导致部门之间"挖人才"现象，不利于部门之间的协作和组织的内部团结。

(2) 容易造成"近亲繁殖"。主管或员工在推荐候选人时往往会推荐与自己关系密切的个体，这样容易在组织内出现裙带关系和小团体现象。长期下来，会造成组织内拉帮结派、各自为政的不良影响，不利于日常工作的开展和组织文化的融合，会给组织的管理带来很大的困难。

(3) 容易出现不公正的现象。内部选拔有可能是按资历、人际关系或者领导的喜好而非员工工作中所表现出来的业绩、能力等素质。因此，容易在组织内形成不正之风，给有能力的员工的职业生涯发展设置障碍，从而导致优秀人才被埋没或外流，削弱组织的竞争力。

(4) 容易失去选取外部优秀人才的机会。一般情况下，外部优秀人才是比较多的，如果一味寻求"本部制造"，降低了外部"新鲜血液"进入本组织的机会，表面上看是节约了成本，实际上是对机会成本的巨大浪费。

(5) 不利于新主管建立声望。当新主管从同级员工中产生时，会感觉到自己是大伙中的一员，这种情感束缚会使自己缺乏自信，也会导致该工作群体的比较心理失衡，从而使主管无法很好地完成角色转变，不容易建立领导声望。

## 第三节　外部招聘

### 6.3.1　外部招聘的含义和来源

6.3.1.1　外部招聘的含义

外部招聘就是组织根据制定的标准和程序，从组织外部选拔符合空缺职位要求的员工。具体来说，就是组织根据整体战略目标和用人部门需求，向外部发布招聘信息，并对应聘者进行相关测试、考核、评定以及一定时期的试用，接着综合考虑其各方面的条件之后做出录用决策的方式。

6.3.1.2　外部招聘的来源

当组织处于创立初期或者快速发展期时，必须借助外部市场招聘人才；当组织的产品或技术需要更新换代，需要素质较高的人才，而组织内部的员工又无法满足要求时，组织也需考虑在更大的外部市场招聘人才。外部招聘的来源主要包括：高等和中等院校的应届毕业生、竞争对手与其他组织的员工、人才服务机构、劳动就业中心等。

### 6.3.2　外部招聘的原则

(1) 客观公正原则。组织人力资源部门及经办人员在外部招聘中，必须克服个人好恶、偏见和歧视,以客观的态度及眼光去甄选人员,做到不偏不倚、客观公正。

(2) 适用原则。组织招聘工作人员应熟悉招聘岗位的工作性质、职责、能力要求等状况,并能根据上述条件,客观负责地选择适合的候选人。具体来说,工作人员要招聘适合本岗位的应聘者,如果招聘技术管理岗位,招聘工作人员就要看其是否踏实能干、经验丰富,思想活跃、开发能力强的个体可能就不一定合适。总之,不一定招最好的,应该招最合适的。

(3) 真实介绍原则。组织在外部招聘时面对的不太熟悉组织情况的外部应聘者,因此,招聘工作人员需真实、客观地向其介绍组织的实际情况,给其提供全面的信息。习惯上,招聘人员往往倾向于把组织描述得非常美好,以便吸引更多的应聘者。但是,这也同时会使应聘者对组织产生过高的期望值,容易导致失望、不满甚至上当受骗的感觉。如果招聘工作人员开始就较为实际地向应聘者介绍组织的情况,包含好的方面和不好的方面,这样,一方面有利于应聘者与组织形成正确的心理契约;另一方面也能从源头上杜绝失望心理,使应聘者容易产生满足感。

(4) 德才兼备原则。组织在外部招聘中,必须注重应聘人员的品德修养,并在此基础上考察应聘者的才能,做到以德为先、德才兼备。

### 6.3.3 外部招聘的方法

(1) 发布广告。对组织来说,发布广告是比较常见的一种招募方法,主要是通过媒体进行招聘,可以在一些大众媒体或是期刊上发布一些岗位的空缺信息,使对这些空缺信息比较感兴趣的人成为潜在的候选人,并采用广告方式进行组织宣传或者岗位空缺发布,以吸引人才的一种方法。对任何职务来说,广告招聘都比较适用,是现代社会比较普遍的一种招聘方式。招聘广告应该包含以下内容:组织的基本情况;招聘的职位、数量和基本条件;招聘的范围;薪资与待遇;报名的时间、地点、方式以及所需的材料等。

(2) 中介机构。知识经济时代,信息瞬息万变,人员流动日益频繁,组织招聘工作量也不断增大。为了提高招聘效率,也为了使求职者快速择业,一些中介机构(如人才交流中心、职业介绍所、劳动力就业服务中心等)应运而生。

我国很多城市都设有专门的人才交流服务机构,这些机构常年为企事业用人单位提供服务。一般都建有人才资料库,用人单位可以很方便地在资料库中查询条件基本相符的人才资料。通过人才交流中心选择人员,具有针对性强、费用低廉等优点。同时,人才交流中心或其他人才交流服务机构每年都要举办多场人才招聘会,用人单位的招聘者和应聘者可以直接面对面进行接洽和交流。招聘会的最大特点是应聘者集中,用人单位的选择余地较大,费用也比较合理,而且还可以起到很好的企业宣传作用。

(3) 猎头公司。"猎头"(Headhunting)是当下一种十分流行的人才招聘方式,即网罗高级人才。高级人才委托招聘业务,又被称之为猎头服务或人才寻访服务。专门从事中高级人才的中介公司,又往往被称之为猎头公司,是依靠猎取社会所需各类高级人才而生存、获利的中介组织。与人才交流中心不同,猎头公司采取隐蔽猎取、快速出击的主动竞争方式,为所需高级人才的客户猎取从人才市场上不容易获得的高级人才。

一般来说，猎头公司主要是举荐总裁、副总裁、总经理、副总经理、人事总监、人事经理、财务经理、市场总监、市场经理、营销经理、产品经理、技术总监、技术经理、厂长、生产部经理、高级项目经理、高级工程师、博士后、博士、工商管理高级人才、其他高级顾问及其他经理级以上人才等；而人才交流中心的服务是蓝领人才、基础事务人才、微观区域人才。

**※【知识链接 6－4】**

### 猎头公司服务流程

**一、准备阶段**

① 第一步　接触

首先，猎头公司专业的猎头顾问与客户进行初步的沟通，了解客户初步的招聘需求情况，判断客户所需求的职位是否需要通过猎头的方式进行操作。向客户初步介绍猎头公司服务的基本情况、收费标准、服务流程和猎头的服务优势。

② 第二步　相互交流

猎头顾问会和客户进行接触和充分的沟通，深入了解客户公司的详细情况，如企业文化、经营状况、组织结构、发展战略、管理风格等，透彻了解客户所需要的职位薪酬待遇、工作职责、素质技能要求和职业发展前景。并和企业一起制订企业委托猎聘详细说明。

③ 第三步　职位评估分析

在与客户进行充分的沟通以后；双方都有了非常深厚的了解，猎头还会就客户要求寻访的职位进行前期人才模型建立、人才资源调查、职位难易度评估等以便确定寻访的难度和时间，以及整个猎头项目的可行性。

④ 第四步　签约

在以上的工作完成后，猎头与客户就猎头项目相关的收费等具体问题和条件进行协商，达成一致意见后，双方签署合约。

**二、寻访阶段**

在与客户达成协议以后，猎头便开始进入正式的寻访阶段。

① 第一步　选定寻访范围

首先，根据客户要求的职位确定寻访范围。一般会通过两个渠道，一个是猎头本身的高级人才库，另外通过猎头公司广泛的兼职猎头队伍和合作伙伴，从相关行业中进行寻访。对一些重大的委托项目，做出该行业的研究报告。

寻找目标人选，首先会确定一个范围，将自己认为最有可能的目标企业和目标人选列入自己的寻访名单，一般会在 40—80 个目标之间。

猎头有着海量的 HR 经理人关系渠道，信息来源非常广泛，这些信息渠道为猎头顾问提供非常准确和有价值的信息。这一阶段集中体现猎头服务的专业水平。

② 第二步　初步筛选

在确定搜寻的目标以后，猎头便会通过各种办法，对目标人选进行初步的背景调查，以确定其资历的大致可靠性，并与他们进行接触交流，了解候选人的状况和跳槽的意向。对于不适合的人选迅速排除，根据委托职位的不同，一般留下 5—10 人左右的人选进行下一步的会谈。

③ 第三步　面谈和测试

猎头会与筛选出来的候选人面谈，保持与候选人的紧密接触，进一步把握候选人的情况。同时也让候选人逐步了解猎头和客户的情况，争取候选人的信任，以便进行下一步的工作。

对于某些情况，如有必要且有可能，猎头会尽量说服候选人接受相应的专业面试和测评。

在这一阶段，猎头会同客户保持紧密沟通，随时将寻访的情况跟客户交流。

④ 第四步　初步背景调查

经过与候选人的反复接触，确定可能向客户推荐的人选(3～5 人)。猎头会对初步符合条件的候选人进行初步的背景调查，了解该候选人情况的大致真实性，向客户推荐那些通过初步背景调查的候选人。

（三）推荐阶段

① 第一步　初步面试

当猎头确认一些适合的候选人以后，就会将候选人的资料以及评价报告提供给客户，征询客户的意见，安排候选人与客户的会面。猎头会根据客户的要求进行下一步的工作。

② 第二步　深入背景调查

对于通过客户初步面试的候选人，猎头会对候选人进行深入的背景调查。背景调查报告会客观公正、如实地向客户反映候选人的职业历史细节，并作为客户下一步面试和考察候选人的参考依据。

③ 第三步　深入面谈

对于高层的职位，客户、候选人和猎头三方都会极为慎重。客户和候选人至少要进行两次以上，甚至十几次的面谈和测验；候选人也会对客户公司的状况进行更为深入的了解，比如去客户公司参观，和不同人会面等等；在这期间，猎头的顾问会随时保持同双方的沟通，不断地协调双方当事人的立场，竭力促成双方达成一致意见。

④ 第四步　入职协商

在双方基本达成共识的情况下，开始进行实质性的商谈步骤，主要是确认双方基本的权利和义务，如候选人的薪酬待遇，这里面包括基本薪金、奖金、补贴、假期、保险、住房、交通以及股票、期权等，以及企业要求候选人需要达成的目标和其他要求等。猎头的顾问会在中间进行双方协调。

若候选人与客户达成共识，双方签约，猎头的寻猎工作即告完成。当然，猎头还会对客户提供三个月的人才保证期；

⑤ 第五步　跟踪服务

猎头会在候选人上岗以后的一段时间内对候选人进行跟踪，了解候选人在新岗位的工作情况，以便随时掌握候选人的情况，及时消除双方误解，并对自己本身的工作进行评价。

(4) 校园招聘。校园招聘是一种特殊的外部招聘途径。狭义上是指组织直接从学校招聘各类各层次应届毕业生；广义上是指组织通过各种方式招聘各类各层次应届毕业生。主要包括高等学校、中等专业学校举办的招聘活动；专业人才招聘机构、人才交流机构或政府举办的毕业生招聘活动；招聘组织（主要是大型企业）举办应届毕业生招聘活动；企业委托高校或中等专业学校培养，邀请学生到企业实习并选拔留用；企业在学校设立奖学金并在享受者中选拔录用以及校园招聘专业网站。

我国校园招聘的时间一般从 9 月中旬就开始启动，主要集中在每年的 9—11 月和次年的 3—4 月。虽然国家对招聘毕业生的启动时间有一定的要求，但不属于硬性要求。9 月初毕业生的最后一个学年开始后，出于招揽优质人才的考虑，越来越多的用人单位都在越来越早地进入校园，通过校园宣讲会的形式提前介入到校园招聘活动中。10 月份则是目前校园招聘最繁忙的旺季，高潮会一直持续到 11 月底。

**※【知识链接 6 - 5】**

**兼顾品牌的校园招聘**

由于校园招聘的受众广泛，一次成功的校园招聘活动意味着不仅能够招募到优秀的人才，同时，还可以在众多低年级学子心目中树立起良好的企业形象，从而在未来的人才争夺中打下基础。相当一部分进行校园招聘的公司都将其品牌的校园传播放在与校园招聘同等重要的战略地位，其策略与手段往往经过缜密整合，并制定系统的校园传播与招聘计划。

企业品牌主要包括雇主品牌和产品品牌两个方面：校园招聘作为展示企业形象的一种方式，相当于企业的一张名片，通过规范的招聘流程设计、招聘过程中对求职者的人性化关怀、企业高层的个人魅力、员工代表的责任心与活力等，能够让在校学生感受到企业文化、人才理念、管理水平等深层次的内容，从而使企业树立起良好的雇主品牌形象，为其广泛吸引人才。这相比较于大动干戈刻意的公关宣传来说，成本较低，而且给人的感觉更为亲切、自然。有些公司更是在校园中展现其产品品牌，将应聘学生变成公司的消费者或客户。比如雀巢公司在招聘会上会邀请到场的学生品尝自己品牌的咖啡。

(5) 网络招聘。网络招聘，也被称为电子招聘，是指通过运用技术手段，帮助组织人力资源管理部门完成招聘的过程。具体来说，就是组织通过自身网站、第三方招聘网站等机构，使用简历数据库或搜索引擎等工具来完成人员的招聘过程。

随着我国网络的大规模普及，网络招聘在我国的发展速度日益迅猛，并且受到大多数组织的青睐。具体来说，网络招聘具有如下四个优点：

① 覆盖面广：互联网的覆盖是以往任何媒介都无法比拟的，它的触角可以轻易地延伸到世界的每一个角落。网络招聘依托于互联网的这个特点，达到了传统招聘方式无法获得的效果。

② 时效性强：与传统招聘方式不同，网络招聘不强求时间和空间上的绝对一致，方便了招聘双方时间的选择。互联网本身不受时间、地域限制，也不受服务周期和发行渠道限制，它不仅可以迅速、快捷地传递信息，而且还可以瞬间更新信息。

③ 成本较低：网络招聘在节约费用上有很大的优势，一方面，对于毕业生来说，通过轻点鼠标即可完成个人简历的传递，原本一个月才能完成的信息整理、发布工作，现在可能只要半天就能够完成。这既节约了复印、打印费用，还省去了来往奔波的费用。另一方面，对

用人单位来讲，网络招聘的成本更低。

④ 针对性较强：网络招聘是一个跨时空的互动过程，无论是用人单位还是个体都能根据自身的条件在网上进行选择，因此，对供求双方而言都是主动行为。这种积极的互动，减少了双方在招聘和应聘过程中的盲目行为。目前，一些大型的人才招聘网站都提供了个性化服务，如快捷搜索方式，条件搜索引擎等，这进一步加强了网络招聘的针对性。

但是，另一方面随着越来越多的组织和应聘者涌向网络的同时，网络招聘的缺点也日益呈现出来，主要表现在以下五个方面：

① 信息真实度较低：如何进行网上身份的认证，以避免虚假信息和不严肃行为的侵入，是目前困扰网络招聘发展的最大难题。多数招聘网站由于技术能力的限制，无法做到对每条信息的真伪一一甄别，且网站会员的登记还没有真正实行实名制，也没有强制性的核查和惩罚措施，因此，应聘者可以随意填写虚假简历和信息。

同时，有些招聘网站由于没有充足的信息源，就采取盗用知名招聘网站信息的做法。这就造成事实上公司的招聘已经结束，但过期的招聘信息和作废的 E—mail 信箱等联系信息依然挂在根本没有被正式委托过的网站上，成为无效的信息垃圾，误导了应聘者，甚至骗取报名费和培训费。

② 应用范围较窄：目前，适合通过网络招聘的工作岗位较为单一，大都局限在计算机应用普及率较高的行业，招聘对象也多局限于一些文化水平较高的人员。此外，在现有的人群中，使用网络较多的是年轻一族，或者是从事高新技术产业的人，这样就使得应聘人群受到限制。对于不上网或使用网络较少的人，网络招聘的作用不明显。

③ 服务体系较差：招聘网站除了要具备必要的技术实力以外，还必须对组织的人力资源管理有深刻的理解，需要有较强的市场策划与推广能力，以便吸引更多的应聘者。然而，目前大多数招聘网站在深层次的服务上还很薄弱，对人才市场的分析、市场供求倾向、薪资水平、相关人事制度变化等方面的咨询服务也十分有限。网络招聘的服务体系还处于初步发展阶段，需要进一步发展改进。

④ 信息处理难度较大：先进的网络技术在极大地提高了信息传递的速度的同时，也造成了对于一个职位会产生许多的求职者。通过网络招聘，组织会收到极为丰富的简历，从而会出现简历数量过于庞大，人力资源管理部门不得不花费大量的时间进行筛选，疲于应付的现象。

⑤ 成功率较低：大量无效的信息还会增加真正合格的候选人被招聘组织漏选的可能性。有统计表明，一些进行网上招聘的规模较大的企业每周要接收 500 至 1 000 份新简历。面对如此多的简历，人力资源管理部门通常是匆匆浏览一遍后就将其中的 80％删除了，一般浏览每份简历的时间不超过半分钟。要使招聘组织在半分钟内通过一封 E—mail 对应聘者产生兴趣，其难度可想而知。

**※【知识链接 6－6】**

**微软的网络招聘**

网络招聘的方式在美国等国家已经深入人心，成为大学毕业生和职员求职的首选方式。在美国，上网找工作已经成为家常便饭，反而很少还有人在翻报纸寻觅就业机会。微软更是互联网化管理的领航者，他们在进行网络招聘时，网上招聘信息不仅对外发布，同时也对内。微软在全球各个国家的公司有什么职位空缺，都会发布在网上，微软的职员可以跨国申请。如果你对某个国家的空缺职位感兴趣，并愿意长期移居过去，便可以发申请信，那个国家微软公司人力资源部就会对你的技能、业绩做一番调查，然后在网上进行测评。如果认为你可以胜任，那么，你就很幸运地成为那个国家微软公司的员工了，你的一切关系（包括保险、薪酬、福利等）都将转过去。目前为止，微软已有不少员工通过这种方式到自己向往的国家和职位去工作了。

### 6.3.4　外部招聘的优缺点

外部招聘能够为组织带来新思想、新观念，补充新鲜血液，使公司充满活力，因此，外部招聘具有以下优点：

（1）人员来源广泛，选择空间大。相对于内部招聘，外部招聘能获得较多的应聘者，无论从要求、能力、技术等方面，都有较大的选择空间。特别是在组织初创和快速发展时期，更需要从外部大量招聘各类员工。

（2）有利于带来新思想、新观念。因为多数应聘者都会为组织带来新的观念、新的信息、新的思维、新的文化和价值观，甚至新的社会关系，从而为组织带来思想的碰撞和新的活力。

（3）有利于规避组织内部的涟漪效应产生的各种不良反应。内部晋升容易产生涟漪效应，即组织动一岗则动多岗，动一人则动多人的现象使得其被迫接受许多不应有的岗位和人员变动，而外部招聘则可以规避这种涟漪效应。

（4）有助于组织避免过度使用内部不成熟的人才。组织在内部招聘时容易出现以次充优和过度使用内部不成熟人才的弊端，而外部招聘能够使组织根据能岗匹配的原理招聘合格人才，使内部员工能获得必要的培训和充足的成长时间，规避了过度使用不成熟的内部人才。

（5）有利于给内部员工施加压力和动力。通过外部招聘获得的优秀人才无形中给组织现有员工施加压力，使之形成危机总识，激发其斗志，有利于促使所有员工共同进步。另外，通过外部招聘进入组织的新员工有利于平息和缓和内部员工之间的紧张关系。

同时，外部招聘也存在一些缺点：

（1）筛选时间长，难度大。组织要招聘到优秀的、合适的员工，就必须能够比较准确地测定应聘者的能力、性格、态度、兴趣等素质，从而准确预测其在未来的工作岗位上能否达到组织所期望的要求。但是相关研究表明，这些测量结果只有中等程度的预测效果，仅仅依靠这些测量结果来进行科学的录用决策是比较困难的。为此，一些组织还辅助采取诸如推荐信、个人资料、自我评定、工作模拟等方法，这些方法各有各的优势，但也都存在着不同程度的缺陷，这就使得录用决策耗费的时间较长。

（2）进入角色状态慢。外部招聘的员工往往需要花费较长的时间才能了解组织的工作流程和运作方式，了解组织的文化并能融入其中。如果外部招聘的员工的个人价值观与组织的文化相冲突，那么员工能不能及时适应组织文化并快速进入角色将面临一定的考验和风险。

(3) 引进成本高。一方面,外部招聘时,组织通常需要在媒体发布信息或者通过中介机构招募,一般都需要支付一笔不小的费用。另一方面,由于外部应聘人员相对较多,后续人力资源管理部门的挑选过程也非常烦琐和复杂,不仅需要花费较多的人力、财力,而且还会占用大量的时间。

(4) 决策风险较大。外部招聘时,组织只能通过几次较短时间的接触,就必须判断出应聘者是否符合本组织空缺岗位的要求,而不像内部招聘那样应聘者是经过长期的接触和考察。因此,外部招聘时组织很可能因为一些外部原因,例如,信息的不对称性、逆向选择及道德风险等,做出不准确的判断,进而增加了决策风险。

### 6.3.5 内部招聘和外部招聘的比较选择

内部选拔优先还是外部招聘优先,对于不同层次的人才、不同环境和阶段的组织应采取不同的选择,必须视其自身的实际情况来定。一般而言,组织在选择招聘方式时应遵循的几个原则:

1. 高级管理人才选拔应遵循内部优先原则

在人力资本成为企业核心竞争力重要组成部分的今天,高级管理人才对于任何企业的发展都是不可或缺的。企业在高级管理人才的选拔过程中应当遵循内部优先的原则。高级管理人才能够很好地为企业服务,一方面是依靠自身的专业技能、素质和经验,能够为企业服务;另一方面更重要的是对企业文化和价值观念的认同,愿意为企业贡献自己全部的能力和知识,而后者是无法在短期内完成和实现的。

企业内部培养造就的人才,更能深刻理解和领会企业的核心价值观,由于长期受企业文化的熏陶,已经认同并成为企业文化的信徒,所以也更能坚持企业的核心价值观不变,而核心价值观的延续性对企业是至关重要的。同时,企业的高层管理团队和技术骨干,都是以团队的方式进行工作,分工协作,密切配合,而核心价值理念相同的人一同工作更容易达成目标,如果观念存在较大差异,将直接影响到合力的发挥。

2. 外部环境剧烈变化时,企业必须采取内外结合的人才选拔方式

当外部环境发生剧烈变化时,行业的经济技术基础、竞争态势和整体游戏规则发生根本性的变化,知识老化周期缩短,原有的特长、经验成为学习新事物新知识的一种包袱,企业受到直接的影响。这种情况下,从企业外部、行业外部吸纳人才和寻求新的资源,成为企业生存的必要条件之一。不仅因为企业内部缺乏所缺的专业人才,同时时间也不允许坐等企业内部人才的培养成熟,因此必须采取内部选拔与外部招聘相结合、内部培养与外部专业服务相结合的措施。

3. 快速成长期的企业,应当广开外部渠道

对于处于成长期的企业,由于发展速度较快,仅仅依靠内部选拔与培养无法跟上企业的发展。同时,企业人员规模的限制,选择余地相对较小,无法得到最佳的人选。这种情况下,企业应当采取更为灵活的措施,广开渠道,吸引和接纳需要的各类人才。

4. 企业文化类型的变化决定了选拔方式

如果组织要维持现有的强势企业文化,不妨从内部选拔,因为内部的员工在思想核心价值观念、行为方式等方面对于企业有更多的认同,而外部的人员要接受这些需要较

长的时间，而且可能存在风险；如果企业想改善或重塑现有的企业文化，可以尝试从外部招聘，新的人员带来的新思想、新观念可以对企业原有的东西造成冲击，促进企业文化的变化和改进。

企业不论是通过内部选拔还是外部招聘的方式填补中高层职位空缺，都需要企业在既定的战略规划的前提下，在对企业现有的人力资源状况分析和未来情况预测的基础上制定详细的人力资源规划，明确企业的用人策略，建立内部的培养和选拔体系，同时有目的、有计划、分步骤地展开招聘选拔工作，给予企业内外部人才公平合理的竞争机会，以形成合理的人才梯队，保证企业未来的发展。

**※【知识链接 6－7】**

**"输血"还是"造血"**

面对公司中高层管理职位空缺，是"输血"还是"造血"，这个问题一直未有定论。美国一些知名企业对这个问题给出了完全不同的答案，其中一个极端的例子是通用电气(General Electric)，该公司 80%的高层职位由内部选拔产生，这些高层人士在通用度过了他们几乎全部职业生涯。"我们的原则是挖掘内部人才，"通用电气人力资源部经理科纳蒂(William Conaty)表示。"除非迫不得已，我们不想依赖外来者。"他说，这一点从通用电气从其在位于纽约州 Crotonville 的管理培训中心以及其他内部管理者发展项目上每年 10 亿美元的投资上足可见一斑。与通用不同，思科系统(Cisco Systems)则希望在外部招贤纳士。思科首席执行长钱伯斯(John Chambers)表示，这些年来，思科只有 60%的空缺由内部人士填补，其他均来自外部。"从人才的选择面以及战略发展考虑，外部人才更容易激发创新灵感。"他说。由此可见，对于内部选拔和外部招聘哪种方式更好，并没有定论，只能视公司实际情况而论。

# 第四节　招募广告

组织既可以通过外部招聘又可以通过内部招聘获取其所需要的人才，但是不管采用何种招募渠道，组织都需要预先设计招聘广告。招聘广告主要指组织用来公布招聘信息的广告，是组织为应聘者提供一个获得更多信息的来源。招聘广告是招募渠道发布信息的关键环节，是员工招聘的重要工具之一，招募广告设计的好坏，直接影响到应聘者的素质和组织的竞争力。

## 6.4.1　招募广告的内容

(1) 标题和标志。有关学者发现广告标题和标志要比广告文本多 5 倍的阅读力，是招募广告中最吸引应聘者的部分。因此，招募广告的标题和标志部分一定要设计得吸引人，抓住应聘者的眼球，例如，"高薪诚聘"、"××企业诚聘"等。同时，知名品牌组织的标志本身就能很好地吸引应聘者。

(2) 本组织的基本情况。招募广告要以简洁明了的语言介绍本组织的基本情况，例如，组织概况、文化理念、产品或服务、地址、网址等。

(3) 招聘岗位情况。一般包括岗位名称、所属部门、岗位要求、工作职责等。需要注意的是，为了使应聘者更好地理解并吸引其兴趣，人力资源管理部门需要从应聘者的角度出发编写岗位情况。

(4) 招聘人员的基本条件。主要指招聘人员的知识、能力、经验等，需要注意的是，要避免出现年龄、性别、种族、宗教歧视方面的内容。

(5) 人力资源政策。主要指应聘岗位获得的薪酬水平、福利政策、培训机会、劳动合同等方面的人力资源政策。

(6) 报名政策。主要指组织的通信地址、电话号码、电子邮件等可以让应聘者与组织联系的方式。另外，还需提供组织应聘的开始时间和截止时间。

(7) 报名材料。主要指应聘者需携带或递交的个人材料，例如，中英文简历、学历学位证书、资格证书、身份证、照片等。

(8) 其他注意事项。

**※【知识链接 6－8】**

**××银行信用卡中心诚聘精英**

**职位基本情况**

| | |
|---|---|
| 职位类别：销售经理储备岗 | |
| 工作地点：南京 | 发布日期：20××年×月×日 |
| 工作经验：3—5 年 | 最低学历：本科 |
| 职位月薪：面议 | 工作性质：全职 |
| 招聘人数：1 人 | 管理经验：是 |

**职位描述：**

1. 通过不同职位的轮岗和实习，具备优秀的销售能力和团队管理能力，胜任分中心销售/商务团队管理及业务拓展、推广工作，达成团队绩效目标；

2. 通过系统专项的培训，快速掌握信用卡产品相关业务知识，能按照要求达成培训目标；

3. 通过定量或定性方式进行市场调研，协助开展市场推广活动，根据要求完成相关评估报告并定期反馈；

4. 协助分中心总经理进行部分项目管理工作，同时，有效协助分中心日常管理工作。

**任职资格**

1. 全日制统招本科及以上学历，市场、管理、经济等相关专业毕业；

2. 具备三年及以上销售、商务谈判、渠道管理相关经验，具备一定的团队管理经验者优先；

3. 具有良好的沟通能力、协调能力及团队合作精神；

4. 能够承受较大的工作压力，敢于接受挑战；

5. 具备较强的销售团队管理意愿和潜力；

6. 具有较强的学习能力和学习意愿，较强的创新思维，条理清晰。

**发展机遇**

1. 更多的培训机会(1个月入职培训+各阶段回归培训)

2. 更短的成长时间(最快可在入职后16个月内晋升)

3. 更多的晋升通道(可在全国范围内通过竞聘方式晋升)

**项目背景**

××银行信用卡中心自成立以来，在持续拓展全国信用卡业务的同时，更加关注人才的培养与梯队建设，我们正在寻觅对信用卡行业有浓厚兴趣且具备潜质成为销售管理的高素质人才。

××银行信用卡中心正在重点开展一个为期两年的销售经理储备岗位项目。该培养计划的目标是通过一系列量身定做的培养方式，包括系统的培训、办事处轮岗及项目管理实践的方式，培养卡中心未来的销售精英人才。

我们有来自各个行业的优秀人才，他们和您一样坚信：人生可以更精彩！

联系地址：南京市××区×××路××号××大厦××××室

### 6.4.2　招募广告的目的和原则

#### 6.4.2.1　招募广告的目的

招募广告是组织为补充空缺岗位而吸引应聘者的方法，其受众范围十分广泛，包括现实的应聘者、潜在的求职者、外部客户、社会公众、内部员工等，因此，招募广告是应用最普遍、最广泛的一种招募方法。组织在编制和发布招募广告时，通常需要达到以下两个目的：一是通过发布招募广告吸引大量的、合适的应聘者前来应聘；二是组织可以借助招募广告向受众宣传自身的价值观，展示组织文化和理念，树立良好的组织形象。

#### 6.4.2.2　设计招募广告的原则

好的招募广告应该能够吸引大量的应聘者，使其对招募广告的内容产生兴趣，激发应聘者申请空缺岗位的欲望，并迅速开展实际行动。这就是招募广告设计应遵循的 AIDAM 原则，即注意(Attention)—兴趣(Interest)—愿望(Desire)—行动(Action)—记忆(Menory)。

(1) 引起注意。招募广告能否引起应聘者的注意是其成败的关键。如果招聘广告设计没有特色，就很容易被其他广告淹没，不能吸引到合适的应聘者。通常组织可以通过设计醒目的字体、与众不同的颜色、显眼的位置等使招募广告引人注目，其中最醒目的内容应该是组织最具吸引力的地方，例如，组织的名称、标志、招聘岗位、资质条件、薪酬待遇、工作地点等。

(2) 激发兴趣。成功吸引到应聘者后，组织还需要使其对空缺岗位产生兴趣，这就要求组织必须设计出能使应聘者产生兴趣的点。组织可以通过将生动的、能引起应聘者共鸣的招募广告词以新颖的方式呈现出来，例如，“与您携手共进，同创辉煌未来”“成功永远属于富有理想和激情的年轻一代”“您愿意投身到富有挑战性的工作中吗?”等。

(3) 产生愿望。愿望是个体采取行动的基础,应聘者的愿望通常是与其需求相连的,因此,组织可以在招募广告中强调一些吸引人的因素来激发应聘者对空缺岗位的愿望。组织可以在招募广告中着重强调可以为应聘者提供优越的薪酬福利待遇、富有挑战性的工作内容、量身定制的职业生涯规划和每年多次的培训机会等,例如,“为员工提供五险一金和悠长婚假”“为员工提供每年一次的海外培训和考察机会”等。

(4) 采取行动。组织招募广告的最终目的就是要使应聘者获知招聘内容后,能及时收到其求职材料。因此,组织需要在招募广告中提供以下信息:一是联络方式,包括组织的通讯地址、电子邮箱、网址、联系电话等;二是招募广告有效期,例如,“本招募广告一周内有效”“请您在十天之内递交相关应聘材料”等。

(5) 留下记忆。招募广告的重要目的就是使应聘者的脑海里对组织形象、提供的产品和服务留下较深的印象。要达到此目的,组织可以综合运用上述招募广告设计方法。

## 本章小结

员工招聘渠道是组织招聘行为的辅助之一。现场招聘是一种企业和人才通过第三方提供的场地,进行直接面对面对话,现场完成招聘面试的一种方式。网络招聘一般包括企业在网上发布招聘信息甚至进行简历筛选、笔试、面试。校园招聘是许多企业采用的一种招聘渠道,企业到学校张贴海报,进行宣讲会,吸引即将毕业的学生前来应聘,对于部分优秀的学生,可以由学校推荐,对于一些较为特殊的职位也可通过学校委托培养后,企业直接录用。在报纸杂志、电视和电台等载体上刊登、播放招聘信息受众面广,收效快,过程简单,一般会收到较多的应聘资料,同时也对企业起了一定的宣传作用。内部招聘是指公司将职位空缺向员工公布并鼓励员工竞争上岗。企业可以通过员工推荐其亲戚朋友来应聘公司的职位,这种招聘方式最大的优点是企业和应聘者双方掌握的信息较为对称。

内部招聘是指在组织出现职务空缺后,从组织内部选择合适的员工选来填补此位置。由于外部招聘的风险增大、招聘成本也逐步增多,现在很多组织已经开始青睐内部招聘,尤其是身处经济欠发达地区、人才资源匮乏、知名度较低、招聘资金预算有限的组织更是如此。内部招聘具体可分为内部晋升、工作调换、工作轮换和人员重聘等几种方法。内部招聘主要采取推荐法、布告法和档案法。

外部招聘就是组织根据制定的标准和程序,从组织外部选拔符合空缺职位要求的员工。

具体来说,就是组织根据整体战略目标和用人部门需求,向外部发布招聘信息,并对应聘者进行相关测试、考核、评定以及一定时期的试用,接着综合考虑其各方面的条件之后做出录用决策的方式。外部招聘的来源主要包括:高等和中等院校的应届毕业生、竞争对手与其他组织的员工、人才服务机构、劳动就业中心等。外部招聘的主要方法包括发布广告、中介机构、猎头公司、校园招聘和网络招聘。

招聘广告主要指组织用来公布招聘信息的广告,是组织为应聘者提供一个获得更多信息的来源。招聘广告是招募渠道发布信息的关键环节,是员工招聘的重要工具之一,招募广告设计的好坏,直接影响到应聘者的素质和组织的竞争力。

## 练习题

**一、思考题**

1. 招聘渠道的分类有哪些?

2. 组织如何确定招聘渠道？有哪些方法?

3. 组织内部招聘的原则是什么?

4. 组织内部招聘的途径有哪些?

5. 组织外部招聘的原则是什么?

6. 组织外部招聘的途径有哪些?

7. 组织网络招聘的方法有哪些？步骤是什么?

**二、讨论题**

1. 李强是某大型民营企业的老总，最近遇到了一件棘手的事情，在企业干了5年的制造部刘经理突然申请辞职。这让他措手不及，要知道刘经理是他一手培养，从最初的工人一步一步提拔到经理的位置。面对如此情况，李强不免有些惋惜。而在经理会上讨论新的经理人选时，营销部和财务部的负责人就经理来源问题激烈争论起来，到底是“外部引进”有利还是“本部制造”更好?

**三、案例分析**

有一个关于招聘的谜语:什么事情成本更高但效果往往还更糟？答案就是外部招聘。

由于企业相信自己的员工队伍中有不少人才，再加上有研究显示聘用外部人才不当所付出的代价可能会非常高昂，众多企业正在增加内部招聘计划并投入建设新求职网站来促进企业内部的人才流动。

思科公司制定了一项名为“人才连接”的计划，由此确定出一些“被动候选人”，即具备相应资格、但不一定正在找工作的员工。思科全球人力资源副总裁马克·汉伯林透露，自2010年以来，在思科65 000名员工中，约有半数在网站上建立了个人资料或是已经利用该网站搜索过工作岗位。他还说，“人才连接”计划已为该公司节省了“数百万美元”的猎头费用及其他招聘费用，同时员工意见调查也显示他们对职业生涯发展的满意度提高了近20%。

越来越多的研究表明，与从外部招聘人才相比，内部提拔能够为企业带来更多好处。

宾夕法尼亚大学沃顿商学院最近一项研究发现，从外部招聘的人才的薪酬比相同职位的内部员工高出18%左右，但是，他们在工作头两年的业绩考评表现还不如内部员工。内部招聘系统通常对以项目为基础开展工作的公司比较有利。例如，路易斯安纳州巴吞鲁日市工程与建筑服务公司ShawGroup的员工便按项目从事工作，各项目的持续时间从几个月至十年不等。由于该公司拥有27 000名员工，其管理层需要一个全面的数据库来跟踪员工的技术和经验。

Shaw旗下位于北卡罗来纳州夏洛特市的电力集团的人力资源副总裁莱西·凯泽说，“我们一位高层说我们需要的就是类似于一张棒球卡的东西”，或者说是涵盖了员工的技能、所完成的培训以及业绩评估等信息的一页纸。最终该公司开发了一个基于互联网的系统，当某个项目有职位空缺时，经理们可以利用这个系统来迅速评估哪些人才可以加入该项目，然后再决定是否要从外部招聘。凯泽称，自该系统在2009年年底启动以来，至今他们在45天内就能为空缺岗位物色到人选，而两年前则需要60天。

当然，企业依然需要进行一些外部招聘活动，特别是某些部门可能需要实行人事调整或者企业发展迅猛的时候。沙利文指出，变革的动力往往必须来自于外部。

**思考题**

1. 从上述案例中分析，内部招聘相对于外部招聘的优点有哪些？

2. 在哪些情况下，内部招聘比外部招聘具有更大的优势？

**四、课外实践题**

深入到一家组织进行实地调查，向该组织的人力资源部员工了解组织外部招聘和内部招聘的具体方法和效果，并对其进行改进。

# 第五篇

# 测评与选拔篇

# 第七章　初步筛选与笔试

**本章学习目标**

☆ 掌握个人简历、申请表的筛选技巧；
☆ 了解笔试的概念和形式；
☆ 掌握笔试的类型；
☆ 识记笔试的设计原则及其优缺点。

**【本节案例：问题提出】**

**欧莱雅如何聘用“文化混血儿”**

欧莱雅集团的“全球普及化战略”及其全球化经营格局是以多元化的用人策略为支撑的。欧莱雅相信，只有聘用多元化人才，才能创造出满足消费者多样化需求的产品。多元化是欧莱雅的基因，也是核心价值所在，它能够点亮团队的创意与灵感。欧莱雅把来自不同国家与民族、不同文化背景、不同肤色与性别的人吸引在一起，融合为一体。在欧莱雅（中国），员工来自中国、法国、印度和泰国等 18 个国家。

欧莱雅在选拔人才时，非常注重发掘员工身上的多元化特点和能力，比如他们的忍耐力、开放心态、开放性思维、好奇心、积极性，这些特点和能力都与企业人才的多元化息息相关。

考虑到中国市场的规模和重要性，其战略已经从“在中国销售”转向“在中国创造，为中国创造”。欧莱雅不仅仅是满足消费者的需求，而且是为消费者提供他们所期待和梦想的东西。2005 年，欧莱雅在上海浦东建立了研发与创新中心，它是继法国之后，欧莱雅在全球最大的实验室，目前的研发团队已达 260 余人。在该研发中心，欧莱雅致力于前瞻性的科学研究，例如，测试新的成分或质地，在人造皮肤上测试我们未来十至十五年后会推出的产品。

中国是一个多元文化并存的国度，多元化人才在中国并非锦上添花，而是不可或缺。任何有意在中国发展的跨国公司，都必须建立多元化的人才队伍，保证团队中性别、文化背景、地域差异、教育背景、成长经历等各方面的多样化。在欧莱雅（中国），95%的员工来自本土，他们来自不同的地区，很多拥有海外留学或者工作的经历。

巴黎欧莱雅品牌国际发展部（中国）产品组就是一个典型的多元化团队，团队共四人，分别来自不同的文化背景。其中，产品组经理谢汶静加入欧莱雅已经 11 年，她是欧莱雅香港第一批管理培训生。她在加拿大出生，在香港长大并就读小学，之后分别在新加坡、加拿大就读中学和大学。大学毕业后，她又回到香港，加入了欧莱雅公司，六年后被派到法国总部做品牌营销工作，两年半以后又被派回中国大陆负责产品开发。有了在总部的工作经历，她回到中国后，与总部产品开发部门的沟通更加顺畅了。

团队里还有一位负责研发的台湾地区女生、一位负责市场营销的泰国男生和一位从香港留学回来的本土人才。他们都是"文化混血儿",易于接受不同的文化和观点。当他们进行头脑风暴时,常会碰撞出各种各样的灵感。在与总部或者其他国家的产品部门沟通时,他们也经常获得启发,比如巴西现有的某个产品系列,未来可能考虑在中国推出,或者中国现有的产品也可以被其他国家借鉴。

资料来源:HR369 人力资源网站,http://hr. hr369. com/recruitment/201309/165693. html,2013-09-17。

文化混血儿的人员选拔策略是欧莱雅这一跨国公司解决"全球化-本地化"难题的方法尝试,这一方法与欧莱雅提出的"全球普及化战略"直接相关。"全球普及化战略"是指:欧莱雅拥有全球化的品牌和全球化的战略,然后根据不同类型消费者的特殊需求,提供能够满足他们多样化需求的美容产品和服务。由此可见,组织采取何种方法和技术甄选出适合其战略规划的员工是极为重要的。

## 第一节　初步筛选

**【本节案例:问题提出】**

简历是企业与应聘者互相沟通的第一道桥梁,应聘者通过自身设计的简历向企业推销自己,企业则通过应聘者提供的简历初步了解其基本知识和技能,以便做出初步筛选。然而,一方面应聘者提供的简历讯息未必适合企业所招聘的岗位要求,另一方面简历所提供的讯息未必就如应聘者描述的那么真实和完美。因此,就企业而言,简历中描述的各种讯息应当以结构化的方式获取并做初步筛选,包括应聘者的个人信息、各种经验、教育情况、个人特质、专业能力等。那么,企业在初步筛选应聘者的简历时会关注哪些方面呢?

一般来说,企业在对应聘者的简历初步筛选时会注意以下几点:

1. 最佳的简历是工作经验与所招聘岗位一致。在此需要特别仔细研读工作职责与工作业绩部分。

2. 在简历中,企业关注的因素主要有学历、专业、职业发展经历的匹配性、工作年限等。其次关注的信息为自我评价、性别、年龄、身高、形象等,是否与企业及岗位要求相匹配。

(1) 对于学历。留意其是否全日制修读,优先考虑全日制。对于函授、夜大等方式修读的,注意考察其工作经验与能力;同时注意学历是否存在中断或肄业未做说明的情形。

(2) 专业相关性。比如,人力资源管理职位以人力资源管理、经济管理、心理学类专业为佳;对于销售类岗位,专业要求不明显,如果是市场营销、管理学、经济学则优先考虑。

(3) 职业发展经历。应聘者最近1—2份工作与应聘岗位接近为佳,如招聘销售员岗位,最好近期的工作以销售类为主;应聘培训管理岗位,要有企业培训经验或培训咨询业经验。

(4) 工作年限方面。一般来说,专员级别要求2年以上同类工作经验,经理级别要求5年以上经验,部门经理要求6年以上工作经验。

(5) 简历中描述的个人优势与个性特征,是否与所需岗位相吻合。一般销售类岗位最好有“激情、开拓性、热情、外向、活跃、开朗”等词语。对于人力资源类岗位，最好有“沟通能力强、有推动能力、善于思考总结”等词语。

(6) 性别方面主要考虑部门的男女比例配置。

(7) 年龄方面。以某企业为例，专员为 20—27 岁为佳，经理级别 28—33 岁为佳，部门经理为 33—45 岁为佳。

(8) 其他附加信息。需要查看简历中与岗位相关的附加信息，比如应聘培训岗位应该参加过较多外部培训项目。

资料来源 搜狐网，http://mt.sohu.com/20160825/n465982092.shtml，2016 - 08 - 25。

### 7.1.1　个人简历筛选

#### 7.1.1.1　个人简历的形式和结构

(1) 以学历为主的简历。采用此种简历的应聘者大多是应届毕业生，因缺乏适当的工作经验，所以把简历的重点放在学历上。这类简历一般是从最高学历开始着手，组织需要注意其以下信息：

① 个人资料：姓名、性别、出生年月、身份证号码、籍贯、身高、体重、健康状况、联系方式、通讯地址等。

② 应聘职位：可到职日期。

③ 学历：毕业院校、专业、学位、学历、在校期间成绩、社会实践活动、课外活动、奖励等。

④ 特别技能和专长。

⑤ 业余爱好。

(2) 以经历为主的简历。采用此种简历的应聘者大多是社会求职人员，他们已经具备一定的工作经验，因此，往往会突出其工作经历，相对弱化其学历。组织在分析此种简历时要重点关注应聘者的工作经历、工作经验、工作职责、工作过程和工作结果，并需要注意以下信息：

① 注意其工作经历与应聘职位的相关度，尤其重点关注其近期的工作经历。

② 注意其更换单位、变换职位或岗位的次数和合理性。

③ 注意应聘者的技术资格、技能等级、是否受过与空缺岗位相关的培训。

④ 注意应聘者的家庭状况，例如，婚姻状态、配偶或恋人所在地、子女年龄和入学状况等。

(3) 以职能为主的简历。此种简历所含内容与以经历为主的简历相同，两者的根本区别在于：以经历为主的简历是按时间顺序来排列工作经验，而以职能为主的简历则是按工作职能或性质来概括工作经历。例如，以职能为主的简历可以将其职业生涯中几次非连续从事市场营销工作的经历编辑起来，重点强调应聘者所具备的某些特定工作能力和岗位适应度。

#### 7.1.1.2　个人简历筛选技巧

个人简历给应聘者较大的自由发挥的机会和空间，应聘者往往会强调其自身认为重要的部分，也可能会夸大好的方面，隐藏不好的方面，例如，虚构受教育状况、编造技能等级、夸大过往薪资等。面对这些，组织往往是缺少控制力的，因此，组织在筛选个人简历时需要注意以下几点：

（1）对简历的整体印象。组织甄选简历的人员可以从总体上分析简历的外观是否整洁、格式是否规范、语法是否准确、有无错字。同时，相关人员需要标记出简历中不可信的地方，或者对应聘者感兴趣的、需要在面试中进一步询问的地方。

（2）分析简历结构。简历的结构应该简洁明了，一般不超过两页。简历结构在很大程度上反映了应聘者的组织能力和逻辑思维能力。通常应聘者为了强调其近期的工作经历，往往按照从现在到过去的时间顺序编排工作经历和教育背景。组织甄选简历的人员需要注意应聘者的相关工作经历和教育背景的时间点是否连贯一致。

（3）判断是否与空缺岗位相匹配。组织甄选简历的人员需要注意应聘者在简历中提供的教育状况、工作经历、技能等级等是否与组织空缺岗位相匹配。此外，还需关注应聘者最近一次离职时间和离职岗位与组织空缺岗位的相似度。例如，如果组织要招聘人力资源管理专员，那么就需要重点关注人力资源管理相关专业以及具有相关工作经验的应聘者。

（4）审查简历的逻辑性。组织甄选简历的人员需要关注应聘者提交的简历是否具有条理性，内容是否符合逻辑。例如，某应聘者在描述其工作经历时列举了一些行业中的知名企业和高级岗位，而其此次应聘的却是一个普通岗位，这就需要引起注意。又如，应聘者在简历中标注自身获得了多项相关领域的证书，但是从其工作经历中却很难发现有此种机会和条件，这种情况也需引起关注。

#### 7.1.1.3 个人简历内容分析

个人简历的内容大体上可以分为主观内容和客观内容两个部分。主观内容是指应聘者对于自身的描述，多数是一些评价性、描述性的内容。例如，“本人具有团队合作精神”、“本人具有良好的计划性和优秀的组织能力”。客观内容是指应聘者基本信息、教育经历、工作经历和其他重要信息四方面。组织甄选简历的相关人员在筛选简历时应该着重关注客观内容。

（1）基本信息。个人基本信息主要包括应聘者的姓名、性别、年龄、婚姻状况、籍贯、学历、健康状况等。这部分内容可以帮助组织确定：应聘者是本地人还是外地人，来自城市还是农村，是否有特殊的文化习惯，家庭情况能否确保其工作的稳定性等。

（2）教育经历。教育经历通常包括应聘者的学业经历和培训经历，在一定程度上能反映其智力和学习能力状况。组织甄选简历的相关人员在筛选简历时需要重点关注应聘者的最高学历、毕业院校、毕业时间、专业情况等。

（3）工作经历。工作经历一般包括应聘者的工作单位、工作岗位和职务、工作内容、起止时间等。组织甄选简历的相关人员在筛选简历时需要重点关注应聘者近期的工作经历，变换工作单位的地理区域、行业差别、岗位差别、变换频次和原因。

（4）其他重要信息。其他重要信息包括个人成绩、个人能力、兴趣爱好、求职意向、职务要求、待遇要求、和工作地点要求等。其中，个人成绩通常是指在学校、工作单位、社会活动中所取得的成绩和奖励。对于大学本科毕业生，还需关注其在大学期间参与社会实践、专业技能大赛以及获奖情况。

## ※【知识链接 7－1】

### 合格简历仅 10%——李开复教你如何写好个人简历

创新工场创始人兼 CEO 李开复在个人微信公众号就如何写好个人简历发声，他表示，“多年看简历，写得真的合格的大概只有 10%。”李开复认为，求职时提交个人简历以及申请信的目的是让你能过第一轮筛选，但 90%在这个阶段就失去机会。就如何写好简历，他提出了自己的一些建议。

1. 求职简历应该是长度在一两页左右，言简意赅，简历的固定格式很多书上都可查到。在简历中个人身份介绍部分约占 1/6，其他都是专业相关的学历和经历、参加过的团体、特长、成就等。

2. 请注意以下几点：不要写期望的薪水；不要注明性别、年龄或婚姻状态；不要用过于花哨的字体、颜色或格式；不要用术语；不要提太多在学校时做的不那么重要的成就。

3. 用数字说话，例如：项目帮助公司节省 10%的成本，少用形容词和副词，因为不扎实的经验才需要形容词和副词的修饰。

4. 写简历时，多用合适的动词，例如你想从事财务方面的工作，不妨多用“预测”、“分析”等词；如果你想做市场，可以考虑用“促进”、“加速”等词；如果你想做技术，多用“开发”、“发明”等词。这些动词可能会让每天阅读几百份简历的人事部门的人员注意到你。

5. 不要犯任何错误，无论多小。如果你在制作简历的过程中打错了字，那么公司可能会认为：“这个人连这么重要的事也会犯错，我以后怎能放心让他做事呢？”

6. 简历上的每一句话都要能提出实例，不能唬人或夸张。不要有任何看起来不实的内容。如果有任何内容的不真实，你的简历马上会被扔到垃圾桶里去。如果有一些内容看起来很夸张但实际上是真实的，那你一定要补充说明，以免造成不必要的怀疑。

7. 应该根据你申请的每一个单位，“量身定做”一份简历。例如：你申请政府机关的职位，当然要突出你的社团组织工作经验；但是如果你申请一个软件工程师的职位，你更需要显示你的实践经验与成果。还要多做咨询，对你申请的公司应有较深的了解，把这些了解放入你的“量身定做”的简历中，这样对公司是一种尊重，而且对面试时可能会出现的问题你也有更好的准备。

此外，李开复还建议在简历之外，再写一封热情洋溢的充分描述你的专长和优势、发挥个人亮点、解释为什么你适合公司的申请信。

资料来源：中文业界资讯网站，http://www.cnbeta.com/articles/476301.htm，2016－02－19。

### 7.1.2　申请表筛选

#### 7.1.2.1　申请表的特点

申请表是由招聘单位设计，包含工作职位所需基本信息，并用标准化的格式表示出来的一种初级筛选表。其目的是筛选出那些背景和潜质与职务规范所需的条件相当的候选人，并从合格的应聘者中选出参加后续选拔的人员。

申请表的设计主要是依据职务说明书来进行。一般包括个人基本情况、求职岗位情况、工作经历和经验、教育与培训情况、生活和家庭情况，以及其他。应聘申请表中不应包含歧视性项目，或可能涉及个人隐私的敏感性内容。此外，还应当符合国家有关的政策法规。一般来说，申请表具有以下特点：

(1) 节省时间。经过精心设计、合理使用的申请表可以使选择过程时间缩短，提高预选的速度，是较快、较公正、较准确地获取与候选人有关的资料的方法。

(2) 准确了解应聘者的信息。相对于简历而言，申请表可能更可靠，因为申请表是组织决定填写哪些信息，并且所有应聘者都要按照表中所列项目提供相应的信息。因此，可以使招聘单位比较准确地了解候选人的背景资料，其中包括教育、工作经历及个人爱好等信息。

(3) 提供后续选择的参考。申请表有助于在面试前设计具体的或有针对性的问题，从中做交叉参考，查看有无矛盾之处。

#### 7.1.2.2 申请表的优缺点

申请表的优点体现在：直截了当、限制了不必要的内容，同时也不显示应聘者个人的评价倾向，只说明事实、反映信息，因此应聘者不会有所警惕，加上许多情况下可以通过调查与查阅档案证实，因此，应聘者一般不会作假。其缺点是封闭式的申请表限制了应聘者的创造性，且制作和分发的费用较高。

#### 7.1.2.3 申请表的设计技巧

申请表的设计，关键在于保证每个项目均与胜任某项工作有一定的关系，而且比较客观，其他人容易理解与检核，因此，申请表的设计至关重要，应遵循以下设计技巧：

(1) 选择符合岗位需要的项目。决定选择申请表的项目内容一定包括代表“关键淘汰因素”的问题，这些因素是反映出工作中所要求员工必须达到的工作标准。例如，如果此工作岗位需要经常外出，那么在申请表中一定会包含有关应聘者是否愿意出差的问题。如果应聘者一开始就回答“否”的话，马上可以将其淘汰，这样做可以节省许多时间和精力。

(2) 申请表的格式需符合逻辑性。设计结构合理的求职申请表，应当简单明了、直截了当、便于填写，使应聘者填写时能快速而顺利完成。相反，若果申请表难于填写，那么组织有可能采集不到理想的信息。为此，申请表项目的选择、格式的安排既要体现工作岗位所需资料的要求，又要便于应聘者的填写，同时也便于招聘者阅读申请表时能快捷地获取有关信息。

(3) 申请表内容的合法性。申请表的内容选项要注意是否有违反法律法规的地方，或者是否有引起歧视的嫌疑，或者是否因表达含糊使人误会而有触犯法规的可能性。

(4) 把关键的淘汰问题和重要信息放在显著位置。把最有用的信息放在最前面来收集，有利于节约申请表的初步筛选时间。如果企业需要应聘者的电话号码、邮箱之类的联系方式，那么这项信息就应该放在最前面；如果是企业岗位特别需要某些上岗资格证书，那么也要在申请表的前面列出此项，这样一旦出现不符合的情况，招聘企业就没有必要再浪费时间去看申请表的其他部分了。

(5) 务必留下足够的填写时间。在填写申请表的时候，往往会发生这样的情况：申请表留的地方多大，申请人就提供多少信息。也就是说，如果某项信息是企业非常重视的部分，希望多了解一些资料，而申请表这部分的空白又恰恰留得很少，那通过申请表来详细了解申请人此方面信息的可能性就比较小。为了避免出现此类问题，就应该在申请表中相应的位置留下足够的填写空间。

### ※【知识链接 7-2】

××××公司招聘申请表

主题：招聘申请　　　　　　　　　　　优先级：○低　●中　○高

步骤：填　单　责任人：李　平　参与人：王　璐结束时间：2016/09/30

招聘申请表

| | | | |
|---|---|---|---|
| 申请人 | 李平 | 申请日期 | 2016/09/01 |
| 需求岗位 | 销售顾问 | 隶属部门 | 市场营销部 |
| 希望到岗日期 | 2016/09/20 | 需求人数 | 6人 |
| 聘员原因说明 | 1. 由于公司新岗位需要，新设立了工作岗位；<br>2. 现有员工部分辞职，必须招聘新人补充原岗位；<br>3. 企业业务增长，原有员工不够。 | | |
| 工作内容及工作职责 | 会议营销，会前电话邀约企业家参加公司举办的4G移动商务研讨峰会，负责给客户制作移动商务方案；会中配合会议相关议程；会后拜访企业家促成合作。日常工作中持续开发新客户，维护老客户。 | | |
| 外语要求 | 英语四级以上 | 工作地点 | 上海、南京 |
| 年龄 | 24—40 | 性别 | ○男 ○女 ● 不限 |
| 学历 | 本科及以上 | 专业 | 不限 |
| 工作经验 | 1. 熟悉通信、计算机类、电子网络类产品等相关知识；<br>2. 两年以上销售工作经验，熟悉江浙沪等地区、熟悉4G网络业务者优先；<br>3. 有一定上海或南京区域客户资源者重点考虑。 | | |
| 其他要求 | 1. 对销售工作有强烈的兴趣和自信；<br>2. 良好的语言表达能力，具有一定的沟通技巧；<br>3. 良好的人际交往和团队合作精神。 | | |

附件：无

【处理过程】

李平(2016/5/6 10:28)

[提交]请加快处理。

江建(2016/5/12 15:26)

[同意]同意审批。

### 7.1.3 跟踪应聘者信息

随着外部环境和企业自身的发展变化，企业的组织结构有可能也会随之发生改变，因此，对于一部分应聘者来说，可能企业现在没有合适他们的岗位，但是，日后可能会出现一些适合应聘者的岗位。这样，从长期发展的角度来看，企业只有跟踪应聘者的信息，才能为其招揽到最合适的发展人才。

**※【知识链接 7－3】**

**简历管理技巧——用最简单的方法把握自己的命运**

对于应届毕业生来说，虽然每个人都期望能够迅速找到自己的“梦中情人”——理想的工作，但现实与理想往往有巨大的差距，而大多数同学面临毕业的压力一定会大量投出简历，因此，毕业生求职应该遵循有针对性的海投，而非毫无针对性的盲投。

作为面向企业的第一步，很多学生在投出大量的简历之后都面临过以下两种情境。第一，一份简历投出后石沉大海，完全没有音讯，而自己还在为这份简历的命运担心；第二，突然间接到一个面试通知的电话，却不清楚打来的是什么企业，在询问确认的过程中给企业留下不好的印象。为了避免这种现象浪费大量的机会与时间，毕业生们应该学会使用下面介绍的两项工具。

第一份工具是一个检查清单，其中列出了大量投简历时最容易造成失败却最容易被忽视的十项错误。根据我们的海投策略，在每次发出一份简历之前，至少应该花 60 秒的时间对清单中的所有项目再次检查，以避免精心准备的简历被不明不白地拒绝。

**投递简历前自查清单**

| 编号 | 内容 | 检查 |
|---|---|---|
| 1 | 用 Office 进行中文和英文的错别字检查，必须检查由微软拼音输入造成的白字。 | |
| 2 | 将邮件正文和网申开放性文字内容粘贴为 Word 文档，进行错别字检查 | |
| 3 | 检查简历与求职信的目标公司，不要错用其他公司的名字 | |
| 4 | 检查自己留下的联系方式，确保手机有效 | |
| 5 | 使用全屏显示对简历格式进行最后检查，确保清晰完整 | |
| 6 | 再次检查企业的职位要求，确保企业的关键要求在简历中没有遗漏 | |
| 7 | 如果用邮件发送，请先发给自己，确定格式显示没有问题和出现乱码 | |
| 8 | 检查所有的时间和数字，确保没有自相矛盾或过分夸大 | |
| 9 | 检查企业的收信要求，确保文件格式或邮件标题与企业要求一致 | |
| 10 | 如果是英文简历，再次检查每句开头的大小写和动词时态是否统一 | |

目前，大多数企业在接收简历时都会给出明确的截止时间，而截止时间之后，一些操作相对规范的企业还会给出最晚通知面试的时间。也有很多的企业会在完成筛选后，对没有通过筛选的候选人发出通知。但在大量投出简历的情况下，很多同学会完全失去对简历进

行管理的意识，导致错过了很多机会，或者无法对简历筛选的进度进行跟踪。为了有效地对求职的过程进行管理，毕业生在投出每一份简历时，就应该对关键的时间点进行纪录，变被动为主动。

**投递简历后自查清单**

| 编号 | 企业名称 | 简历投递方式 | | | 投出日期 | 接收截止日期 | 通知截止日期 | 结果 | 查询结果与简历反馈 |
|---|---|---|---|---|---|---|---|---|---|
| | | 现场 | 邮件 | 网申 | | | | | |
| 1 | | | | | | | | | |
| 2 | | | | | | | | | |
| 3 | | | | | | | | | |
| 4 | | | | | | | | | |
| 5 | | | | | | | | | |
| 6 | | | | | | | | | |
| 7 | | | | | | | | | |
| 8 | | | | | | | | | |

## 第二节　笔　试

### 7.2.1　笔试的概念及形式

笔试是一种与面试对应的测试，用以考核应聘者特定的知识、专业技术水平和文字运用能力的一种书面考试形式。这种方法可以有效地测量应聘者的基本知识、专业知识、管理知识、综合分析能力和文字表达能力等素质及能力的差异。

笔试形式主要有：多种选择题、是非题、匹配题、填空题、简答题、回答题和小论文，每一种笔试形式都有其各自的优缺点。比如论文笔试，是以长篇的文章叙述对某一问题的看法，并表达自己所具有的知识、才能和观念等。该方式有下列优点：易于编制试题，能测验书面表达能力，易于观察应聘者的推理能力、创造力及材料概括力。但同时也存在下列缺点：评分缺乏客观的标准、命题范围欠广博、不能测出应聘者的记忆能力。

其他笔试形式的优点为：评分公正、抽样较广、免除模棱两可及取巧的答案，可以测出应聘者的记忆力，试卷易于评阅。但也有下列的缺点：不能测出应聘者的推理能力、创造力及文字组织能力，试题不易编制，答案可以猜测，有时甚至可以以掷骰子的方式来碰运气。

### 7.2.2　笔试的类型

笔试一般包括以下四个方面的内容：一是知识面的考核，主要是一些通用性的基础知识和担任某一职务所要求具备的业务知识。二是智力测试，主要测试应聘者的记忆力、分析观察能力、综合归纳能力、思维反应能力以及对于新知识的学习能力。三是技能测验，主要是针对应聘者处理问题的速度与质量的测试,检验其对知识和智力运用的程度和能力。四是性格测试,主要是通过一些精心设计的心理测验试题或一些开放式的问题来考察应聘者的个性特征。

根据内容来分,笔试主要有以下两类:

(1) 技术性笔试。这类笔试主要针对研发型和技术类职位的应聘者,这类职位的特点是:对于相关专业知识的掌握要求比较高,题目主要是涉及工作需要的技术性问题,专业性比较强。因此,应聘者要成功应对这类的考试,需要坚实的专业基础。

一般大型公司,如 IBM、Microsoft、Oracle 等在招聘 R & D 职位都会进行这样的笔试。例如微软工程院在 2016 年安排的笔试,都是关于 C、C++语言的题目,对应聘者的编程经验要求非常高。最后经过笔试筛选,淘汰了 90%的候选者,由此可见,笔试对技术性职位的重要性。

对于这类技术性岗位,大公司和小公司的笔试内容的侧重点存在很大的区别。一般小公司注重实用性,考的比较细,目的就是拿来就用。而大公司则强调基础和潜力,所以考得比较泛,多数都是智力测验,情感测验,还有性格倾向测验。例如 Motorola 曾经的笔试内容就主要是非技术的,有很多英文阅读和智力测验。

**※【知识链接 7-4】**

**谷歌微软等科技巨头数据科学面试 107 道真题:你能答出多少?**

(一) 通用问题

* 苹果

1. 如果你有几百万用户,每个用户都会发生数百笔交易,这些交易存在于数十种产品中。你该如何把这些用户细分成有意义的几类?

* 微软

1. 描述一个你曾经参与的项目,以及它的优点。
2. 如何处理具有高基数(high-cardinality)的类属特征?
3. 如果想要给 Twitter feed 写 summarize,你要怎么办?
4. 在应用机器学习算法之前纠正和清理数据的步骤是什么?
5. 如何测量数据点之间的距离?
6. 请定义一下方差。
7. 请描述箱形图(box plot)和直方图(histogram)之间的差异,以及它们的用例。

* Twitter

1. 你会使用什么功能来为用户构建推荐算法?

* Uber

1. 选择任何一个你真正喜欢的产品或应用程序,并描述如何改善它。
2. 如何在分布中发现异常?
3. 如何检查分布中的某个趋势是否是由于异常产生的?
4. 如何估算 Uber 对交通和驾驶环境造成的影响?
5. 你会考虑用什么指标来跟踪 Uber 付费广告策略在吸引新用户上是否有效?然后,

你想用什么办法估算出理想的客户购置成本？

* 领英(LinkedIn)

1.(对大数据工程师)请解释 REST 是什么。

(二) 机器学习问题

* 谷歌

1. 为什么要使用特征选择(feature selection)?

2. 如果两个预测变量高度相关，它们对逻辑回归系数的影响是什么？系数的置信区间是什么？

3. 高斯混合模型(Gaussian Mixture Model)和 K-Means 之间有什么区别？

4. 在 K-Means 中如何拾取 k?

5. 你如何知道高斯混合模型是不是适用的？

6. 假设聚类模型的标签是已知的，你如何评估模型的性能？

* 微软

1. 你有哪些引以为豪的机器学习项目？

2. 随便找一个机器学习算法，然后描述它。

3. 请解释 Gradient Boosting 是如何工作的。

4.(对数据挖掘工程师)请解释决策树模型。

5.(对数据挖掘工程师)什么是神经网络？

6. 请解释偏差方差权衡(Bias-Variance Tradeoff)。

7. 如何处理不平衡二进制分类？

8. L1 和 L2 正则化之间有什么区别？

* Uber

1. 你会通过哪种特征来预测 Uber 司机是否会接受订单请求？你会使用哪种监督学习算法来解决这个问题，如何比较算法的结果？

* 领英

1. 点出及描述三种不同的内核函数，在哪些情况下使用哪种？

2. 随意解释机器学习里的一种方法。

3. 如何应付稀疏数据？

* IBM

1. 如何防止过拟合(overfitting)?

2. 如何处理数据中的离群值？

3. 如何评估逻辑回归与简单线性回归模型预测的性能？

4. 监督学习和无监督学习有什么区别？

5. 什么是交叉验证(cross-validation)，为什么要使用它？

6. 用于评估预测模型的矩阵的名称是什么？

7. 逻辑回归系数和胜算比(Odds Ratio)之间存在什么关系？

8. 主成分分析(PCA)、线性和二次判别分析(LDA 和 QDA)之间的关系是什么？

9. 如果你有一个因变量分类，又有一个连续自变量的混合分类，你将使用什么算法，方法或工具进行分析?

10.(对行业分析师)逻辑与线性回归有什么区别?如何避免局部极小值?

* Salesforce

1. 你会使用哪些数据和模型来测量损耗/流失?如何测试模型性能?

2. 假设我是一名非技术人员,请向我解释一种机器学习算法。

* Capital One(一家美国银行)

1. 如何构建一个模型来预测信用卡诈骗?

2. 如何处理丢失或不良数据?

3. 如何从已存在的特征中导出新的特征?

4. 如果你试图预测客户的性别,但只有 100 个数据点,可能会出现什么问题?

5. 在拥有两年交易历史的情况下,哪些特征可以用来预测信用风险?

6. 请设计一个用来下井字棋的人工智能程序。

* Zillow

1. 请解释过拟合,以及如何防止过拟合。

2. 为什么 SVM 需要在支持向量之间最大化边缘?

(三)智力游戏

* 谷歌

1. 假设你有 10 包弹球,每包里面都是 10 个弹球。如果其中一包的重量和其他的不同,但你只能进行一次称重,你该用什么办法?

* Facebook

1. 你打算坐飞机去西雅图,想知道是不是需要带伞,于是你分别打电话给三位在西雅图的朋友。每个朋友都有 2/3 的概率说真话,1/3 的概率在骗你。如果他们都说会下雨,西雅图下雨的概率是多少?

2. 假如在一个等边三角形的三个角上都有一只蚂蚁,每只随机选择方向然后直走一直到另一个边缘,三只蚂蚁互相不交汇的概率是多少?如果有 n 只蚂蚁在 n 角形中,概率又是多少?

3. 在 100! 的结果里有多少个零?

* Uber

1. 想象一下你在一家医院工作。患者来就诊的频率符合泊松分布,而医生照顾患者的频率符合均匀分布。请写一个函数或一段代码来输出患者的平均等待时间和医生在某日的参与度。

* 领英

1. 你正在攀爬一个 n 阶的楼梯,你可以采取任何数量的 k 个步骤。你到达楼梯顶部有多少不同的方式?(这是楼梯问题的修改版)

资料来源:搜狐网站,http://it.sohu.com/20170318/n483768638.shtml,2017-03-18。

(2) 非技术性笔试。这类笔试一般来说更常见,对于应试者的专业背景的要求也相对宽松。非技术性笔试的考察内容相当广泛,除了常见的英文阅读和写作能力、逻辑思维能力、数理分析能力外，有些时候还会涉及时事政治、生活常识、情景演绎，甚至智商测试等。

英文笔试是在所有的笔试中占的比例最大的一类非技术性笔试，其考察的重点主要是阅读理解能力和写作能力，即表达能力。英文笔试还有一类非常重要的形式，就是英文写作的考察。有些公司的笔试，是结合了前面所述的英文阅读测试和写作测试的，有些则是专门考察英文写作能力的。总的来说，这样的英文写作的笔试至少考察了应聘者如下两方面的能力：

第一，分析问题的能力。这里又主要的包括两个方面的能力，第一个是结构化思维的能力，应聘者分析问题的过程是不是有逻辑性，能不能够按照提出问题——分析问题——解决问题的结构来布局你的写作，各个环节之间的逻辑关系是不是清晰，哪些是第一个层面的内容，哪些是第二个层面的内容。第二个是多角度分析问题的能力，这主要考察应聘者的思维发散性和拓展性。应聘者能不能够从不同的角度来分析问题，而不是仅仅局限于现有的框架。一个事件本身，其影响可能是多方面的，应聘者能不能够把这些彼此相关的、具有内在联系的前因后果联系起来，这是做好这一类英文写作笔试的第二个关键。

第二，英文的书面表达能力。如果说分析能力是应聘者的方法和路径，那么表达能力就是应聘者的手段和工具。若只是能够分析问题，缺乏系统和有效的表达能力和技巧，应聘者同样不能够把其想法和思路传达给阅卷人。书面表达能力还需要有很多东西来支撑，比如，词汇量、英文写作的思维方式和驾驭文字的能力。

### 7.2.3　笔试的设计原则

在设计笔试试卷时，企业人力资源管理部门需要注意以下三个原则：

(1) 自始至终符合目标。知识考试的目标是什么，在设计笔试试题时要从头到尾贯彻执行，这样才能得到应有的效果。

(2) 各种知识考试类型可以结合起来运用。比如，在一张笔试试卷上既可以有百科知识的内容，又可以有专业知识的内容，也可以有相关知识的内容。这样可以节省时间，在较短时间内全面了解一个应聘者各方面的水平。

(3) 充分重视知识的实际运用能力。设计笔试试卷时，要尽量多用案例以及讨论等方式。

### 7.2.4　笔试的组织实施

笔试的组织实施主要包括以下几个阶段：

(1) 成立考务小组。成立考务小组的目的在于保证笔试的公正性和客观性，考务小组应当选取责任心强、公平、正直、细致的人员来负责整个考务工作。

(2) 制订实施计划。制订周密细致的实施计划会使笔试工作井然有序地进行。计划主要内容包括：考试科目和考试方式的确定，考试时间、场地和考场的安排，考场纪律、监考人员的安排，阅卷人员、方式、场地的安排等。

(3) 组织命题。命题是笔试的首要问题，直接关系到笔试的效果。一套好的笔试试题能测试出应聘者知识水平的全面性和真实性，能依据工作岗位的特点特出重点，还包括明确的标准答案和评分规则。

(4) 做好监考。要做好笔试试卷的收发工作;合理安排考场监考人员,挑选有相当经验的监考人员,能适当处理特殊情况;严格执行考试纪律,杜绝考试舞弊行为。

(5) 评卷。评卷的关键在于客观、公正、公平、不徇私,严格按照标准答案和评分规则进行阅卷,尽量避免个人主观因素对判分的影响。

### 7.2.5 笔试的注意事项

(1) 试题的科学性。笔试首先要注意命题,命题的恰当与否关系到笔试的效度。无论是招聘什么类型的人员,其命题必须既能考核到应聘者的文化知识,又能反映出工作岗位的特点和要求,命题过难和过易都不利于人员的甄选。

(2) 评分标准客观。笔试评分要拟定评分标准,确定阅卷和计分规则。试题的分值要与考核的内容和试题的难度相对应,否则,无法反映应聘者的真实水平。

(3) 评分过程公正、客观。阅卷人员评分过程要公正、客观,不能徇私。要严格按照评分标准和记分规则进行判卷,对所有应聘者应一视同仁。要建立起严格的成绩复核制度,以及处罚徇私舞弊的纪律等。

### 7.2.6 笔试的优缺点

笔试的优点表现在:一是经济性。笔试可对大批应聘者在不同空间、不同时间、不同时间内实施,测评效率高。二是广博性。笔试的试卷内容涵盖面广,容量大,一份笔试试卷常常可以出几十道乃至上百道不同类型的试题,因而通过笔试可以测试出应聘者的基本知识、技能和能力的深度和广度,测试的信度和效度都比较高。三是客观性。这是笔试最显著的优点。考卷可以密封,主考人与被测者不必直接接触,评卷又有可记录的客观的尺度,考试材料可以保存备查,这较好地体现了客观、公平、公正原则。总之,采用笔试的方法,机会均等而且相对客观,这是其他方法难以替代的。

笔试的缺点在于:偏重于机械记忆,不易发现应聘者的创造性和推理能力,不能全面的考察应聘者的工作态度、品德修养以及组织管理能力、口头表达能力和操作技能等。因此,笔试虽然有效,但还必须采用其他测评方法,如行为模拟法、心理测验法等,以补其短。一般来说,在企业组织的招聘中,笔试作为应聘者的初次竞争,成绩合格者才能继续参加面试或下一轮测试。

## 本章小结

简历是企业与应聘者互相沟通的第一道桥梁,应聘者通过自身设计的简历向企业推销自己,企业则通过应聘者提供的简历初步了解其基本知识和技能,以便做出初步筛选。个人简历的内容大体上可以分为主观内容和客观内容两个部分。主观内容是指应聘者对于自身的描述,多数是一些评价性、描述性的内容。例如,“本人具有团队合作精神”、“本人具有良好的计划性和优秀的组织能力”。客观内容是指应聘者基本信息、教育经历、工作经历和其他重要信息四方面。组织甄选简历的相关人员在筛选简历时应该着重关注客观内容。

笔试是一种与面试对应的测试,用以考核应聘者特定的知识、专业技术水平和文字运用能力的一种书面考试形式。这种方法可以有效地测量应聘者的基本知识、专业知识、管理知识、综合分析能力和文字表达能力等素质及能力的差异。笔试形式主要有：多种选择题、是非题、匹配题、填空题、简答题、回答题和小论文，每一种笔试形式都有其各自的优缺点。笔试一般包括以下几个方面的内容：一是知识面的考核，主要是一些通用性的基础知识和担任某一职务所要求具备的业务知识。二是智力测试，主要测试应聘者的记忆力、分析观察能力、综合归纳能力、思维反应能力以及对于新知识的学习能力。三是技能测验，主要是针对应聘者处理问题的速度与质量的测试，检验其对知识和智力运用的程度和能力。四是性格测试，主要是通过一些精心设计的心理测验试题或一些开放式的问题来考察应聘者的个性特征。

## 练习题

**一、思考题**

1. 个人简历的形式有哪些？
2. 组织在筛选个人简历时需要注意什么？
3. 个人简历的内容是什么？
4. 笔试的概念是什么？笔试有哪些形式？
5. 笔试包括哪些内容？
6. 笔试的设计原则是什么？
7. 组织如何组织实施笔试？
8. 笔试的优缺点是什么？
9. 组织组织笔试时有哪些注意事项？

**二、讨论题**

1. 小华辞职了，开始了他找工作的历程。每天早上，他的主要工作就是打开招聘网站，输入自己的登录账号和密码，然后在招聘网站的搜索区，搜索自己意向的工作岗位，然后点击“投递简历”，他一口气投了20多家企业，他希望通过广撒网的方式，去获得更多的面试机会。投递完毕之后，他便开始等待公司的面试邀请电话。可是，他等了很久，只有寥寥无几的企业来电，而且这些企业，都不是自己意向的企业或者岗位。他很纳闷，难道是自己的学历不够高吗？难道是自己的经历不够吸引企业吗？请你帮助小华分析他为何简历投递会出现问题？并找出解决对策。

**三、课外实践题**

深入到一家组织进行实地调查，与该组织的人力资源部员工进行访谈或座谈，了解该组织如何筛选个人简历？如何组织招聘笔试？

# 第八章　面　试

**本章学习目标**

☆ 掌握面试的含义与特点；
☆ 了解面试的类型；
☆ 掌握面试决策的影响因素；
☆ 了解面试前准备的内容；
☆ 掌握面试的过程；
☆ 熟练使用面试的技巧。

**【本节案例：问题提出】**

**库克面试应聘者：我就静静地看着你不说话**

作为苹果公司的CEO，蒂姆·库克在面试应聘者的时候，他会做出什么样的举动呢？根据前苹果和谷歌员工Kim Scott回忆，在面试的过程中，库克是相对比较沉默的，这种沉默会让面试者倍感压力。

Kim Scott说："蒂姆·库克就是我说的那种安静的聆听者。去苹果面试前就有人提醒我，'蒂姆在面试的过程中非常安静，你可不要被这点给影响到。'"

据Scott回忆，在面试的时候库克问她在谷歌工作时犯过的最大的错误是什么。"虽然面试前已经有人提醒过我，但我并没有将此事放在心上，所以库克在安静听着的时候，我就开始坦白了。当时在面试中，面对一个完全不认识的人，我坦白的内容太多了。有一些话已经到嘴边了，我才突然想起来，如果我把这些话也说出去，那我可能会失去这份工作。"

幸好当时发生了地震，我们面试的苹果总部大楼开始晃动。Scott问面试官为什么大楼晃动得这么奇怪，库克和其他工程师就忍不住向她说明了苹果总部的抗震设计，以及这些设计会产生怎样的作用。

显然，Kim Scott那次面试是成功的，不然她也不可能获得在苹果工作的机会，而库克作为安静的聆听者，能够让面试者坦诚相对，让面试出现意想不到的效果。

资料来源：网易，http://tech.163.com/17/0329/16/CGN64UTL00097U7R.html#from=relevant，2017-03-19。

从苹果面试的案例中我们不难看出，一方面，应聘者是否掌握足够的面试技巧对于应聘成功与否非常关键；另一方面，面试官的态度和行为又往往会影响应聘者的面试表现，因此，我们需要详细地了解面试的过程，熟练地掌握面试的技巧才能在面试中获得成功。

# 第一节　面试概述

## 8.1.1　面试的概念及特点

面试是指在特定的时间和地点，由面试官与应聘者按照面试组织方预先设计好的目的和程序，进行面谈、相互观察、互相沟通的过程。通过面试，组织可以了解应聘者的外貌风度、工作经验、业务知识水平、求职动机、沟通能力、情绪状态等，而应聘者也可以更全面地了解组织的相关信息。

与笔试、心理测试等人员甄选方式相比，面试具有以下几个特点：

(1) 测评的直观性。面试以谈话和观察为主要手段。在面试的过程中，面试人员通过向应聘者提出各种问题，直接地、有针对性地了解应聘者某一方面的情况或素质。同时，面试人员可以借助对应聘者面部表情、身体等的观察和分析，判断应聘者的性格特征、自信心、反应能力以及思维能力等素质特征。

(2) 交流的双向性。面试是面试人员与应聘者之间的一种双向交流过程。面试与笔试一个重要区别就是面试中面试人员和应聘者之间有互动的信息交流，应聘者并不完全处于被动状态。面试人员通过问题回答、表情和行为举止等情况评价应聘者，应聘者同样也可以通过观察面试人员的行为判断主考官的态度、价值判断标准以及对自己面试表现的满意度等来调节自己在面试中的行为。同时，应聘者也可以通过面试了解所应聘的组织、所应聘岗位的具体情况，从而决定自己是否确实要选择此岗位。

(3) 面试内容的灵活性。面试的方式和内容具有较大的变通性，是一种很灵活的测评方法。一方面，由于不同岗位的任职要求不同，面试可以根据不同职位的特点，灵活地采用不同的方式考察应聘者。另一方面，面试的题目一般应事先拟定，以便面试时能有的放矢，但并不是对所有的应聘者都提同样的问题，除了非严格的结构化面试，一般都要因人而异。

同时，面试人员可以针对应聘者的具体情况，根据是否已经获得足够的信息来决定面试问题的多少。如果应聘者的回答已经充分显示了某方面的信息，那么，面试过程可以缩短一些；如果应聘者的回答不足以显示某方面的信息，或者面试人员觉得对应聘者的有关信息把握不准，那么，面试人员就可以多追问一些相关的问题。

(4) 面试对象的单一性。面试的形式可以分为单独面试和集体面试。但是，即使在集体面试中，面试人员也不是对多位应聘者同时发问，而是逐个提问、逐个测评。同时，在面试的过程中即使引入了辩论和讨论，面试人员也需要逐个提问、逐个观察。

(5) 判断的主观性。与心理测验和笔试等人员甄选方法不同，面试人员与应聘者之间没有任何中介形式，这种直接性在提高面试真实性的同时，往往也使得面试人员的评价带有很强的主观色彩。会受到个人主观印象、情感和知识经验等许多因素的影响，这就使得不同的面试人员对同一应聘者的评价往往会有差异，而且可能各有各的评价依据。

(6) 面试时间长短的不确定性。面试与笔试一个显著区别在于面试时间长短具有不确定性。面试人员无法硬性规定每一位应聘者的面试时间，而是需要根据应聘者的面试表现而随机调整。如果面试人员对应聘者比较满意，有可能会提出更多的问题来了解其更多的信息，从而面试时间可能会延长；如果应聘者口齿清晰、对答如流，甚至不到约定时间就可能结束面试；如果面试人员对应聘者的第一印象非常差或者应聘者的表现不尽如人意，也可能会适当地缩减面试时间。

### 8.1.2　面试的内容

由于各个组织的文化理念不同，招聘的岗位不同，面试人员的价值观不同等因素，面试的内容也会随之变化。一般地，组织面试时可以选择以下内容：

(1) 仪表风度。即应聘者的体型、外貌、气色、衣着举止、精神状态等。比如客户服务人员、营销人员、公关人员、经理人员等职位，对仪表风度的要求就较高。研究表明，仪表端庄、衣着整洁、举止文明的个体，一般做事都较有规律、注意自我约束、责任心强。

(2) 专业知识。了解应聘者掌握专业知识的深度和广度，其专业知识更新是否符合所要录用的职位要求，并以此作为笔试中专业知识测试的补充。面试对专业知识的考察更具灵活性和深度，所提问题也更接近空缺岗位对专业知识的需求。

(3) 工作实践经验。可通过查阅应聘者的个人简历或求职登记表，拟定相关的提问。通过查询应聘者的有关背景及过去的工作情况，以补充、证实其所具有的实践经验，同时考察应聘者的责任感、主动性、思维力、口头表达能力及处理紧急问题时的应变能力。

(4) 口头表达能力。主要是考察面试中应聘者是否能够将自己的思维、观点、意见或建议顺畅地用语言表达处理。考察的具体内容包括表达的逻辑性、准确性、感染力、音质、音色、音量、音调等。

(5) 综合分析能力。面试中应聘者是否能对面试人员所提出的问题，通过分析抓住本质，并且说理透彻、分析全面、条理清晰。

(6) 反应能力与应变能力。主要是考察应聘者对面试人员所提出的问题理解是否准确，回答是否迅速等；对于突发问题的反应是否机智敏捷、回答是否恰当；对于意外事件的处理是否得当、妥当等。

(7) 人际交往能力。在面试中，通过询问应聘者经常参与哪些社团活动、喜欢同哪种类型的人打交道、在各种社交场合所扮演的角色等，可以在一定程度上了解应聘者的人际交往倾向和能力。

(8) 自我控制能力与情绪稳定性。对于企业管理人员、客户服务人员、人力资源管理人员等与人交往多的人员来说，自我控制能力尤为重要。一方面，在经历上级批评、工作压力较大或是个人利益受到冲击时，能够克制、容忍、理智地对待，不致因情绪波动而影响工作；另一方面，工作要有足够的耐心和韧劲。

(9) 工作态度。面试人员既要了解应聘者在过去学习、工作中的态度，又要了解其对应聘岗位的态度。在以往学习或工作中态度不认真的应聘者，在新的工作岗位上是很难做到勤勉认真的。

(10) 求职动机。应聘者的动机不同，其在工作中的表现和绩效也会不同，因此，面试人员在面试中一定要了解清楚如下信息：应聘者为何希望来应聘、对哪类工作最感兴趣、在工作中追求什么，进而判断组织提供的职位或工作条件等能否满足应聘者的工作要求和期望，并进而判断应聘者是否适合本组织。

### 8.1.3　面试的类型

根据不同的视角，可以将面试划分为不同的类型。

1. 按结构划分

按面试的结构划分，可以将面试分为结构化面试、非结构化面试和混合式面试。

(1) 结构化面试。结构化面试是指面试的内容、形式、程序、评分标准及结果的合成与分析等构成要素，按统一制定的标准和要求进行的面试。首先根据对职位的分析，确定面试的测评要素，在每一个测评的维度上预先编制好面试题目并制定相应的评分标准，面试过程遵照一种客观的评价程序，对被试者的表现进行数量化的分析，给出一种客观的评价标准，不同的评价者使用相同的评价尺度，以保证判断的公平合理性。

结构化面试能帮助面试官发现应聘者与招聘职位职业行为相关的各种具体表现，在这个过程中面试官可以获得更多有关候选人的职业背景、岗位能力等信息，并且通过这些信息来判断该候选人是否能胜任这个职位。因此，进行科学有效的结构化面试，将帮助企业对应聘者进行更为准确的个人能力评估，降低企业招聘成本、提升员工绩效。

(2) 非结构化面试。非结构化面试就是没有既定的模式、框架和程序，主考官可以"随意"向被测者提出问题，而对被测者来说也无固定答题标准的面试形式。主考官提问的内容和顺序都取决于其本身的兴趣和现场应试者的回答。这种方法给谈话双方以充分的自由，主考官可以针对被测者的特点进行有区别的提问。虽非结构化面试形式给面试考官以自由发挥的空间，但这种形式也有一些问题，它易受主考官主观因素的影响，面试结果无法量化以及无法同其他被测者的评价结果进行横向比较等。

非结构化面试这种面试可事先准备一些重要的问题，面试中根据情况随时发问。面试者可以在不同场合向应聘者提问，要求应聘者用口头语言回答。非结构化面试通常没有固定的面谈程序，面谈者提问的内容和顺序都取决于面谈者的兴趣和现场应试者的回答。这种面试方法给谈话双方以充分的自由，面试考官可以针对应试者的特点进行有区别的提问，不同应试者所回答的问题可能不同。

2. 按面试对象的多少划分

(1) 单独面试。单独面试是面试人员与应聘者单独面谈，是面试中最常见的一种形式。其优点是能够给应聘者提供较多的时间和机会，使面试双方进行比较深入的交谈。进一步说，单独面试又可以分为两种不同的形式：一是一位面试人员与一位应聘者单独面谈，这位面试人员负责整个面试过程。这种面试方式大多在较小的单位或录用较低职位的人员时采用。另一种形式是团体面试，即多个面试人员与一位应聘者面谈。这种形式在国家公务员录用面试和大型企业的招聘面试中被广泛采用。团队面试有四点好处：第一，相对于一对一的单独面试而言，面试人员可以避免内容的重复和疲劳等问题。第二，团队面试可以使面试的决策更加准确。第三，团队面试可以在无形中对面试人员进行培训。相对水平较差的面试人员可以从优秀的面试人员那里学到面试的技巧。第四，团队面试向应聘者传递了团队合作的精神。

(2) 集体面试。集体型面试就是指在进行应聘面试时，面试的双方，一方是由多个人组成的考官，另一方是众多的应聘者，两者通过提问对话的方式，进行对应聘者自身能力即交流应变各个方面的考察，当场比较优劣。

在集体面试中，通常要求应聘者分组讨论，相互协作解决某一问题，或者让应聘者轮流担任领导或主席主持会议，发表演说等，从而考察应聘者的组织能力和领导能力。这种面试方法近年来越来越普遍，其优点是效率比较高，而且便于同时对不同的应聘者进行比较。缺点在于一位应聘者的表现会受到其他应聘者行为的影响。

3. 按面试的目的划分

按面试目的的不同，可以将面试划分为压力性面试和非压力性面试。

（1）压力性面试。压力面试是指面试人员有意制造紧张，以了解应聘者将如何面对工作压力。面试人通过提出生硬的、不礼貌的问题故意使应聘者感到不舒服，针对某一事项或问题做一连串的发问，打破砂锅问到底，直至无法回答。其目的是确定应聘者对压力的承受能力、在压力前的应变能力和人际关系能力。

压力面试通常用于压力承受能力要求较高的岗位的面试。测试时，面试人员可能会突然问一些不礼貌、冒犯的问题，让应聘者感到很突然，同时承受较大的心理压力。这种情况下，心理承受能力较弱的应聘者的反应可能会较异常、甚至不能承受。而心理承受能力强的应聘者则表现较正常，能较好地应对。这样就可以判别出求职者的心理承受能力。

（2）非压力性面试。非压力性面试是指在没有压力的情境下考察应聘者有关方面的素质。在整个面试过程中，面试人员努力创造一种轻松而亲切的氛围，使应聘者在承受最小压力的情况下回答问题，非压力性面试适用于大多数的应聘者。

4. 按面试的进程划分

按照面试的进程，可以将其划分为一次性面试和系列式面试。

（1）一次性面试。一次性面试是指对应聘者的面试集中在一次进行，通常由面试领导小组的负责人主持，面试人员则由组织的人力资源部门负责人、业务部门的负责人以及人事测评专家构成。应聘者能否通过面试，甚至能否被最终录用，通常都取决于此次面试中的表现。

（2）系列式面试。也叫循序式面试，是指分为几次进行的面试。一般先由人力资源部门对应聘者进行面试，主要是考察一些一般性的问题，将明显不合适的应聘者剔除。然后再由业务部门的人员进行面试，主要考察应聘者的专业知识和业务能力，衡量应聘者对拟任的工作岗位是否合适。最后，人事咨询顾问或组织的高层管理人员会对应聘者进行面试，其目的是对应聘者与拟任职位有关的心理方面的特质，如情绪稳定性、进取心与成就动机、自信心等进行测试。

5. 按面试内容设计的重点不同划分

按照面试内容设计的重点不同，可以将其划分为行为性面试和情境性面试。

（1）行为性面试。行为性面试法是通过要求面试对象描述其过去某个工作或者生活经历的具体情况来了解面试对象各方面素质特征的方法。行为面试法的基本假设是：一个人过去的行为可以预测这个人将来的行为。

行为面试法是通过一系列问题如“这件事情发生在什么时候”“您当时是怎样思考的”“为此您采取了什么措施来解决这个问题”等等，收集应聘者在代表性事件中的具体行为和心理活动的详细信息。基于应聘者对以往工作事件的描述及面试人员的提问和追问，运用素质模型来评价应聘者在以往工作中表现的素质，并以此推测其在今后工作中的行为表现。

（2）情境性面试。情境性面试又叫情境模拟面试，是面试的一种类型，也是目前最流行的面试方法之一。在情境性面试中，面试题目主要是一些情境性的问题，即给定一个情境，考察应聘者在特定的情境中是如何反应的。在经验性面试中，主要是问一些与应聘者过去的工作经验有关的问题。

情境模拟面试的理论依据是动机理论中的目标设置理论。该理论认为个体的未来行为会在很大程度上受到其目标或行为意向的影响。基于这个假设，情境模拟面试的目的是给应聘者设置一系列工作中可能会遇到的事件，并询问“在这种情况下你会怎么做”，以此来鉴别应聘者与工作相关的行为意向。应聘者对其将来会怎么做的回答与将来真实的行为之间有非常高的相关性。所以，情境模拟面试就是通过设置工作中的各种典型情景，让应聘者在特定情景中扮演一定的角色，完成一定的任务，从而考查其多方面实际工作能力的一种面试方法。情境模拟面试主要考查应聘者的思维灵活性与敏捷性、语言表达能力、沟通技能、处理冲突的能力、组织协调能力、人际关系处理能力等。

### 8.1.4 影响面试决策的因素

影响面试人员做出决策的因素通常有客观因素和主观因素两种，客观因素是指不随面试人员或应聘者主观意识变化而变化的因素，主要包括招聘压力和面试人员所获取的信息是否充足等。主观因素是指在实施面试的过程中，影响面试人员最终决策的一些主观因素，主要包括以下八个方面：

（1）首因印象。首因印象也叫第一印象，是指交往双方形成的第一次印象对今后交往关系的影响，也即“先入为主”带来的效果。虽然有时第一印象并非总是正确的，但却是最鲜明、最牢固的，并且决定着以后双方交往的进程。如果一个人在初次见面时给人留下良好的印象，那么人们就愿意和他接近，彼此也能较快地取得相互了解，并会影响人们对其以后一系列行为和表现的解释。反之，对于一个初次见面就引起对方反感的人，即使由于各种原因难以避免与之接触，人们也会对之很冷淡，在极端的情况下，甚至会在心理上和实际行为中与之产生对抗状态。因此，面试人员要尽量防止对应聘者产生首因印象的影响，这样才能较为客观地判断和评价应聘者。

（2）晕轮效应。晕轮效应又称“光环效应”，是指当认知者对一个人的某种特征形成好或坏的印象后，其还倾向于据此推论该个体其他方面的特征，本质上是一种以偏概全的认知上的偏误。个体的某种品质，或一个物品的某种特性给人以非常好的印象。在这种印象的影响下，人们对这个个体的其他品质，或这个物品的其他特性也会给予较好的评价。这种爱屋及乌的强烈知觉的品质或特点，就像月晕的光环一样，向周围弥漫、扩散，所以人们就形象地称这一心理效应为光环效应。晕轮效应愈来愈多地被应用在企业管理上，其对组织管理的负面影响主要是体现在各种组织决策上。因此，在面试过程中，面试人员应从应聘者的经历、知识水平、能力素质、工作态度、求职动机等各方面进行全面具体的考核和评价，而不是只注意应聘者某一方面的表现，从而导致面试决策的偏差。

（3）对比效应。对比效应也称“感觉对比”，同一刺激因背景不同而产生的感觉差异的现象。如同一种颜色把它放在较暗的背景上看起来明亮些，放在较亮的背景上看起来暗些。

两种不同的事物同时或继时呈现，比它们各自单独呈现所得到的学习效果要好。对比效应是指在绩效评定中，他人的绩效影响了对某人的绩效评定。比如，假定评定者刚刚评定完一名绩效非常突出的员工，紧接着评定一名绩效一般的员工，那么，很可能将这名绩效本来属于中等水平的员工评为“比较差”。对比效应很可能发生在评定者无意中将被评人新近的绩效与过去的绩效进行对比的时候。一些以前绩效很差而有所改进的人可能被评为“较好”，即使这种改进事实上使其绩效勉强达到一般水平。因此，面试人员在面试过程中要尽量避免对应聘者进行简单的比较，影响评价的公正性和客观性。

(4) 负面效应。根据心理学的原理，负面消息对个体的影响要大于正面信息对个体的影响，对个体的印象由好变坏非常容易，而由坏变好却非常困难。因此，面试人员在面试过程中往往容易用挑剔的眼光看待和选拔应聘者，容易强调应聘者的缺点，甚至扩大其缺点而忽视其优点。

(5) 趋中效应。趋中效应是错误地将被考评者划为接近平均或中等水平，以避免即使有正当根据的过高或过低考评时的一种错误。当趋中效应发生时，所有员工均以平均或接近平均的得分结束考评，进而不能辨别谁是最佳或最差的工作者。在这种心理的作用下，面试人员对应聘者的评价往往拉不开层次，无法准确地反映应聘者的才能高低和素质优劣。

(6) 相似效应。相似效应是指当发现对方具有和自身相似的背景时，就会对其产生一种好感和同情心理。在面试中，面试人员对应聘者表现出的与自己相似的背景、经历、观念和行为时，往往会有更多的兴趣，对这样的应聘者也容易产生好感。相似效应往往以面试人员和应聘者之间的情感距离为尺度，从而背离了人员测评的客观标准。

(7) 标准偏差效应。标准偏差效应是指由于面试人员知识的缺乏，对于一些技术性要求较高的招聘岗位的掌握上会出现偏差，从而导致无法对应聘者做出客观公正的评价。

(8) 定势效应。定势是心理学中的一个概念，是指以前的心理活动会对个体以后的心理活动形成一种准备状态或心理倾向，从而影响其以后心理的活动。在对陌生人形成最初印象时，这种作用特别明显。所谓定势效应，是指人们因为局限于既有的信息或认识的现象，久而久之就会形成一种固定的思维模式，使人们习惯于从固定的角度来观察、思考事物，以固定的方式来接受事物。即人们认知活动中用“老眼光”——已有的知识经验来看待当前的问题的一种心理反应倾向。

面试人员的定势是建立在其价值观、人生经历和工作经验基础上的，基于这种特定的认知态度，面试人员会根据自己事先已经考虑好的答案对应聘者的表现加以判断。这种认知定势不仅会影响面试人员的评价标准，而且有可能造成判断和评价失误。

### 8.1.5 面试的发展趋势

从近些年来的面试实践来看，面试呈现出了以下六个发展趋势：

(1) 形式的丰富化。面试早已突破那种面试人员与应聘者之间面对面一问一答的模式，而呈现出丰富多彩的形式。从单独面试到集体面试，从一次性面试到分阶段面试，从非结构化面试到结构化面试，从常规面试到引入了演讲、角色扮演、案例分析、无领导小组讨论等的情景面试。

(2) 程序的结构化。以往对面试的过程缺乏有效地把握，面试的随意性大，面试效果也得不到有效保证。目前，许多面试的操作过程已逐步规范起来。从主考官角度，面试的起始阶段、核心阶段、收尾阶段要问些什么、要注意些什么，事先一般都有一个具体的方案，以提高对面试过程和面试结果的可控性。

(3) 提问的弹性化。以往许多面试基本等同于口试。主考官提出的问题一般都事先拟定好，应试者只需抽取其中一道或几道回答即可，主考官一般不再根据问题回答情况提出新问题。主考官评定成绩仅依据事先拟定的具体标准答案，仅看回答内容的正确与否来评分。实际上，这只不过是化笔试为简单的口述形式而已。现在则不同，面试中主考官问题的提出虽源于事先拟定的思路，但却是适应面试过程的需要而自然提出的，也就是说，后一个问题与前一个问题是自然相接的，问题是围绕测评的情景与测评的目的而随机出现的。最后的评分不是仅依据回答内容的正确与否，还要综合总体行为表现及整个素质状况评定，充分体现了因人施测与发挥主考官主观能动性的特点。

(4) 面试结果的标准化。以往许多面试的评判方式与评判结果没有具体要求，五花八门，可比性差。近年来，面试结果的处理方式逐渐标准化、规范化，基本上都是趋于表格式、等级标度与打分形式等。

(5) 面试测评内容的全面化。面试的测评内容已不仅限于仪表举止、口头表述、知识面等，现已发展到对思维能力、反应能力、心理成熟度、求职动机、进取精神、身体素质等全方位的测评。同时，由一般素质为测评依据发展到主要以拟录用职位要求为依据，包括一般素质与特殊素质在内的综合测评。

(6) 面试考官的专业化。以前的面试，主要由组织人事部门的人专门主持。后来实行组织人事部门、具体用人部门和人事测评专家共同组成面试考评小组。现在，许多单位实行用人部门人员培训面试测评技术，人力资源管理部门人员培训业务专业知识，并进行面试前的集中培训，面试考官的素质有了很大提高。

## 第二节　面试基本过程

### 8.2.1　面试前的准备阶段

为了提高组织面试工作的效果，为组织招聘到合适的发展人才，面试人员需要做好面试前的准备工作。因此，面试前的准备工作对组织面试的成功开展是至关重要的。

首先，面试前的准备工作能够帮助面试人员更准确地对应聘者做出判断。一方面，如果面试人员不熟悉应聘者简历的相关信息，那就无法提出一些关键性的问题。另一方面，面试人员也需要熟悉岗位信息，具备相关的知识和技术，以便更好地判断应聘者与岗位的匹配性。

其次，面试前的准备工作能够帮助应聘者顺利参加面试。比如，面试人员如果不对面试的时间、地点事先进行周密地选择和安排，那就很容易出现失误，从而影响面试的正常进行。

最后，面试前的准备工作能够帮助应聘者形成对组织良好的印象。面试不仅仅是收集应聘者信息的过程，也是向应聘者传递信息的过程。一场安排混乱、接待不周的面试，会使应聘者对组织的现象大打折扣，从而有可能会失去一些优秀的潜在人才。因此，为了使应聘者对组织产生良好的印象，组织必须要做好面试前的准备工作。

面试前的准备工作对整个面试开展有着很重要的作用。准备的好与坏，将直接影响组织在应聘者心中的印象，同时更重要的是会影响整个面试的效率和质量。

具体来说，面试人员通常在面试前要准备和特别关注以下几个方面的工作：

1. 职位说明书分析

面试人员需要对所需招聘岗位进行深入分析，熟悉所招聘岗位的职位说明书，尤其是一些专业术语和专有名词及该岗位所需核心胜任能力，更应该提前摸底熟悉，这也是面试人员实施面试的前提。

2. 简历筛选

尤其是对候选人简历进行深入细致地分析，获得初步入选者，对其有疑问之处，面试人员应提前准备好问题及追问点，以便面试时提问。

3. 电话通知面试

面试人员需组织好电话通话的语言，做好邮件通知与短信通知内容准备等，尽量通过诚恳的态度与语气，适当运用标准话术，邀请候选人来公司面试。

4. 确定面试人员并对其进行培训

面试能否取得预期效果，在很大程度上取决于面试人员是否具备应有的素质，以及临场组织时是否发挥了正常的水平。研究和实证都表明：经过培训的面试人员无论是评价的可信度还是评价的质量都明显比没有经过培训的面试人员要高。

5. 确定面试时间

面试人员应事先确定面试时间，特别注意提前规划好自己的时间，尽量避免面试时间与其他重要工作的时间发生冲突。尤其是在大规模面试时，面试人员可以编制面试时间表，将应聘者的面试时间统一记录，逐一通知，避免遗漏。为了达到面试目的，应该让应聘者有充分的时间展示自己，同时，两名应聘者之间要留出一定的时间，以便面试人员填写面试评价表等材料。

6. 确定面试地点

一个良好的面试环境能够排除所有听觉和视觉的干扰，使面试人员和应聘者能够进行轻松的沟通。因此，面试地点首先必须是安静的，最好选择在单独的房间进行面试。其次，面试场所的面积应该适中，一般以 30—40 平方米为宜，最好不要安装电话，以免面试时受到干扰。第三，房间内的温度应该适宜，必要时可以打开空调。第四，应保证光线柔和，不能太刺眼。第五，清除闲杂人员，房间内只有面试人员与应聘者，同时尽量不要摆放所有可能分散应聘者注意力的物品以减少干扰。最后，把面试要用到的会议室或洽谈室进行简单布置，如桌上摆一盆鲜花，把组织相关宣传资料准备好摆在上面，有条件的还要播放有关组织文化宣传的视频等。

7. 确定面试座位安排

面试官和求职者在面试中的座位安排代表着不同的面试风格，会形成不同的面试

“气场”，影响着双方的现场发挥，导致不同的面试结果，大致有以下三种面试座位安排方式：

（1）面试人员和应聘者面对面坐在桌子的两侧。这是最常见的面试座位安排，其优点是可以很方便地实行面试人员和应聘者多对一的面试格局，双方可以全方位地捕捉对方的面部表情和肢体语言变化。缺点是面试人员处于强势地位，应聘者处于较低位置，感觉比较压抑。尤其是在一些领导的独立办公室，作为领导的面试官坐在办公桌后容易形成居高临下的感觉，而应聘者坐在位置较低的椅子上，这种因位置不同而产生的压抑和不平等的感觉可能更强烈。

一般来说，这种座位安排比较适合面试管理、销售、客服等在工作中需要承受较大压力的人员，尤其适合压力面试，借以考察应聘者的抗压能力。要注意的是，这种座位安排不适宜于双方平等交流，不利于那些自信心不足、性格相对内向的应聘者发挥水平，所以不建议作为面试座位安排经常使用。

（2）面试人员和应聘者斜对角坐在桌子的相邻两侧。这种座位安排的优点是面试双方会感觉平等、亲切，容易创造出融洽、友好的交流环境，便于双方敞开心扉交谈，因此可以作为面试座位安排经常使用。其缺点是只能适合面试人员和应聘者一对一的面试，不方便实行面试人员和应聘者多对一的面试格局；另外这种安排也不适合压力面试。

（3）面试官和求职者并排坐在桌子的一侧。这种座位安排的优点是双方距离进一步拉近，甚至达到无拘无束、畅所欲言的效果。一般适用于比较熟悉和亲密的人之间进行，在普通面试中很少采用。其缺点是只能适合面试官和求职者一对一的面试，不方便实行面试官和求职者多对一的面试格局；另外这种安排也不适合压力面试。

8. 设计面试问题

常见的面试题型有七种，每种题型都有其独特的特点和作用。

（1）导入性问题

目的：降低应聘者的紧张情绪，创造融洽的交流环境。

样题：您到这里需要多长时间？您住在哪里？我们这里还好找吗？

（2）行为性问题

目的：了解应聘者过去某种特定情境下的行为表现。

样题：您是如何成功地带领团队高效工作的？您是如何消除与同事间误会的呢？

（3）智能性问题

目的：考察应聘者的逻辑性与综合分析能力。

样题：您如何看待办公室政治的问题？请问您对互联网上博客的火爆有什么看法？

（4）意愿性问题

目的：考察应聘者的动机与岗位的匹配程度。

样题：某公司招聘市场人员，应聘者分为两类，一类选择高底薪，另外一类选择低底薪，您会选择哪一种呢？您喜欢跟强势的领导工作，还是喜欢跟民主的领导工作，为什么？

（5）情境性问题

目的：可根据应聘者申请的具体岗位进行测试要素的组合（组织、分析、沟通等）。

样题：如果请您来组织本届大会您会如何组织？某日，董事长出差，您忽然接到税务局的通知，税务局要来进行税务稽查，此时您又联系不到董事长，您将如何处理这件事？

(6) 应变性问题

目的：考察应聘者的情绪稳定性与应变能力。

样题：领导开会时发言明显出错，您如何制止他？

您的领导交给您一件根本无法完成的工作，请问您会如何处理这种情况？

(7) 投射性问题

投射性面试问题设计是面试领域的新趋势。传统的面试问题存在面试目的显著但题目表面效度过高，应聘者很容易就了解面试考官的意图。由于面试中存在心理测验中的社会称许性问题，因此，如何保护面试的意图，让应聘者的心理活动得到真实地表现，而不受其他因素的影响就成为当今面试领域的新方向。投射性问题借鉴了心理学的投射理论，降低题目的表面效度，尽可能地掩饰面试的真正目的，使用表面效度低的问题，让应聘者难以直接判断考官真正要了解的内容，这是与传统面试最大的区别。

样题：如果让你在画家与警察两个工作中进行选择，你会选择哪个？为什么？

你如何评价原来的领导？他让你感觉很舒服的特点是什么？有哪些是你难以接受的？

面试题目的设计能够充分体现面试考官的面试水平，好的面试题目是面试成功的关键。一套面试题目应该包括三个部分：① 开场部分：主要目的是降低应聘者的紧张情绪，创造融洽的交流环境，为面试考官与应聘者进行深入的交流创造条件。② 核心部分：这是面试过程的重点，面试考官需要对应聘者进行考察的素质都在这个环节体现出来。③ 结尾部分：其主要目的是让应聘者提出问题或对面试中表述不清的问题进行再次说明。

一般来说，面试题目的设计遵循以下三个步骤：

第一步，梳理面试维度，明确面试维度的定义，以及面试维度需要应聘者体现的典型行为表现。清晰地界定面试维度的定义，并建立评价标准，哪些回答是优秀的表现，哪些行为是一般的表现，哪些行为反映出应聘者该项素质比较差。

第二步，分析待测岗位的关键事件，形成题干。比如对人力资源经理进行面试的维度中包括“分析能力”与“说服能力”。经常处理问题员工是人力资源经理工作内容中频率比较高的事件。于是面试人员将“处理问题员工”作为面试的关键事件。因此，可以给出一个问题的题干“您能否给我们举出一个您成功地处理某个问题员工的例子？”。

第三步，根据行为面试的要求，设计对应聘者的追问。考虑情境、目标、行动和结果因素，充分挖掘背后的信息，比如“当时的情境？您的任务？您采取了哪些措施？结果如何？”等。这样与前步的题干就形成了完整的面试题目。当然，面试人员在出完题目之后要对每道题的题干和追问进行认真地、反复地推敲，确保应聘者不会对题目产生错误的理解。

**※【知识链接 8-1】**

**基于胜任特征的面试题目设计**

随着胜任特征分析实践地不断展开，胜任特征被广泛应用于人力资源管理的各个职能模块。胜任特征对同一岗位不同绩效水平任职者的评价具有区分功能和行为化表现的特点。基于这一特点，基于胜任特征面试题目与传统面试题目的最大区别在于题目的结构性，传统面试题目是面试考官挖掘应聘者素质信息的主要渠道，而追问是为了帮助考官完善这些信息，并起到信息验证的功能，STAR四要素在面试中的价值在于帮助考官完善与验证信息，帮助应聘者还原信息。任何一项胜任特征都是由若干个关键的行为表现构成的，因此，基于胜任特征的面试题目设计应以关注构成胜任特征的关键行为表现为主，应以追问为主，题目（考官提出的问题）为辅。为此将考官提出的题目命名为“题干”，考官围绕特定胜任特征提出的其他问题称之为“追问”。题干只是引发面试考官与被试者展开谈话的“引子”，考官关注的也不是应聘者回答问题的本身，而是其在具体事件中所展现的意识和行为，考官依据特定胜任特征的素质剖面与应聘者的实际表现进行对比，以此对应聘者的素质水平进行判定。

举例：知人善任

| 测试指标 | 知人善任 | |
|---|---|---|
| 题干 | 以前你最满意的一个下属有什么特点？你为什么对他特别满意？ | |
| 评分标准 | 0分：没有表现；1分：表现一般；2分：表现较好；3分：表现突出 | |
| 关键行为 | 追问 | 得分 |
| 客观评价下属的特点 | 他的优点（不足）是什么？ | |
| 将下属特点与岗位特点进行联系 | 你为什么会安排他做××工作？ | |
| 指导下属的工作过程 | 你为他提供了哪些支持？ | |
| 从绩效角度帮助下属明确学习方向与重点 | 你对他的学习提出过哪些建议？ | |
| 考虑下属的职业发展 | 你对他以后的发展作过哪些考虑？ | |

9. *制定面试记录表和面试评价表*

在实施面试前，面试人员还必须准备以下面试记录表和面试评价表。

**面试记录表**

| 应聘者基本情况 | | | | | |
|---|---|---|---|---|---|
| 应聘者姓名 | | 性别 | | 年龄 | |
| 毕业院校 | | 专业 | | 学历 | |
| 应聘职位 | | 应聘时间 | | | |
| 面试记录 | | | | | |
| 面试者： | 所属部门： | | 面试日期：　年　月　日 | | |

| 评价等级 / 面试项目 | 优 | 良 | 好 | 一般 | 差 | 备　注 |
|---|---|---|---|---|---|---|
| 1. 仪容仪表 | | | | | | |
| 2. 语言表达与沟通能力 | | | | | | |
| 3. 对专业知识和技能的掌握程度 | | | | | | |

**续表**

| 评价等级<br>面试项目 | 优 | 良 | 好 | 一般 | 差 | 备注 |
|---|---|---|---|---|---|---|
| 4. 对相关专业知识的了解程度 | | | | | | |
| 5. 外语能力 | | | | | | |
| 6. 灵活应变能力 | | | | | | |
| 7. 责任心 | | | | | | |
| 8. 个人品质 | | | | | | |
| 9. 对环境的适应性 | | | | | | |
| 10. 发展潜力 | | | | | | |
| 面试评价 | | | | | | |
| 综合评定 | | | | | | |
| 录用意见 | □予以录用 □有待进一步考核 □不予考虑 | | | | | |

**面试评价表**

| 应聘者姓名 | | 性别 | | 年龄 | |
|---|---|---|---|---|---|
| 毕业院校 | | 专业 | | 学历 | |
| 应聘职位 | | 应聘时间 | | | |
| 考评项目 | 权重 | 考核内容 | 分值 | 考核得分 | |
| 仪容仪表 | 10% | 穿着打扮 | 5 | | |
| | | 气质 | 5 | | |
| 知识技能与工作经验 | 40% | 专业知识 | 10 | | |
| | | 专业技能 | 10 | | |
| | | 相关知识 | 10 | | |
| | | 实际工作经验 | 10 | | |
| 个人能力 | 40% | 语言表达能力 | 10 | | |
| | | 解决问题能力 | 10 | | |
| | | 应变能力 | 10 | | |
| | | 创新能力 | 10 | | |
| 工作态度 | 10% | 工作主动性 | 5 | | |
| | | 工作责任感 | 5 | | |
| 面试评价 | 考核得分 | □90～100 □80～89 □70～79 □60～69 □60分以下 | | | |
| | 录用决定 | □予以录用 □有待进一步考核 □不予考虑 | | | |

10. 另外，为了确保应聘者参加面试的出勤率，通常提前1小时再次电话询问确认应聘者是否会来？如果来，现在出发没有或者到哪儿了？以方便安排后续接待工作。

11. 最后是迎接应聘者。通常根据1小时前电话确认的大致到访时间，提前5分钟到前台等应聘者到访，一是以表尊重，二是可以提前观察和多了解其言谈举止，提前介入面试。

### 8.2.2　面试过程

面试的实施过程一般包括五个阶段：关系建立阶段、导入阶段、核心阶段、确认阶段和结束阶段。每个阶段都有各自不同的任务，在不同的阶段中，采用的面试题目类型也有所不同。

(1) 关系建立阶段。在这一阶段，面试人员应从应聘者可以预料到的问题开始发问，如工作经历、文化程度等，以消除应聘者的紧张情绪，创造轻松、友好的氛围，为下一步的面试沟通做好准备。在本阶段常用的是一些封闭性问题，如“路上堵车吗？”“今天天气真冷，是吧？”“是从公司直接过来的吧？”等。

(2) 导入阶段。在这一阶段，面试人员应向应聘者提问一般有所准备的、比较熟悉的题目，如让应聘者介绍一下自己的经历、自己过去的工作等，以进一步缓解应聘者的紧张情绪，为进一步的面试做准备。在本阶段常用的是一些开放性问题，使应聘者有较大的自由度，具体如“请你介绍一下你的工作经历。”“请你介绍一下你在市场营销方面的主要工作经验。”“让我们从你最近的一份工作开始讨论一下你的工作经历吧。”“在这家公司，你主要负责哪些工作？”等。

(3) 核心阶段。在这一阶段，面试人员通常要求应聘者讲述一些关于核心胜任力的事例，面试人员将基于这些事实做出基本的判断，对应聘者的各项核心胜任能力做出评价，为最终的录用决策提供重要的依据。在本阶段主要采用的是一些行为性问题，但通常与其他问题配合使用。例如，可以用一个开放性的问题引出一个话题，然后用行为性的问题将该话题聚焦在一个关键的行为事件上，接下去可以不断使用探索性问题进行追问，也可以使用一些假设性的问题，提问那些在应聘者的过去经历中找不到合适的实例的问题。

(4) 确认阶段。在这一阶段，面试人员应进一步对核心阶段所获得的信息进行确认。在本阶段常用的是一些开放性问题，尽量避免使用封闭性问题，因为封闭性问题会对应聘者的回答产生导向性，应聘者会倾向于给出面试考官希望听到的答案。本阶段常用的开放性问题，具体如“刚才我们已经讨论了几个具体的实例，那么现在你能不能清楚地概括一下你在安排新员工培训方面的程序是怎样的？”“前面提到你曾经帮助人力资源总监制定有关的人力资源政策。具体地讲，你自己到底做了哪些工作？”“在刚才的那个例子里，你帮助用人部门的经理找到了合适的人选。通常来说，你在帮助一个用人部门寻找合适的人选方面要经历哪些步骤？”等。

(5) 结束阶段。在面试结束之前，面试人员完成了所有预计的提问之后，应该给应聘者一个机会，询问应聘者是否还有问题要问，是否还有什么事项需要补充说明。不管录用还是不录用，均应在友好的气氛中结束面试。如果对某一对象是否录用有意见分歧时，不必急于下结论，还可安排第二次面试。同时，整理好面试记录表。本阶段常用的问题有行为性问题和开放性问题，如“你能否再举一个例子说明你是怎样对待一个‘刁钻’的客户的。”“请再讲一些你在员工绩效考评中所做的工作。”“你能再举一些例子证明你在某专业方面的技能水平吗？”等。

# 第三节 面试的方法和技巧

面试技巧是面试实践中解决某些主要问题与难点问题的技术操作，是面试操作经验的积累。在面试中，问、听、观、评是几项重要且关键的基本功。其中，问是最基础、最核心的部分，直接关系到应聘者回答的内容、方法和形态，也会影响到后续的听、观和评。

1. 面试中“问”的技巧

(1) 开放式提问。开放式提问让应聘者自由地发表意见或看法，一般在面试开始的时候运用，用以消除应聘者的心理压力。开放式提问又分为无限开放式和有限开放式，无限开放式提问没有特定的答复范围，目的是让应聘者说话，有利于应聘者与面试考官的沟通。如“谈谈你的工作经验”等问题。有限开放式提问要求应聘者的回答在一定范围内进行，或者对回答问题的方向有所限制。

(2) 封闭式提问。封闭式提问是指让应聘者对某一问题做出明确的答复，如“你曾干过秘书工作吗”一般用“是”“否”回答。它比开放式的提问更加深入、直接。封闭式提问可以表示两种不同的意思：一是表示面试考官对应聘者答复的关注，一般在应聘者答复后立即提出一些与答复有关的封闭式问话；二是表示面试考官不想让应聘者就某一问题继续谈论下去，不想让对方多发表意见。

(3) 清单式提问。清单式提问即鼓励应聘者在众多选项中进行优先选择，以检验应聘者的判断、分析与决策能力。如，在回答“你认为产品质量下降的主要原因是什么”这一问题时，对所有的选项，进行优先选择。

(4) 假设式提问。假设式提问即鼓励应聘者从不同角度思考问题，发挥应聘者的想象能力，以探求应聘者的态度或观点。如“如果你处于这种状况，你会怎样处理?”

(5) 重复式提问。重复式提问即让应聘者知道面试考官接收到了应聘者的信息，检验获得信息的准确性。如“你是说……如果我理解正确的话，你说的意思是……”

(6) 确认式提问。确认式提问即鼓励应聘者继续与面试考官交流，表达出对信息的关心和理解。如“我明白你的意思，这种想法很好!”

(7) 举例式提问。举例式提问是面试的一项核心技巧，又称为行为描述提问。面试人员在考察对象工作能力、工作经验时，可针对应聘者过去工作行为中特定的例子加以询问。基于行为连贯性原理，所提的问题并不集中于某一点上，而是一个连贯的工作行为。例如，“过去半年中你所建立最困难的客户关系是什么? 当时你面临的主要问题是什么? 你是怎样分析的? 采取什么措施? 效果怎样?”等。面试考官可通过应聘者解决某问题或完成某项任务所采取的方法和措施，鉴别应聘者所谈问题的真假，了解应聘者实际上解决问题的能力。

面试人员在面试提问时应关注的问题：

(1) 尽量避免提出引导性的问题。不要问带有提问者本人倾向的问题，例如，以“你一定……”或“你没……”开头的问题。再如：“当你接受一项很难完成的任务时，会感到害怕吗?”“你不介意加班，是吗?”“你经常提出建设性的意见吗?”

(2) 有意提问一些矛盾的问题，引导应聘者做出可能矛盾的回答，来判断应聘者是否在面试中隐瞒了真实情况。

(3) 了解应聘者的求职动机。可以通过对应聘者的离职原因、求职目的、个人发展、对应聘职位的期望等方面考察，再与其他的问题联系起来综合判断应聘者的动机。如果应聘者属于高职低求、高薪低求，离职原因讲述不清，或频繁离职，则需引起注意。在这方面，一定要注意通过应聘者的工作经历分析应聘者的价值取向，而不要轻信应聘者自己的观点。

(4) 所提问题要直截了当，语言简练，有疑问可马上提问，并及时做好记录。并且不要轻易打断应聘者的讲话，对方回答完一个问题，再问第二个问题。

(5) 面试中，除了要倾听应聘者回答的问题，还要观察他的非语言的行为。如脸部表情、眼神、姿势、讲话声调语调、举止，从中可以反映出对方的个性和是否自信等情况。

**※【知识链接 8－2】**

**招聘面试中如何进行有效的提问**

上个月，李先生受某大型制药企业总经理王总的邀请，给他们做一个重要职位招聘面试的测评，招聘的职位是高级营销经理，很不凑巧，飞机晚点，没有时间和王总做面试前的沟通，所以，李先生只好急匆匆赶到现场，还好，面试刚刚开始。由于事先已经做了筛选，来参加面试的只剩下两位候选人。由王总亲自担任主考官，在半小时里，他对第一位候选人问了三个问题：

1. 这个职位要带领几十个人的队伍，你认为自己的领导能力如何？

2. 你在团队工作方面表现如何？这个职位需要与人交流、沟通，你觉得自己的团队精神好吗？

3. 这个职位是新设立的重要岗位，压力特别大，并且需要经常出差，你觉得自己能适应这种高压力的工作状况吗？

当候选人回答完以后，李先生马上叫暂停，因为李先生意识到王总提出的问题不妥当，李先生花了五分钟对应聘者进行了询问，然后他把应聘者的回答和他的真实想法告诉了王总。

候选人这样回答三个问题：

第一个问题：我管理人员的能力非常强(实际上王总也并不知道好不好)；

第二个问题：我的团队精神非常好(只能答“YES”，因为王总已经提供了太明显的暗示，即希望我的团队精神非常好)；

第三个问题：能适应，非常喜欢出差(实际上，如果把工作条件进行排行的话，我最痛恨的就是出差，还有就是占用自己的下班时间。但是老总的问话方式直截了当地给候选人暗示，使候选人必须说“是”)。

事实上，王总问的是三个本应该设计成封闭式的问题，第一问：有没有领导能力，第二问：有没有团队精神，第三问：能不能承受巨大的工作压力。很明显，这些问题都错误地采用了封闭式提问的方式进行提问，而候选人由王总询问的问题中很容易就知道他想听到的答案是什么，实际上这是面试中最大的忌讳，而且肯定无法得到正确的答案。

接下来李先生花了 10 分钟的时间从三个方面重新为王总设计了以下问题：

1. 管理能力方面：

(1) 你在原来的公司工作时，有多少人向你汇报？你向谁汇报？

(2) 你是怎么处理下属成员间的矛盾纠纷的？举个例子好不好？(行为式问题)

2. 团队协作能力方面：

(1) 营销经理和其他部门特别是人力资源部门经常有矛盾，你是否遇到过这样的纠纷，当时是怎么处理的？(情景式问题)

(2) 作为高级营销经理，你曾经在哪些方面做过努力来改善公司内部的沟通状况？

3. 能不能经常出差：

(1) 以前公司的工作频率如何？经常要加班吗？多长时间出一次差？

(2) 这种出差频率是如何影响到你的生活？对这种出差频率你有什么看法？

重新设计以上问题，王总从两位候选人中得到了更多的信息，最终选择了他需要的人才。

2. 面试中"听"的技巧

面试人员在面试中应该如何"听"，也有许多值得注意的地方。在面试的过程中，面试人员应该倾听应聘者的回答，对其谈话进行分析，确定其是否听懂了提问、是否抓住了问题的要害，语言表达是否具有逻辑性、层次性和准确性，并对其进行巧妙的引导。同时，面试人员还可以根据应聘者回答问题时的语音、语速、语调等来判断应聘者的性格特征等。具体来说，面试人员在面试过程中应该注意以下几点听的技巧：

(1) 要善于发挥面试人员身体语言的作用。人的眼睛不仅仅能观察事物，还可以通过眼神的变化来表达某种倾向，因此，面试人员在面试过程中倾听应聘者的回答时，不能斜视、俯视、直视地听。这样会使应聘者感到不自在甚至产生不平等的感觉，影响应聘者在面试中的表现。同时，在倾听过程中，面试人员需要适当地通过点头来认同应聘者的回答，这样可以使其轻松自如。

(2) 面试人员要善于把握和调节应聘者的情绪。通常应聘者在面试中都会有紧张的情绪，面试人员应该根据面试中的情况，适当把握机会使应聘者放松情绪，自然地表露其能力水平。

(3) 面试人员要注意应聘者的身体语言。面试人员还应注意从言辞、音色、音质、音量、语调及回答问题时的身体语言来区别应聘者的内在素质水平。

(4) 面试人员在面试中应注意倾听，不要随意打断应聘者。

3. 面试中"看"的技巧

观察是面试过程中的另一个主要手段。在面试中，面试人员要善于运用自己的感官，特别是视觉，观察应聘者的非语言行为。相关研究表明，面试人员从应聘者面部表情中获得的信息量可达到50%以上。面试过程中，应聘者的面部表情会发生许多变化，面试人员必须能及时观察到此种变化，并合理地判断其心理。

4. 面试中"评"的技巧

在面试过程中也存在某种程度上的评价，这种评价要求面试人员能把应聘者的反应过程和回答的结果有机地综合起来。综合评价要选择适当的标准，包括评价项目、评价指标、评价标度等。面试评价中不能忽视印象测评。面试是直接采取面对面的形式，因此，综合评价时要注意把分项测评与综合印象测评相结合，提高面试效果。

## 本章小结

面试是指在特定的时间和地点，由面试官与应聘者按照面试组织方预先设计好的目的和程序，进行面谈、相互观察、互相沟通的过程。通过面试，组织可以了解应聘者的外貌风度、工作经验、业务知识水平、求职动机、沟通能力、情绪状态等，而应聘者也可以更全面地了解组织的相关信息。按面试的结构划分，可以将面试分为结构化面试、非结构化面试和混合式面试。按面试对象的多少划分，面试可以分为单独面试和集体面试。按面试目的的不同，可以将面试划分为压力性面试和非压力性面试。按照面试的进程，可以将其划分为一次性面试和系列式面试。按照面试内容设计的重点不同，可以将其划分为行为性面试和情境性面试。

影响面试人员做出决策的因素通常有客观因素和主观因素两种，客观因素是指不随面试人员或应聘者主观意识变化而变化的因素，主要包括招聘压力和面试人员所获取的信息是否充足等。主观因素是指在实施面试的过程中，影响面试人员最终决策的一些主观因素，主要包括首因印象、晕轮效应、对比效应、负面效应、趋中效应、相似效应、标准偏差效应和定势效应。

面试前的准备工作对整个面试开展有着很重要的作用。准备的好与坏，将直接影响组织在应聘者心中的印象，同时更重要的是会影响整个面试的效率和质量。面试的实施过程一般包括五个阶段：关系建立阶段、导入阶段、核心阶段、确认阶段和结束阶段。每个阶段都有各自不同的任务，在不同的阶段中，采用的面试题目类型也有所不同。

面试技巧是面试实践中解决某些主要问题与难点问题的技术操作，是面试操作经验的积累。在面试中，问、听、观、评是几项重要且关键的基本功。其中，问是最基础、最核心的部分，直接关系到应聘者回答的内容、方法和形态，也会影响到后续的听、观和评。

## 练习题

**一、思考题**

1. 什么是面试？面试具有哪些特点？
2. 面试具有哪些主要类型？
3. 影响组织面试决策的因素有哪些？
4. 组织在面试前应该做哪些准备工作？
5. 组织面试的过程是什么？
6. 在面试过程中，有哪些技巧？

**二、讨论题**

面试不成功，是许多人都曾经有过的经历，甚至有的人多次求职不成都是因为面试不顺利。有些人不解：我明明做了充分的准备，可为何仍然过不去面试这道关？你如何评价上述求职者遭遇的困境。

**三、案例分析**

A 先生在一家知名企业工作，被派驻到了海外，因为家庭的原因，他希望回居住地发展。于是，他开始投递简历、寻求面试机会。他海量地往多家公司投递简历，以至于他自己都不记得投递过多少家公司。有一天，他接到了一位 HR 的电话通知，希望他能去公司面试。第二天他信心满满地穿了一身职业装，按时前往。面试开始了，HR 很礼貌地和他沟通，请他讲述一下他的工作经历，在过程中也询问了一些情况。A 先生的工作经历与他所应聘的岗位有一定相关联系，然而也有很多不足之处。于是 HR 便向 A 先生询问其对所应聘职位的职责和要求是否清楚。但 A 先生竟然不记得自己应聘的到底是什么职位，更说不清该岗位具体负责什么和该岗位的要求。不仅如此，当 HR 提示了 A 先生之后，他依然对该岗位所要求的产品方面的知识一无所知。在这样的情况下，HR 对 A 先生感到非常失望，一个有多年工作经验的职场人，重新找工作的时候竟然如此盲从。HR 告知 A 先生在面试前需要对行业知识进行一下了解，A 先生竟然自负地说："我面试了多少家公司了，用不着你来教我怎样面试！"之后愤然起身离去。

HR 电话通知主动投递简历应聘的 B 先生前来公司面试。B 先生一接到电话就表示自己在火车站无法前往公司面试。HR 想跟 B 先生做进一步确认，询问他什么时候有时间能来公司进行面试，谁知 B 先生竟不耐烦地说："我跟你说了我在火车站，没法去！"HR 表示理解，并说："你现在在火车站，今天不方便的话明天也可以。"电话里的 B 先生几乎发火了："我在火车站马上要出差，不能去面试！"接着就挂了电话。如此没有礼貌修养，如何能求职成功呢？

C 先生是做销售的，经其他人介绍，去了一家大公司与 HR 面谈。因为 C 先生没有带简历，HR 和他只是进行了比较简单的交流，约定好面试之后 C 先生给 HR 发送一份电子版的简历。可是 HR 等了一星期也没接到 C 先生的简历，于是，又给 C 先生去了电话追问一下结果。C 先生立即说："我正准备给你发邮件呢。这几天特别忙，不好意思啊！"HR 还是让 C 先生进入了下一轮面试，可是打 C 先生的电话，总是接通了无人接听。过了两天，在 HR 的坚持之下才好不容易联系到了 C 先生。C 先生之后见过了公司的总监，也通过了复试。HR 又给 C 先生安排了测评和总经理面试，C 先生都非常顺利地通过了。与 C 先生的沟通过程中，让 HR 印象最深刻的是打 C 先生的电话很难找到他。公司与 C 先生谈好了录取的事宜，C 先生提出要过 2 个月才能入职的要求。公司总监让 HR 与 C 先生保持联络。过了一个月，HR 打电话询问 C 先生离职交接手续的办理进度，可是又联系不到 C 先生了。电话打通了之后不是关机就是没有人接听。后来 HR 收到了 C 先生的短信说他在外地出差，下午回电话。但是一天过去了，HR 也没接到 C 先生的电话。HR 把这件事情反馈给了用人部门的总监，该总监之前就遇到过类似的员工，觉得这种人说话不靠谱，于是决定不录取 C 先生了。这样，C 先生本以为可以拿到的 Offer 成了泡影。

D 先生从外地到离家不远的城市来寻找工作机会，经过筛选，他给一家心仪的公司投递了简历，应聘的是销售经理的岗位。HR 通知 D 先生前来面试，他回答说他找不到地方，因为他对当地不熟悉。HR 就询问 D 先生的所在地，同时告诉他公司附近有哪些公交车，并且告知 D 先生可以上网查一下，D 先生却说不太清楚他自己的所在地址，并表示他的住所没有网络不能上网。HR 建议他去网吧，或者询问一下路人，D 先生希望 HR 直接告知他路线，不太愿意自己去问。HR表示，D先生应聘的是销售岗位，如果连这个问题也不能解决，以后如何在当地开展工作。D先生遂同意自己查找路线。D先生找到了公司，面试经过了几轮都通过了。在HR通知D先生被录取的时候，D先生表示需要HR把工资待遇、年假及周末休息、五险一金的缴纳比例、加班如何支付加班费等等情况都写在录取通知书上发给他，他才能辞掉现在的工作前来报到。HR给他一一讲解了情况，说明在公司工作满一年便可以享受年假、周末双休、正常情况下不加班等等，D先生问："如果我现在入职，春节的假可以享受吗？"HR听到这个问题感到很意外，春节是法定节假日，除了特殊的岗位或者行业以外，按照国家规定都是正常休息的。但HR还是给他耐心地再次说明了休假情况。D先生在此之后又陆续打电话给HR、部门经理、办理入职的员工等，反复询问的都是关于待遇、休假等等细节问题。最终，D先生的种种表现让公司对他有了看法，D先生自己也感觉到情况不太好而放弃了这次工作机会。

请分析A、B、C、D四位求职者为什么不能在面试中获得成功？应该如何改进？

**四、课外实践题**

深入到一家组织进行实地调查，与该组织的人力资源部相关人员进行访谈或座谈，了解其在招聘活动中开展面试时遇到的问题和挑战？并共同商讨解决方案。

# 第九章　心理测验

**本章学习目标**

☆ 了解心理测验的起源和发展史；
☆ 掌握心理测验的概念和特点；
☆ 理解心理测验的分类和一般原理；
☆ 掌握心理测验的类型；
☆ 了解心理测验的编制步骤和原则；
☆ 掌握常用的心理测验。

**【本节案例:问题提出】**

**40.3%求职者接受过心理测试**

最近,北京市某高校应届毕业生张力被一家外资咨询公司录用。在应聘过程中,除了笔试、面试,他还接受了一次严格的心理测试,所有题目都是英文的,他花了4个小时才做完。

上周,中国青年报社调中心通过新浪网,对1 192人进行的一项调查发现,40.3%的人在求职时曾经接受过招聘方的心理测试,多达75.8%的人认为外企通常会在招聘中使用心理测试。

**心理测试慢慢进入国内的人才选拔过程**

毕马威会计师事务所职员李小姐找工作时,曾经参加过好几家大型会计师事务所的笔试、面试,"有的公司在笔试中的确包含职业心理测试,有些题我一眼就能看出大概想测什么,比如团队合作和对企业的忠诚度等。我想大多数应聘者都会选择企业所希望的答案吧。"

事实上,不少应聘者都会按照招聘方的岗位要求调整自己的表现。调查中,63.9%的人表示,在应聘时会尽量表现出应聘岗位所要求的素质;26.0%的人会尽量展示自己的长处;7.9%的人会尽量隐藏自己短处;同时,也有25.6%的人表示会"全面展示自己,包括长处和短处"。

在心理测试中撒谎是可能的。阿尧咨询网的创始人、心理测量学专业博士朱宁宁介绍,有些测试,比如,高考或者智力测验是没办法撒谎的,但一些考察性格的题目,即使你不知道它为什么这么问,你也可以不按真实想法回答。也就是说,应聘者如果不配合,不想让企业了解自己的真实心态,也是完全可以做到的。

调查显示,如果接受心理测试,57.9%的人表示愿意完全按自己的真实感受回答问题,33.5%的人觉得很难说,8.6%的人表示不愿意。对于心理测试的效果,25.0%的人觉得心理测试不能测出人的本质,18.0%的人认为能,多达57%的人觉得"很难说"。

“企业投入成本、时间来为员工做测试，其实也是为了帮助员工选择适合自己的职位，让员工在更好的心理状态下工作。这会提高企业整体的工作绩效，促进劳资双方和谐相处。”朱宁宁说。

强生医疗器械公司的人事总监温迪表示，应聘者带着强烈的求职希望，难免会根据企业的招聘要求来改变自己的行为和谈话，表现出一些倾向性，这很正常。但是从长远的职业生涯来看，最重要的不是在短期内找到一个工作，而是选择一个最适合自己的职业。在测试中表现出自己最真实的想法和价值观才是最重要的。

北京师范大学心理学院教授许燕则认为，专业和学历水平能够从技术上说明应聘者是否适合一份工作，这些条件可以一目了然。“但人事部门在招聘的时候，面对大量陌生的应聘者，不可能在短时间内掌握应聘者的心理状态，最快速的方法就是用心理测试。在国外，心理测试的运用非常普遍。心理测试慢慢进入国内的人才选拔当中，这是顺应国际趋势的必然走向。现在，就业形势严峻，企业在选拔人才的时候也就会更严格、谨慎，借助心理测试也是企业选拔与自身相匹配的人才的权利。”

朱宁宁认为，有些企业用的测验题可能本来并不是为招聘设计的，直接用于招聘并不合适。有些测验工具比较流行，大家都拿过来用，在测验的有效性和稳定性方面也容易出问题。企业如果仅仅购买了一套心理测试软件，而没有采用专业人员来使用、管理，那就很容易误用工具，也做不到公平、有效。

**心理学教授建议由专业机构操作心理测试**

面对心理测试，应聘者的心态也呈现多样化。调查中，44.3%的人觉得无所谓，24.2%的人会紧张，24.2%的人觉得好奇，16.6%的人觉得轻松，10.8%的人会担心，6.9%的人表示愉快，2.6%的人觉得害怕。

就职于一家外资企业的宋先生在应聘时也接受过心理测试，“当时人事部门把应聘员工都集中在一个独立的房间，杜绝答题者与外界交流。”他花了一个多小时做完了120道题，有些问题让他觉得不知道怎么回答，比如有道题：“领导安排一项临时任务，需要团队合作才能完成，小组中有n个成员，成员的行政级别都相同，但在小组中的地位和责任却有差别。在工作中，大家因为意见分歧产生了矛盾，使得工作停滞不前。请问，你是支持还是反对主管，或者绕开主管向上级汇报，又或者保持沉默？”

还有一些问题，比如“周末喜欢去哪里度假”等，让他觉得很“无厘头”。后来，宋先生跟一起应聘的人交流，结果发现虽然大家都想认真、诚实地回答问题，但这套题目却让答题者很不耐烦，有一位同伴则干脆拒绝回答问题。

对此，许燕教授认为，企业采用心理测试工具必须借助科学机构的帮助，如果只是企业自己编一编题目，或使用了不科学的测试工具，那这种测试很难准确选出与岗位相匹配的人才。引入心理测试没问题，关键在于工具的选择和对测试分数的解释。只有心理学专业的技术人员才能科学操作测试工具，而规范的操作过程也会使得应聘者逐渐接受心理测试。真正专业的测试工具也可以很好地防止被测者说谎。

朱宁宁博士说：“一套好的心理测验应该是可以重复验证和检验的。互联网上有很多趣味测验，像近来流行的所谓‘美国兰德公司员工职业性格特点测试’的心理测试题，我想肯定不是兰德公司的。通常大型公司、跨国企业都会有专人负责测验题目的设计和管理，这样的内部资料不可能泄露，也不会问你喜欢什么样的颜色或水果。网上的这类趣味测验，通常没有经过标准化，测验结果不可信。心理测验不是我们拍拍脑袋就能想得出来的东西。”

如果应聘者的专业技能很优秀，但是心理测试结果不理想，企业应该录用这样的人吗？调查中，27.1%的人觉得应该录用，17.0%的人认为不应该录用，55.9%的人表示“不好说”。

资料来源：中国青年报 http://zqb.cyol.com/content/2009-04/28/content_2642551.htm。

心理测验正逐渐进入到国内的人才选拔过程，通过专业的心理测验，组织能较为准确地选拔出与岗位相匹配的人才。那么，心理测验的理论基础是什么？其特点是什么？具体操作过程是如何进行的？

## 第一节　心理测验概述

心理测验是一种心理测量的工具，它是根据一定的法则和心理学原理，使用一定的操作程序将个体的认知、行为、情感的心理活动予以量化。

### 9.1.1　心理测验的起源和发展

心理测验起源于实验心理学中个别差异研究的需要。1879 年，德国心理学家威廉·冯特在德国莱比锡大学设立了第一所心理实验室，实验中发现，个体的行为相互间存在个别差异，这种个别差异的存在引起心理测量的需要。心理测验的发展大致可以分为萌芽时期、成熟时期、昌盛时期和完善发展时期四个阶段。

(1) 萌芽时期(1869—1904 年)。心理测验在这一时期尚未形成自己的体系，而是依附于实验心理学与个别差异的研究而存在。测验的内容大都局限于感觉、动作或简单反应时间的测量，属于简单身体素质测评。

(2) 成熟时期(1905—1915 年)。心理测验在这一阶段已经步入了独立发展的轨道，出现了较为成熟的比奈—西蒙智力测验，该测验用于鉴别低能儿童。

(3) 昌盛时期(1916—1940 年)。不仅智力测验在广度和深度上有了突破性发展，而且一般能力测验、特殊能力测验、人格测验相继出现。特别是在第一次世界大战期间，美国应用智力测验挑选士兵，以防止低能和不合格的人进入部队，后来又广泛应用于军队官员的选拔和安置。第二次世界大战期间，美国又编制了一般分类测验(简称 CO)，借以预测军人的潜能。到第二次世界大战结束之后，美国则把该测验推广应用到服务行业，开始心理测验在非军事领域的广泛应用。

这一时期，心理测验不仅在理论上得到完善，而且在应用上也得到了空前的发展。测验的形式也由个体扩展到团体，测验的客体由儿童扩展至成人，测验的表现形式由文字扩展至图形、操作等非文字的智力测验，由直接的测量扩展至投射和预测的测验，测验的功能由研究走向社会服务。

(4) 完善时期(1941 年至今)。心理测验在这一阶段一方面接受教育评价运动的挑战，另一方面，测验的理论和编制方法都取得了非常大的进步。瑟斯顿于 1938 年发表了“主要的心理能力论”，使用因素分析法后概况出七种主要的智力：知觉速度、推理能力、词语能力、词语理解、词语流畅、空间知觉、记忆和计算能力。同年，默里和摩根编制了投射测验之的主题统觉测验(简称 TAT)。20 世纪 40 年代初哈特威和麦金利编制了调查个人适应和社会适应能力的明尼苏达多相个性调查表。1953 年艾森克夫妇编制了人格(个性)问卷(简称 EPQ)。1973 年卡特尔编制了 16 因素测验。这一时期兴起了职业性向和职业技能测验的新高潮，用于挑选各行各业的职员和管理人员。

### 9.1.2 心理测验的概念

心理测验是心理学在人力资源管理领域的具体应用，通过一系列科学的方法和标准化的程序，借助心理量表，对应聘者的个体能力、能力倾向、兴趣、性格等特点和差异进行测试和描述的一种系统化的心理测量程序。

美国著名的女性心理学家阿纳斯塔西·安妮认为:心理测验实质上是行为样组的客观的和标准化的测量。据此定义，心理测验有五个要素:行为样组、标准化、难度客观测量、信度和效度。

(1) 行为样组。行为样组须具有代表性，每个心理测验都有一组或多组测验题目，由这些测验题测试被试者的行为反应，再根据被试者的行为反应来推断其心理特性。一方面，要正确、可靠地推断被试者的某个心理特性，必须要有能代表某一心理特性的典型行为样组。另一方面，测验题的目的、性质和数量要有代表性，要能获得所要预测的心理行为。例如，音乐能力测试中，音高、音色、音量、节拍的辨别判断等题目要能代表音乐的基本能力。

(2) 标准化。测验的编制、实施过程、记分以及对测验结果的解释都要有严格的标准，必须一致，要保证测验的条件对所有的被试者相同、公正，还要给测验分数提供比较的标准，从而对测验分数进行解释。

(3) 难度客观测量。目前的心理测验在正式使用之前一般都要经过测验，以测验中通过项目的人数多少来确定难度。通过的人数多，题目就是容易的;通过的人数少，题目就是较难的，因此，要把太容易和太难的题目删除，以保证测验的区分度。

(4) 信度。测验要可靠，表现在同一组被试者使用同一测验施测两次后得到的分数应该一致，或者同组被试者经过一次测验以后再经一个等同形式的测验，两次所得的分数应该一致。一致性程度越高，则信度越高。

(5) 效度。测验要有效，测验应该确实能测量到它所要测量的东西，因此，必须严格按照测量目标选择测验材料。同时，测验的内容既要丰富，难度又要适当，要排除无关因素的影响。

### 9.1.3 心理测验的特点

(1) 心理测验是代表性测验。心理测验不是对个体心理的各方面进行全面的测量，而是通过测验少数经过科学选择的代表性的样本行为来推断个体的总体心理特征。

(2) 心理测验是间接性测验。心理测验的对象是个体的个性特征，如性格、能力、兴趣等，往往无法直接测量，只能通过外在行为主观地推断。

(3) 心理测验是相对性测验。在对个体的行为进行比较时，没有绝对的标准，也没有绝对零点，只有一个连续的行为序列。在许多情况下，心理测验就是通过测定个体在此行为序列上的相对位置，而由此推断出其相应的能力水平和性格特征。

(4) 心理测验是标准化测试。心理测验的工具都要求具有较高的信度、效度和完整的常模资料。在实施测试时，测验的程序、方法、环境及测验和记分方法等都需要具有严格的规定。

### 9.1.4 心理测验的分类

1. 按目的可以将心理测验分为以下几种

(1) 能力测验。能力一词，其含义颇为笼统。从心理测验的观点看，可将其分为实际能力与潜在能力。实际能力是指个人当前"所能为者"，即代表个人已有的知识、经验与技能，是正式与非正式学习或训练的结果。潜在能力是指个人将来"可能为者"，是在给予一定的学习机会时，某种行为可能达到的水平。有人把测量潜在能力的测验称作能力倾向测验(亦称性向测验)。实际上二者很难分清。能力测验又可进一步分为普通能力测验与特殊能力测验。前者即通常说的智力测验，后者多用于测量个人在音乐、美术、体育、机械、飞行等方面的特殊才能。

对能力的测评常常是通过智力测验来完成的，包括韦氏成人智力测验和斯坦福－比奈特智力测验。这一系列的测试常用来预测在一定环境下人是否有能力胜任工作。目前已经有了多种形式的能力测试，包括：不同能力测试、弗拉纳根能力等级测试、总体能力测试以及雇员能力测试等。由于这些都是标准化的试题，因此并不是只对某一特殊工作有效，而且它们具有较高的信度和普遍性，可以应用到许多工作中，尤其在需要更专业的测试的情况下。

(2) 人格测验。人格是指个体比较稳定的心理活动特点的总和，它是一个人能否施展才能，有效完成工作的基础，某人的人格缺陷会使其所拥有的才能和能力大打折扣。人格可以包括性格、兴趣、爱好、气质、价值观等等。人格是由多方面内容组成的，因此，我们不能希望通过一次测试或一种测试，就把人的所有人格都了解清楚，而应分别进行测试了解，以准确、全面地了解一个人的整体人格。在招聘中可通过人格测验，了解一个人人格的某一方面，再结合其他指标来考虑他适合担任哪些工作。

人格测验也称个性测验。测量个体行为独特性和倾向性等特征。最常用的方法有问卷和投射技术。问卷法由许多涉及个人心理特征的问题组成，进一步分出多个维度或分量表，反映不同人格特征。常用人格问卷有艾森克人格问卷(EPQ)、明尼苏达多项人格测验(MMPI)和卡特尔16因素人格测验(16PF)。投射技术包括几种具体方法，如罗夏克墨迹测验、逆境对话测验、语句完成测验等。

(3) 兴趣测验。兴趣测验是将应试者的兴趣同各种职业成功员工的兴趣做比较，来判断应试者适合做什么工作，并作为员工前程规划的参考。另外还可以同时向应试者提供一个明确的刺激物和一套可供选择的答案，通过分析应试者的回答来判断他们的性格和兴趣。这些职业兴趣测试的问卷，人力资源管理专家必须先设计准备好。招聘测试中的客观考察类方法和想象力测试刚刚相反：在客观测试中，应试者总是在猜测考官的想法；而在想象力测试中，则是考官在猜测应试者的想法。

(4) 动机测验。动机测验是指运用主题统览测验等方法测验被测者的成就需求、权力需求和亲和需求等需求动机的强弱程度。当代研究动机的权威心理学家、美国哈佛大学教授戴维·麦克利兰从20世纪40—50年代起就开始对人的需求和动机进行研究,他提出了著名的成就需求、权力需求和亲和需求的三种需求理论,并得出了一系列重要的研究结论。

2. 按对象可以将心理测验分为以下几种

(1) 个别测验。个别测验每次仅以一位被试为对象,通常是由一位主试与一位被试在面对面的情形下进行。此类测验的优点在于主试对被试的行为反应有较多的观察与控制机会,尤其对某些人(如幼儿及文盲)不能使用文字而只能由主试记录其反应时,就非采用面对面的个别测验不可。个别测验的主要缺点是不能在短时间内经由测验收集到大量的资料,而且个别测验手续复杂,主试需要较高的训练与素养,一般人不易掌握。

(2) 团体测验。团体测验是在同一时间内由一位主试,必要时可配几名助手对多数人施测。此类测验的优点主要在于可以在短时间内收集到大量资料,因此在教育上被广泛采用。团体测验的缺点是被试的行为不易控制,容易产生测量误差。

3. 按方式可以将心理测验分为以下几种

(1) 纸笔测验。测验所用的是文字或图形材料,实施方便,团体测验多采用此种方式编制。文字材料易受被试文化程度的影响,因而对不同教育背景下的人使用时,其有效性将降低,甚至无法使用。

(2) 操作测验。操作测验项目多属于对图片、实物、工具、模型的辨认和操作,无须使用文字作答,所以不受文化因素的限制。此种测验的缺点是大多不宜团体实施,要花费大量的时间。

(3) 口头测验。测验项目为言语材料。主试口头提问,被试口头作答。以上几种分类都是相对的,从不同的角度进行分类,同一个测验可以归为不同的类别。

4. 按过程可以将心理测验分为以下几种

(1) 标准化测验。当测验按照标准化程序进行编制时,所得的测验是一种标准化测验。标准化测验一般由素养较高的心理学专业人员编制,程序较规范、完整,所花的代价较高,因此,标准化测验的科学性与价值也较高。标准化心理测验通常也称为心理量表,它不仅在编制程序上要标准化,而且在测验施测、分数评定、结果解释方面也要标准化。

(2) 非标准测验。与标准化测验相对的是教师自编的非标准化测验。这类测验不能准确地在一个分数量尺上鉴定被试的心理水平,它只能粗略地用于对人的心理个别差异进行分类或分等。

### 9.1.5　心理测验的一般原理

心理测验是建立在对测验对象最一般规律的认识基础之上,具体包括以下几方面:

(1) 差异性。个体之间存在差异是进行人事测评的前提,个体差异是指在社会群体竞争中,个体之间先天禀赋差别和后天环境条件的差异以及由此形成的个体的差异结果。例如:出生(产生)时空环境、遗传资源、才智身心素质、教育学习、人脉力量、组织关系、经历等等各方面生存发展条件的差异性,包括先天因素和后天因素。个体差异的存在形式或为显性的或隐性的。

正是个体存在这种差异,才使得人事测评显得有意义。如果测评的对象之间存在较小的差异,那么,人事测评将无法获得有决策意义的结论,最终也将失去其存在的价值。

（2）可测性。虽然个体的心理是内在的、无形的，但是通过对外显行为的测量是可以实现对心理特征的客观反映的，因此，心理学认为个体的心理是可以测量的。同时，测量的行为不是单个的行为，而是个体一组有代表性的行为；不一定是真实的行为，而往往是概括化的模拟行为。对于个体不同的行为表现，可以按照一定的法则，分配不同的数字，使各种行为特点都可以通过不同的数字表示出来，然后再根据行为和心理特征的对应关系得出要测量的心理特征。

但是，首先，心理测验时要按照事先规定的程序进行，保证所有被测者在完全相同的条件下接受测验，尽量减少无关的偶然因素对测验结果的影响。其次，要按照统一的客观标准给予记分，以减少评分者个人主观偏见的影响。最后，测验的量表要具有一定的信度和效度。

（3）结构性。心理学认为个体的心理品质的各个方面都不是任意堆积的，而是依据一定的结构组合而成的有机整体。要全面准确地了解个体的素质，就必须从个性心理的结构入手，确定所要考察的内容及其表现形式，对心理测验和相关的人事测验进行科学的总体设计。

## 第二节 心理测验的编制程序

### 9.2.1 心理测验的编制原则

1. 有效性和实用性相结合的原则

科学有效是编制心理测验的首要原则，也是保证其有效进行的根本前提。遵循这一原则，人事测验和心理测验人员要做到科学有效。心理测验的技术性手段必须符合统计学原理，在效度、信度和区分度等方面要过硬。如果有一些还未有定量的选拔技术，那就只能进行定性评估，这时更需要注意其标准的科学性。一般来说，心理测验的工具多是选用一些经典的、在实践中经过反复验证的心理测验量表。

在确保有效性的前提下，心理测验还应做到经济、简便、省时，即遵循实用性原则。这就需要组织配备专门的心理工作者或经过专业心理学培训的工作人员，同时也要求心理测验工作本身条件不可过高，难度不能太大，历时不能太长，这样才有利于心理测验的普及和推广。

2. 整体性和独立性相结合的原则

心理测验的结果是在综合多方面材料的基础上获得的，并不能以一代全，也不能和其他方面的测试完全割裂开来孤立进行，而是要进行必要的综合平衡。同时，心理测验在人事测评中的独特意义和作用也是不容忽视的。特别是随着科学技术的进步和管理体制的完善，对职业主体的要求越来越高，给予的重视也越来越多。因此，个性心理品质作为个体独特性的内部决定因素的作用日益突出，从而也决定了心理测验的独特意义。

3. 稳定性和动态性相结合的原则

个性是相对稳定，正是基于这一原则，才能使心理测验有一些相对固定的出发点、依据、程序、工具、手段和评判标准，使其具有可重复性。同时，由于个体心理品质的可塑性和发展性，使得心理测验的工作不仅应揭示个体当前的职业心理品质及其发展水平，还应对其将来的发展趋势有所预测。

### 9.2.2　心理测验的编制步骤

1. 准备

测验前的准备工作是保证测试顺利进行和测验实施标准化的必要环节。准备工作主要包括以下几个方面。

(1) 预告测验。事先应当通知受测者,保证受测者确切知道测验的时间、地点、内容范围、试题的类型等,使受测者对测验有所准备,及时调整自己的情绪和生理状态。心理测验一般不搞突然袭击。当然,根据需要有时可以不告知真实目的。

(2) 施测者自身的准备。施测者首先要熟悉测验指导语并能流利地用口语说出来,这是对心理测验实施的最基本的要求。熟悉指导语会使测验进行得顺利,否则,测验的效果会受到一些影响。

其次,施测者还必须熟悉测试的具体程序。测验的实施并不仅仅是分发、收集试卷,对于某些个别测验和团体测验来说,测验的实施必须由受过专门训练的人来完成。例如,韦氏智力量表包括言语、操作两大部分,操作部分的测试涉及物体如何摆放、如何示范等具体程序;而针对聋哑儿童使用的希内学习能力测验更为复杂,甚至包括手势语的应用;某些团体施测还涉及幻灯显示的问题。施测者的训练,通常包括讲解或阅读测验手册、观察演示和操作练习等。这种训练根据测验的种类及施测者的条件,时间长短可以不同。

最后,施测者必须做好应付突发事件及受测者提问的心理准备。例如,智力测验过程中,学生由于过分紧张而晕倒或夏季中暑,精神病人突然发作,有人作弊或突然停电,等等。这些都需要施测者有良好的心理准备,并有一些应急措施。

(3) 测验材料的准备。测验材料包括测验题目、答卷纸、记分键、指导书、纸、笔及计时表等必需材料、工具。同时,施测者还应当详细地模拟一遍测验,以观察材料是否准备齐全。

(4) 测验环境的准备。心理测验对环境的要求很高。许多研究表明,测验环境会对测验的结果造成影响。例如,一个人在酷暑和正常天气下所做的智力测验的结果会有差别。因此,施测者必须对测验时的光线、通风、温度及噪音水平等物理条件做好安排,统一布置。测验房门上最好有牌子,示意测验正在进行,不许随便进入。

2. 施测

选择好测验并做好充分准备后,就可以施测了。实施标准化测验的基本原则是努力减少无关因素对测验结果的影响。对于标准化的测验,施测者必须按照规定的程序施测,才能得到可靠的结果。有些人在使用测验时,由于不了解测验标准化的意义及方法,因此往往任意变更施测的程序,忽视测验实施的各种要求(例如指导语、记分方法等),而导致结果的误差。

(1) 指导语。指导语一般是指对测验的说明和解释,有时包括对特殊情况发生时应如何处理的指示。在实施测验时,必须使用统一的指导语。指导语通常包括两部分,一部分是对受测者的指导语,另一部分是对施测者的指导语。

在纸笔测验中,对受测者的指导语一般印在测验的开头部分,由受测者自己阅读或施测者统一宣读。指导语应力求清晰、简明扼要且有礼貌。一般由以下内容组成:

① 如何选择反应形式(画、口答、书写等);

② 如何记录这些反应(答卷纸、录音、录像等);

③ 时间限制;

④ 如果不能确定正确反应,应如何去做(是否允许猜测等);

⑤ 例题(当测验采用陌生形式时,例题是必要的);

⑥ 有时告知测验目的。

施测者念完指导语后,应再次询问受测者有无疑问。回答时应当严格遵守指导语,不应对测验做出额外的解释,因为施测者的暗示会对受测者产生影响。对受测者的指导语应简短,不能占用太长的时间,以免引起受测者的焦急及反感情绪。

对施测者的指导语主要是对测试细节的进一步说明,以及在测验中途发生意外情况(如停电、迟到、生病、作弊等)如何处理等。这部分指导语往往印在测验指导书中,对施测者的一言一行都做了严格要求。

总之,指导语对受测者的反应态度、反应方式及施测者的行为方式、说话方式作了严格的规定。

(2) 时限。时限也是测验标准化的一项内容。施测者应事先告诉受测者该测验具体的时间限制。对于有分测验的测验,施测者应根据有关时限的操作语执行。例如在速度测验中,尤其要注意时间限制,不得随意延长或缩短。

3. 记分

记分的标准化关键是使评分的方法尽量客观化,使得不同评分者对同一测验反应(答案)赋予相近的分数。许多测验采用选择题等客观题型,无疑使记分更简便、客观。一些标准化测验配有记分键,即标有标准答案及正确反应的模板,或者采用光电阅读机记分,对于论文式作答的测验则给予记分要点。标准化的记分方法应力求客观、准确、经济、实用。

施测者在实施过程中,记分应当做到下面几点。

(1) 对受测者的反应给予及时而清楚、详细的记录,特别是对口试和操作测验,此点尤其重要,必要时可录音和录像。对于测验的环境及测验时的一些突发事件,施测者也应给予详细记录,以供解释时参考。

(2) 施测者应当熟练掌握记分键,特别是非客观题目的记分要求,不得随意记分。标准化测验在手册中都有关于记分原则和方法的说明。例如,在韦氏智力测验中,对于什么样的反应得1分、2分、3分都有详细解释,并举了一些例子。作为施测者,应当以客观、公正的态度严格依据记分键或评分标准记分。

(3) 在施测的过程中,对于受测者的反应,施测者不应做出点头、皱眉、摇头等暗示性的反应,这会影响受测者后面的测试。施测者应时刻保持和蔼、微笑的态度。另外,在个别施测时,施测者不应让受测者看见记分,可用纸板等物品挡着。这样做一是避免影响受测者的测验情绪,二是避免分散受测者的注意力。

## 第三节　常用心理测验

### 9.3.1　智力测验

智力测验是有关个体的普通心智功能的各种测验的总称，又称普通能力测验。编制这类测验的目的是为了综合评定个体的智力水平。心理学家强调测验的标准化，认为智力是对受测验者在某些工作中操作水平的描述性标记。智力测验多数以言语推理测验为主要内容，如对词汇、词的异同及类比等项目进行测量，另外还包括一些测量一般常识、数值推理、记忆以及感知技能与组织技能的项目。早期编制的智力测验多采取个人测验的形式，这是单独评估心智功能的最好方法。目前国际上常用的个人智力测验主要有两种：斯坦福-比奈智力量表和韦克斯勒智力量表。现在常用测验包括：比奈一西蒙智力量表、韦克斯勒智力量表、斯坦福一比奈智力量表、瑞文标准智力测验、军队甲种团体智力测验和军队乙种团体智力测验。

(1) 比奈一西蒙智力量表。1905 年法国心理学家制定出第一个正式的心理测验：比奈一西蒙智力量表(包括 30 个项目)，1908 年进行了第一次修订，1922 年传入我国，1982 年由北京吴天敏先生修订，共 51 题，主要适合测量小学生和初中生的智力。

(2) 韦克斯勒智力量表。由美国心理学家 D. 韦克斯勒制定。为了更真实地反映出一个人的智力情况，韦克斯勒编制了若干套智力量表。韦氏成人智力量表适用于 16 岁以上的成人；韦氏儿童智力量表(Wechsler Intelligence Scale for Children，WISC，1949)，适用于 6 到 16 岁儿童；韦氏学前儿童智力量表(Wechsler Preschool and Primary Scale of Intelligence，WPPSI，1963)，适用于 4 到 6 岁半。

(3) 斯坦福一比奈智力量表。斯坦福一比奈智力量表是美国斯坦福大学教授推孟于 1916 年对“比奈一西孟智力量表”修订而成的，1937 年和 1960 年，斯坦福一比奈智力量表又经过两次修订，成为目前世界上广泛流传的标准测验之一 。智龄即人的智力年龄。推蒙提出了智力商数的概念，其公式为：智商(IQ)＝智龄/实龄×100。测验以个别方式进行，通常幼儿不超过 30～40 分钟，成人被试不多于 90 分钟。测验程序是以稍低于被试实际年龄组开始，如果在这组内有任何一项目未通过则降到低一级的年龄组继续进行，直至某组全部项目都通过，这一年龄组就作为该被试智龄分数的“基础年龄”；然后再依次实施较大的各年龄组，直至某组的项目全部失败为止，此年龄组作为该被试的“上限年龄”。

(4) 瑞文标准智力测验。瑞文标准智力测验是英国心理学家瑞文于 1938 年设计的非文字智力测验。自问世以来，许多国家的学者对它进行了修订，现在世界各地广泛使用，有着理论意义和实用价值。该测验旨在测试人的一般智力水平，尤其可以测量人的解决问题的能力、观察力、思维能力、发现和利用自己所需的信息及适应社会生活的能力。它的主要特点是适用年龄范围宽，测验对象不受文化、种族、语言的限制，并且可以用于一些生理缺陷者，如用于聋哑儿童、文盲。测验既可以个别进行，也可以团体实施，使用方便，省时省力，结果解释直观简单，测验具有较高的信度和效度。

瑞文测验的编制者曾于 1947 年、1956 年对瑞文推理测验做过小规模修订，1947 年又编制出适合小年龄儿童和智力落后者的彩色推理测验，同时还编制了适合高智商者的高级推理测验。1985 年，我国学者张厚粲等人对该测验进行了修订，建立了中国常模。

### 9.3.2 能力倾向测验

能力倾向测验又称特殊能力测验，其目的在于测量未来的成就。它又和智力测验不同，后者主要是提出个人认知发展总水平的综合衡量。事实上一种传统的智力测验总是包括一些分得清的特殊能力，但其中分测验的分数又不能成为各种特殊能力个别差异的可靠指标。

(1) 职业能力倾向测验。职业能力倾向测验是从满足职业需要的角度测验人们所具备的能力。

① 特殊性倾向测验。此测验是系列式的，包括四大类多个小测验，是国外企业经常使用的能力倾向性测验。分为四类测验：一是机械性测验，主要测量个体对机械原理的理解和判断空间形象的速度、准确性及手眼协调的运动能力。该测验应用最广，确实有效的对象是机械工、设计师、修理工、工程师和技工等。典型的测验有“明尼苏达空间关系测验”、“贝内特机械理解测验”等。二是文书能力测验，是专门了解个人打字、速记、处理文书和联系工作的能力，适合于文职和科室人员的能力测量，常用的测验有“明尼苏达文书测验”和“一般文书测验”两种测验。三是心理运动能力测验，主要测验工业中许多工作所需的肌肉协调、手指灵巧等技能。四是视觉测验，利用双目镜或美国鲍希罗眼镜公司设计的视力分类表，对视力的多种特征进行测验，以评定其是否符合一定的工作要求。

② 多重能力倾向测验。主要是用来测量与某些活动有关的一系列心理潜能的考试，并能同时测定多种能力倾向。其中普通能力成套测验(GATB)具有代表性且较为常用。GATB 由八次纸笔测验和四次仪器测验组成，可以测量九个因素：言语能力倾向(V)，要求被试者在词汇测验中指出每组词中哪两个词是意义相同或相反的；数字能力倾向(N)，要求被试者进行计算和算术推理；空间能力倾向(S)，包括理解三维物体的二维表示和想象三维运动的结果；一般学习能力(C)，由测量 V、S、N 因素的三次测验的分数相加而得；形状知觉(P)，包括两次测验，一个是匹配画有同样工具的图画，另一个是匹配同样的几何形状；文书知觉(Q)，与 P 类似，但要求匹配名称，而不是匹配图画或形状；运动协调(K)，由一次简单的纸笔测验来测量，要求被试者在一系列方框或圆圈中，用铅笔做出特定的记号；手指灵巧性(F)，由装配和拆卸柳钉和垫圈的两次测验来测量；手的灵敏性(M)，要求被试者完成在一个木板上传递扣翻转短木桩的测验。实施全套测验需要 2.5 小时，九个因素中不同的因素组合代表着不同的职业能力倾向，如数字能力、空间能力手的敏捷性较好的个体适合从事设计、制图作业以及电器职业。因此，GATB 也常用来测定应聘者的职业倾向，从而进行职业辅导。

(2) 一般职业多种能力测验。一般职业多种能力测验包括智力(G)、言语能力(V)、算术能力(N)、书写能力(Q)、空间判断力(S)、形态知觉(R)、协同动作(A)、运动速度(T)、手指灵巧度(F)、手的灵巧度(M)10 种因素构成。

### 9.3.3 社会能力倾向测验

个体的社会能力包括人际交往能力、社会适应力、人际问题处理能力、谈判能力、团队合作能力等多种能力。

(1) 人际交往能力。人际交往能力是指妥善处理组织内外关系的能力。包括与周围环境建立广泛联系和对外界信息的吸收、转化能力，以及正确处理上下左右关系的能力。主要包括以下几种形式：一是表达理解能力，表达理解能力意味着一个人是否能够将自己内心的思想表现出来，还要让他人能够清楚地了解自己的想法，其次就是理解他人的表达。一个人的表达能力，也能直接地证明其社会适应的程度。二是人际融合能力，表明了一个人是否能够体验到人的可信以及可爱，它和人的个性（如内外向等）有极大的关系，但又不完全由它决定，更多的是一种心理上的意味。三是解决问题的能力，当前一些孩子的一大弱点是依赖性强，独立性解决问题能力差，再加上应试教育的弊端，因而严重影响了学生的交往能力。

人际交往能力由六方面构成：

① 人际感受能力。对他人的感情、动机、需要、思想等内心活动和心理状态的感知能力，以及对自己言行影响他人程度的感受能力。

② 人事记忆力。是记忆交往对象个体特征，以及交往情景、交往内容的能力。总之，是记忆与交往对象及其交往活动相关的一切信息的能力。

③ 人际理解力。即理解他人的思想、感情与行为的能力。人际理解力是现代企业管理中重要的工作技巧，也是人力资源管理人员必须具备的关键素质之一。人际理解力暗示着一种去理解他人的愿望，能够帮助一个人体会他人的感受，通过他人的语言、语态、动作等理解并分享他人的观点，抓住他人未表达的疑惑与情感，把握他人的需求，并采取恰如其分的语言帮助自己与他人表达情感。

④ 人际想象力。从对方的地位、处境、立场思考问题，评价对方行为的能力。也就是设身处地为他人着想的能力。

⑤ 风度和表达力。这是人际交往的外在表现。指与人交际的举止、做派、谈吐、风度，以及真挚、友善、富于感染力的情感表达，是较高人际交往能力的表现。

⑥ 合作能力与协调能力。这是人际交往能力的综合表现，是企业团队合作的必要能力。

(2) 社会适应能力。社会适应能力是指人为了在社会更好生存而进行的心理上、生理上以及行为上的各种适应性的改变，与社会达到和谐状态的一种执行适应能力。一般认为社会适应能力包括以下一些方面：个人生活自理能力、基本劳动能力、选择并从事某种职业的能力、社会交往能力、用道德规范约束自己的能力。

个体在遇到新情境时，一般有3种基本的适应方式：问题解决，改变环境使之适合个体自身的需要；接受情境，包括个体改变自己的态度、价值观，接受和遵从新情境的社会规范和准则，主动地做出与社会相符的行为；心理防御，个体采用心理防御机制掩盖由新情境的要求和个体需要的矛盾产生的压力和焦虑的来源。

(3) 谈判能力。谈判能力是指谈判人员所具备的更好完成谈判工作的特殊能力，包括思维能力、观察能力、反映能力和表达能力。谈判能力可以分为一般能力和特殊能力两大类，一般能力又称智力，是指多种活动所必需的能力，记忆能力、观察能力、想象能力、思维能力等都属一般能力，通常用智力商数来测量。特殊能力是指在专业活动中所需要的能力，如数学能力、专业鉴赏能力、谈判沟通能力、组织管理能力等。

(4) 团队协作能力。所谓团队协作能力,是指建立在团队的基础之上,发挥团队精神、互补互助以达到团队最大工作效率的能力。对于团队的成员来说,不仅要有个人能力,更需要有在不同的位置上各尽所能、与其他成员协调合作的能力。

### 9.3.4 人格测验

人格测验也称个性测验,是测量个体行为独特性和倾向性等特征。最常用的方法有问卷和投射技术。问卷法由许多涉及个人心理特征的问题组成,进一步分出多个维度或分量表,反映不同人格特征。常用人格问卷有艾森克人格问卷(EPQ)、明尼苏达多项人格测验(MMPI)和卡特尔 16 因素人格测验(16PF)。投射技术包括几种具体方法,如罗夏克墨迹测验、逆境对话测验、语句完成测验等。

人格是指一个人比较稳定的心理活动特点的总和,它是一个人能否施展才能,有效完成工作的基础,某人的人格缺陷会使其所拥有的才能和能力大打折扣。人格可以包括性格、兴趣、爱好、气质、价值观等等。人格是由多方面内容组成的,因此,我们不能希望通过一次测试或一种测试,就把人的所有人格都了解清楚,而是分别进行测试了解,以准确、全面地了解一个人的整体人格。在招聘中可通过人格测验,了解一个人人格的某一方面,再结合其他指标来考虑他适合担任哪些工作。根据人格理论,从特定的几个方面对测试者的人格特征进行考察,体现在人格测验中就是各个测量指标。

(1) 需要与动机测验。需要是指人体组织系统中的一种缺乏、不平衡的状态。需要一般具有对象性、阶段性、社会制约性和独特性特征。人类个体需要的产生,受到诸多因素的影响,主要有生理状态、情境和认知水平。根据不同标准,需要可以划分为不同种类。马斯洛的需要层次理论是需要的代表性理论,主要分为五个层次需要。

① 第一层次:生理上的需要。如果个体在呼吸、谁、食物、睡眠、生理平衡等任何一项得不到满足,则其生理机能就无法正常运转。马斯洛认为,只有这些最基本的需要满足到维持生存所必需的程度后,其他的需要才能成为新的激励因素,而到了此时,这些已相对满足的需要也就不再成为激励因素了。

② 第二层次:安全上的需要。这是人类要求保障自身安全、摆脱事业和丧失财产威胁、避免职业病的侵袭、接触严酷的监督等方面的需要。马斯洛认为,整个有机体是一个追求安全的机制,人的感受器官、效应器官、智能和其他能量主要是寻求安全的工具,甚至可以把科学和人生观都看成是满足安全需要的一部分。当然,当这种需要一旦相对满足后,也就不再成为激励因素了。

③ 第三层次:感情上的需要。这一层次的需要包括两个方面的内容。一是友爱的需要,即人人都需要伙伴之间、同事之间的关系融洽或保持友谊和忠诚;人人都希望得到爱情,希望爱别人,也渴望接受别人的爱。二是归属的需要,即人都有一种归属于一个群体的感情,希望成为群体中的一员,并相互关心和照顾。感情上的需要比生理上的需要来的细致,它和一个人的生理特性、经历、教育、宗教信仰都有关系。

④ 第四层次:尊重的需要。人人都希望自己有稳定的社会地位,要求个人的能力和成就得到社会的承认。尊重的需要又可分为内部尊重和外部尊重。内部尊重是指一个人希望在各种不同情境中有实力、能胜任、充满信心、能独立自主。总之,内部尊重就是人的自尊。

外部尊重是指一个人希望有地位、有威信，受到别人的尊重、信赖和高度评价。马斯洛认为，尊重需要得到满足，能使人对自己充满信心，对社会满腔热情，体验到自己活着的用处和价值。

⑤ 第五层次：自我实现的需要。这是最高层次的需要，它是指实现个人理想、抱负，发挥个人的能力到最大程度，完成与自己的能力相称的一切事情的需要。也就是说，人必须干称职的工作，这样才会使他们感到最大的快乐。马斯洛提出，为满足自我实现需要所采取的途径是因人而异的。自我实现的需要是在努力实现自己的潜力，使自己越来越成为自己所期望的人物。

主题统觉测验是测量个体需要和动机的典型测验。心理学研究发现，人们在日常生活中常常把自己的心理特征（如个性、好恶、欲望、观念、情绪等）不自觉地反应于外界事物或者他人身上的一种心理作用。例如，经常说谎的人，常常会认为别人也总在欺骗自己。当将一些材料呈现给大家的时候，我们会发现，即使呈现同样的材料，不同的人会说出不一样的观点。原因在于，我们对外界事物的看法，往往受到自己的心理特征的影响，这种现象称之为投射效应。通过分析被测试者对这些材料的解释，便可以探究其内心深处的心理特征。

基于上述投射效应，H. A. 默里于 1935 年为性格研究而编制出主题统觉测验。全套测验共有 30 张内容隐晦的黑白图片，另有空白卡片一张，图片的内容以人物或景物为主。每张图片都标有字母号，按照年龄、性别把图片组合成四套测验，每套 20 张，分成两个系列，每系列各有 10 张。分别用于男人、女人、男孩和女孩，其中有些照片是共用的。测验进行时，主测者按顺序逐一出示图片，要求被测者对每一张图片都根据自己的想象和体验，讲述一个内容生动、丰富的故事。每套测验的两个系列分两次进行，测完第一系列通常花 1 小时，在一天后或更长时间后再进行第二系列的测试。通常第二系列的图片内容会较为奇特、复杂，容易引起情绪反应。在第二系列测验完毕后，主测者会与被测者作一次谈话，了解被测者编造故事的来源和依据，以结果分析的参考。

（2）兴趣测验。人们若对某件事物或某项活动感到需要，他就会热心于接触、观察这件事物，积极从事这项活动，并注意探索其奥妙。兴趣又与认识和情感相联系。若对某件事物或某项活动没有认识，也就不会对它有情感，因而不会对它有兴趣。反之，认识越深刻，情感越炽烈，兴趣也就会越浓厚。

其中库德兴趣量表运用非常广泛，库德采用的是三择一的强迫选题，所得的分数不是描述在某特定职业上得分的多少，而是 10 个广泛的兴趣领域分数。这 10 个兴趣领域是：户外活动、机械、计算、科学、游说、艺术、写作、音乐、社会服务和文书，然后确定与之相应的 10 个同质性量表，被试的结果按这 10 个量表记分，通过得分高低决定重要的兴趣领域。每个量表上的题目大致按其内容效度来拟定和分组，但最后的选定是以题目的内部一致性程度及与其他量表必须有低的相关值而定的。库德职业兴趣调查表的最新版本同时提供了各种职业分数以及 10 个广泛的、同质的基本兴趣分数，称为职业兴趣评估（Vocational Interest Estimates，简称 VIE）。

（3）价值观测验。价值观是基于人的一定的思维感官之上而做出的认知、理解、判断或抉择，也就是人认定事物、辩定是非的一种思维或取向，从而体现出人、事、物一定的价值或作用；在阶级社会中，不同阶级有不同的价值观念。价值观具有稳定性和持久性、历史性与选择性、主观性的特点。价值观对动机有导向的作用,同时反映人们的认知和需求状况。

职业专家通过大量的调查,从人们的理想、信念和世界观角度把职业分为九大类:

① 自由型(非工资工作者型)。特点:不受别人指使,凭自己的能力拥有自己的小"城堡",不愿受人 干涉,想充分施展本领。相应职业类型:室内装饰专家、图书管理专家、摄影师、音乐教师、作家、演员、记者、诗人、作曲家、编剧、雕刻家、漫画家等。

② 经济型(经理型)。特点:他们断然认为世界上的各种关系都建立在金钱的基础上,包括人与人之间的关系,甚至父母与子女之间的爱也带有金钱的烙印。这种类型的人确信,金钱可以买到世界上所有的幸福。相应职业类型:各种职业中都有这种类型的人,商人为甚。

③ 支配型(独断专行型)。特点:相当于组织的一把手,飞扬跋扈,无视他人的想法,为所欲为,且视此为无比快乐。相应职业类型:进货员、商品批发员、旅馆经理、饭店经理、广告宣传员、调度员、律师、政治家、零售商等。

④ 小康型。特点:追求虚荣,优越感也很强。很渴望能有社会地位和名誉,希望常常受到众人尊敬。欲望得不到满足时,由于过于强烈的自我意识,有时反而很自卑。相应职业类型:记账员、会计、银行出纳、法庭速记员、成本估算员、税务员、核算员、打字员、办公室职员、统计员、计算机操作员等。

⑤ 自我实现型。特点:不关心平常的幸福,一心一意想发挥个性,追求真理。不考虑收入、地位及他人对自己的看法,尽力挖掘自己的潜力,施展自己的本领,并视此为有意义的生活。相应职业类型:气象学者、生物学者、天文学家、药剂师、动物学者、化学家、科学报刊编辑、地质学家、植物学者、物理学者、数学家、实验员、科研人员等。

⑥ 志愿型。特点:富于同情心,把他人的痛苦视为自己的痛苦,不愿干表面上哗众取宠的事,把默默地帮助不幸的人视为无比快乐。相应职业类型:社会学者、导游、福利机构工作者、咨询人员、社会工作者、社会科学教师、护士等。

⑦ 技术型。特点:性格沉稳,做事组织严密,井井有条,并且对未来充满平常心态。相应职业类型:木匠、农民、工程师、飞机机械师、野生动物专家、自动化技师、机械工、电工、火车司机、公共汽车司机、机械制图等。

⑧ 合作型。特点:人际关系较好,认为朋友是最大的财富。相应职业类型:公关人员、推销人员、秘书等。

⑨ 享受型。特点:喜欢安逸的生活,不愿从事任何挑战性的工作。相应职业类型:无固定职业类型。

(4) 气质测验。气质是表现在心理活动的强度、速度、灵活性与指向性等方面的一种稳定的心理特征。气质是人的个性心理特征之一,它是指在人的认识、情感、言语、行动中,心理活动发生时力量的强弱、变化的快慢和均衡程度等稳定的动力特征。主要表现在情绪体验的快慢、强弱、表现的隐显以及动作的灵敏或迟钝方面,因而它为人的全部心理活动表现染上了一层浓厚的色彩。

职业气质是指人典型的、稳定的心理特征,突出表现为人在心理活动方面的动力过程,它能反映出一个人心理活动过程进行的速度、强度以及稳定性和指向性。

根据国外职业分类规范和国内心理学界的研究成果,职业气质可以分为以下十二种类型:

① 变化型:这些人在新的、意外的活动或工作环境中感到愉快,喜欢工作内容经常有些变化。在有压力的情况下,他们的工作往往很出色。他们追求多样化的活动,善于将注意力从一件事情转移到另一件事情上。典型的职业有记者、推销员、采购员、演员、公安消防员等。

② 重复型:这些人适合连续不断地从事同样的工作,喜欢按照一个机械的、别人安排好的计划和进度进行办事、爱好重复的、有计划的、有标准的工作。典型的职业有纺织工、印刷工、装配工、电影放映员、机械工、中小学教师等。

③ 服从型:这些人喜欢按别人的指示办事,不愿意自己独立做出决策,而喜欢让他人对自己的工作负起责任。典型职业有秘书、办公室职员、翻译人员等。

④ 独立型:这些人喜欢计划自己的活动和指导别人的活动,在独立的和负有职责的工作环境中感到愉快,喜欢对将要发生的事情做出预测。典型的职业有管理人员、律师、警察、侦察人员等。

⑤ 协作型:这些人在与人协作工作时感到愉快,善于让别人按自己的意愿办事,也能按别人的意愿办事,很想得到同事们的喜欢。典型职业有社会工作者、咨询人员等。

⑥ 孤独型:这些人喜欢单独工作,不愿与人交往,较适合的职业有校对、排版、雕刻等。

⑦ 劝服型:这些人喜欢设法使别人同意自己的观点,一般通过谈话、写作来表达思想,对别人的反应有较强的判断力,且善于影响他人的态度、观点和判断。典型的职业有政治辅导员、行政人员、作家、宣传工作者等。

⑧ 机智型:这些人在紧张和危险的情况下能很好地执行任务,在危险情况下能自我控制镇定自如,在意外的情况下工作得很出色,当事情出现了差错也不易惊慌。典型得职业如驾驶员、飞行员、消防员、救生员、潜水员等。

⑨ 经验决策型:这些人喜欢根据自己的经验做出判断,当别人犹豫不决时,他们能当机立断,做出决定。喜欢处理那些能直接经历或感觉到的事情,在必要时,用直接经验和直觉来解决问题。典型职业如采购、供应、批发、推销、个体摊贩等。

⑩ 事实决策型:这些人喜欢根据事实做出决定,根据充分的证据来下结论,喜欢使用调查、测验、统计数据来说明问题、引出结论。典型的职业如化验员、检验员、自然科学研究者等。

⑪ 自我表现型:这些人喜欢表现自己的爱好和个性,喜欢根据自己的感情来做出抉择,通过自己的工作来表达自己的理想。典型职业如演员、诗人、音乐家和画家等。

⑫ 严谨型:这些人注意细节的精确,按一套规则和步骤尽可能将工作做得完美。典型得职业如会计、出纳、统计和档案管理等。

### 9.3.5　心理健康测验

心理健康的基本含义是指心理的各个方面及活动过程处于一种良好或正常的状态。心理健康的理想状态是保持性格完美、智力正常、认知正确、情感适当、意志合理、态度积极、行为恰当、适应良好的状态。现代组织越来越注重应聘者的心理健康状况,常用的心理健康测验有大学生心理健康测验(UPI)、焦虑自评量表和心理健康临床症状自我测验。

(1) 大学生心理健康测验(UPI)

UPI 是为了对有心理问题的学生早期发现早期治疗而编制的大学生精神卫生、心理健康调查表。该表由清华大学心理学教授樊富珉从日本引进,并对 UPI 的有关条目、筛选标准、实施过程等进行了较为系统的修订。目前，国内有许多大学的心理咨询机构常备并每年使用。UPI 测验可以达到以下目的：

① 全面掌握和了解新生入学时的心理健康状态，为学校制定有关教育管理政策提供参考资料；

② 做到早期发现有心理问题的学生，并向他们提供及时的帮助和必要的治疗；

③ 起到心理卫生的宣传作用，有助于学生了解心理问题的表现、增强心理保健的意识。

④ 作为大学生心理健康的研究手段和工具。

(2) 焦虑自评量表

特质焦虑是用来描述相对稳定的、作为一种人格特质、具有个体差异的焦虑倾向。这一量表由 Charles D. Spielbergei 等人编制，旨在为临床医学家和行为学家提供一种工具以区别评定短暂的焦虑情绪状态和人格特质性焦虑倾向，为不同的研究目的和临床实践服务。共有 40 个项目，第 1～第 20 项为状态焦虑量表(S－AI)，主要用于评定即刻的或最近某一特定时间或情景的恐惧、紧张、忧虑和神经质的体验或感受，可用来评价应激情况下的状态焦虑。第 21～第 40 项为特质焦虑量表(T－AI)，用于评定人们经常的情绪体验。该量表特别适用于焦虑症者，它是一种自我评定的量表，有较好的信度和效度。

(3) 心理健康临床症状自我测验

90 项症状清单(Symptom Checklist 90，SCL－90)，又名症状自评量表(Self-reporting Inventory)，有时也叫作 Hopkin′s 症状清单(HSCL，编制年代早于 SCL－90，作者为同一人，HCSL 最早版编于 1954 年)。于 1975 年编制，其作者是德若伽提斯(L. R. Derogatis)。该量表共有 90 个项目，包含有较广泛的精神病症状学内容，从感觉、情感、思维、意识、行为直至生活习惯、人际关系、饮食睡眠等，均有涉及，并采用 10 个因子分别反映 10 个方面的心理症状情况。

测验的目的是从感觉、情感、思维、意识、行为直到生活习惯、人际关系、饮食睡眠等多种角度，评定一个人是否有某种心理症状及其严重程度如何。它对有心理症状(即有可能处于心理障碍或心理障碍边缘)的人有良好的区分能力。适用于测查某人群中哪些人可能有心理障碍，某人可能有何种心理障碍及其严重程度如何。

## 本章小结

心理测验是一种心理测量的工具，它是根据一定的法则和心理学原理，使用一定的操作程序将个体的认知、行为、情感的心理活动予以量化。按目的可以将心理测验可以分为能力测验、人格测验、兴趣测验、动机测验；按对象可以将心理测验分为个别测验、团体测验；按方式可以将心理测验分为纸笔测验、操作测验和口头测验；按过程可以将心理测验分为标准化测验和非标准化测验。心理测验要遵循有效性和实用性相结合、整体性和独立性相结合、稳定性和动态性相结合的原则。常用的心理测验有智力测验、能力倾向测验、社会能力倾向测验、人格测验和心理健康测验。

智力测验是有关个体的普通心智功能的各种测验的总称，又称普通能力测验。能力倾向测验又称特殊能力测验，其目的在于测量未来的成就。它又和智力测验不同，后者主要是提出个人认知发展总水平的综合衡量。事实上一种传统的智力测验总是包括一些分得清的特殊能力，但其中分测验的分数又不能成为各种特殊能力个别差异的可靠指标。个体的社会能力包括人际交往能力、社会适应力、人际问题处理能力、谈判能力、团队合作能力等多种能力。人格测验也称个性测验，是测量个体行为独特性和倾向性等特征。最常用的方法有问卷和投射技术。问卷法由许多涉及个人心理特征的问题组成，进一步分出多个维度或分量表，反映不同人格特征。心理健康的基本含义是指心理的各个方面及活动过程处于一种良好或正常的状态。心理健康的理想状态是保持性格完美、智力正常、认知正确、情感适当、意志合理、态度积极、行为恰当、适应良好的状态。现代组织越来越注重应聘者的心理健康状况，常用的心理健康测验有大学生心理健康测验（UPI）、焦虑自评量表和心理健康临床症状自我测验。

## 练习题

**一、思考题**

1. 心理测验的起源和发展史是什么？
2. 什么是心理测验？
3. 心理测验具有哪些特点？
4. 从不同的视角，心理测验可以划分为哪些类型？
5. 心理测验的编制步骤是什么？
6. 常用的心理测验的方法有哪些？

**二、讨论题**

心理测验正在越来越多地被组织在招聘时所使用，试分析讨论出现这种趋势和现象的原因？相较于笔试和面试，心理测验具有哪些优势？

**三、案例分析**

近年来，随着心理学日益受到人们的关注，与之相联系的一系列“人才测评”、“人员素质测评”等层出不穷，一些企业对于这些“科学测评”的工具和技术极感兴趣，希望能够通过测评帮助断定一个人是否可以被录用或担任某些重要的职位。宝洁等全球知名500强企业也纷纷将职业人格测试纳入网申或者笔试的环节，作为初选淘汰不符合“职业定位”的人才的主要方法。

**测试大行其道**

为了选到更合适的雇员，近年不少公司都将心理测试引进了网申甚至面试环节。

人才测评，最通俗地说，就是让求职者做一些心理测验题，然后由心理学专业人士根据答题结果分析个人的能力和人格特点，以此判定适合从事的职业。

美国职业指导专家霍兰德编制了职业兴趣测验，认为人格特征与职业适应性有着密切的关系，一定的人格适合于从事一定的职业，同时，不同的职业对人有不同的人格要求。这样的职业人格测试在美国大学生求职过程中，被作为职业规划的一部分，以帮助求职者最快找到符合自身人格的最佳职业。

**坦然表达自我**

曾应聘过宝洁公司暑期实习生职位的应届本科毕业生徐力对职业人格测评有些感冒："网申时，我做心理测试很谨慎，尽量呈现出外向、有能力、有上进心的形象，但没想到结果连网申都没有通过！"

对此，华东师范大学专攻职业心理学研究的王锋老师表示，在心理学测验量表中，有不少题目都是"测谎"题，为的就是检验被试者是否真实将自身的情况反映在答题中，"系统科学的心理测试都经过严谨的设计，绝对可以反映出一个人真实的人格特点。一旦说谎太多，那么这次心理测试的结果就会直接作废，招聘公司更有理由怀疑求职者的诚信。"

请分析在面对这些工具性的心理测试和问题中，求职者应该怎样去应对呢？

**四、课外实践题**

深入到一家组织进行实地调查，与该组织的人力资源部相关人员进行访谈或座谈，了解该组织在招聘实践活动中有没有开展心理测验？如果开展过心理测验，则深入了解其实际操作过程和反馈结果；如果没有开展过心理测验，则了解其没有开展的实际原因。

# 第十章　评价中心

**本章学习目标**

☆ 掌握评价中心的含义和特点；
☆ 掌握评价中心的实施过程；
☆ 理解评价中心的优缺点；
☆ 掌握无领导小组讨论的概念和操作形式；
☆ 理解无领导小组讨论的优缺点和题目形式；
☆ 了解无领导小组讨论的实施过程；
☆ 掌握文件筐测试的定义和功能；
☆ 了解文件筐测试的形式和优缺点；
☆ 了解文件筐测试的设计和实施过程；
☆ 掌握角色扮演的定义和功能；
☆ 了解角色扮演的形式和优缺点；
☆ 了解角色扮演的优缺点；
☆ 掌握角色扮演的操作步骤；
☆ 掌握管理游戏的定义和优缺点；
☆ 了解管理游戏的具体做法。

**【本节案例：问题提出】**

**从一日三餐看"无领导小组讨论"**

中国有句很有道理的养生经验叫作："早餐吃好，午餐吃饱，晚餐吃少。"这样安排日常饮食，不仅能达到平衡膳食的目的，更有益于身体的健康。无领导小组讨论作为一种更为科学、实效的面试组织形式，逐渐赢得考官的"青睐"。然而，很多应聘者认为无领导小组讨论无章可循、心生抵触，其实真是大可不必。其实从简单的饮食规律中，就能掌握无领导小组讨论的技巧。在"吃好"的同时，"掌控好"面试过程，何乐而不为呢？

**一、早餐吃好："独立发言要掷地有声、恰到好处"**

早餐是一天膳食的开始，营养健康的早餐更是一天精力充沛的保障。对于无领导小组讨论而言，"独立发言"是考生第一次"素质亮相"，要想"吸引"考官，考生就必须做到掷地有声、恰到好处。一是声音要洪亮、吐字要清晰；含糊的语言表达没有任何的意义，更引起不了考官的任何注意。二是逻辑要清楚，语言要简练；在限定的时间范围内，有条理、简练地将意思表达出来，更能体现考生的思维能力；三是语速要放缓、仪态要大方；适当的语速会让考生看起来更加沉稳，大方的仪表会让考生更加稳重，从而留给考官完美的"第一印象"。

**二、午餐吃饱:“讨论阶段要充分发言、张弛有度”**

午餐是一天营养膳食的关键,它既能补充上午的体力消耗,也能为下午的工作生活提供能量补充。对于无领导小组讨论而言,自由讨论阶段正是这一关键环节,考生将在一种动态的竞争过程中角逐、优胜劣汰。对于每个考生而言,在经历了独立发言的“第一次亮相”后,我们更需要抓住自由讨论这一次契机,进一步“打动”考官。一是要积极踊跃,充分发言,扮演小组讨论的推动者;无领导小组讨论是群体决策过程,每位考生在现场都要积极参与、献计献策,推动小组讨论意见向一致方向发展。二是要张弛有度、不逞个人“英雄”;无领导小组讨论是小组智慧的结晶,个人的“英雄”不是高质量讨论。考生要在积极踊跃的基础上,懂得让步,展现较好的修养和风度,从而加深考官对你的印象。

**三、晚餐吃少:“总结陈词要言简意赅、保证质量”**

晚餐是一天进食的最后阶段,晚餐不宜多、但要健康。对于无领导小组讨论而言,总结陈词的到来也就意味着讨论的结束。对于每个考生而言,由于总结陈词一般只会有一名代表,因此要力争发言总结,争取再一次的展示机会。当然,如果有幸获得这次总结机会,考生一定要做到言简意赅、保证质量。毕竟,这是代表小组的集体智慧,发言时要体现小组的力量,做个完美的收场。

当然,以上三点是无领导小组讨论面试常见的几个阶段,有些考试由于时间、人员等特殊条件,会省去其中某个环节,考生务必认真听取考官的引导语。但无论流程怎么安排,理念和要求是一样的。

资料来源:腾讯教育 http://edu. qq. com/a/20140303/017545. htm。

无领导小组讨论作为评价中心技术的一种,越来越多地被运用到组织的招聘活动中去。作为一种更为科学、实效的招聘评价形式,评价中心技术正逐渐赢得考官的“青睐”。那么,评价中心技术具有哪些种类?各自的特点是什么?具体的实施过程和步骤是什么?

## 第一节 评价中心概述

1. 评价中心的含义

评价中心是一种包含多种测评方法和技术的相对比较全面的综合测评系统。一般而言,它总是针对特定的岗位来设计、实施相应的测评方法与技术。通过对目标岗位的工作分析作业,在了解岗位的工作内容与职务素质要求的基础上,事先创设一系列与工作高度相关的模拟情景,然后将被试纳入到该模拟情景中,要求其完成该情景下多种典型的管理工作,如主持会议、处理公文、商务谈判、处理突发事件等。在被试按照情景角色要求处理或解决问题的过程中,主试按照各种方法或技术的要求,观察和分析被试在模拟的各种情境压力下的心理、行为表现,测量和评价被试的能力、性格等素质特征。

2. 评价中心的特点

(1) 针对性。评介中心测评法模拟特定的工作条件和环境,并在特定的工作情景和压力下实施测评。根据不同层次人员的岗位要求和必备能力,设计不同的模拟情景,具有很强的针对性,避免“高分低能”倾向。

(2) 全面性。评价中心突出的特点之一是多种测评技术与手段综合运用,不仅能很好地反映被试人的实际工作能力,还可以测评其他方面的各种能力和素质。

(3) 可靠性。测评中心由多个主试小组成员分别对被试人给予评价,减少了因被试人水平发挥不正常或个别主试人评价偏差而导致的测评结果失真。每项测验后,请被试人说明测验时的想法以及处理问题的理由。在此基础上,主试人进一步评定被试人处理实际问题的能力和技巧,使评价结果的可靠性大大增加。

(4) 动态性。将被试人置于动态的模拟工作情景中,模拟实际管理工作中瞬息万变的情况,不断对被试人发出各种随机变化的信息,要求被试人在一定时间和一定情景压力下做出决策,在动态环境中充分展示自己的能力和素质。

(5) 预测性。评价中心具有识才于未显之时的功能,模拟的工作环境为尚未进入这一层次的人员提供了一个发挥其才能与潜力的机会,对于测评人员的素质和能力具有一定的预测作用。同时,测评中心集测评与培训功能于一体,为准确预测被试人的发展前途,并有重点地进行培养训练提供了较为有效的手段和途径。

3. 评价中心的实施过程

通常情况下,评价中心要使用 4 至 6 种测评方法和练习来进行测评。实施过程需要 2 到 3 天完成。主试人员由组织内部经验丰富的上级主管和经过专门训练的专家组成。下面介绍一个比较典型的评价中心的测评日程及内容。

(1) 第一天。简要介绍一下测评的程序和安排,说明测评中的注意事项和要求,为正式开展测评做准备。

① 面试。由主试人通过与被试人的交谈、问答、观察,评价被试人的言谈、举止、气质、风度等外部行为特征和表达能力、应变能力、自信心和控制力等智能要素以及工作动机、工作和学习经历、个性与追求等内容,对被试人进行初步评价。

② 管理游戏。游戏的题目是"组建新的集团公司"。将被试人按 4 人一组分成几个小组,形成若干个公司董事会,给各董事会一些关于市场状况和本公司下属各单位情况的资料,要求他们研究确定进行内部结构调整优化的目标,并做好计划与组织工作。与其他公司董事会进行谈判,转让影响公司发展的部门,买进本公司需用的企业或单位(或者是控股权),完成调整任务,组建一个结构合理、有发展潜力的新的集团公司。

③ 案例分析讨论。讨论的题目是"管理问题"。主试人给 4 人小组提供 4 个不同类型的小型案例,分别考察被试人不同方面的能力,如决策、计划、组织、控制、激励、创新等能力。要求他们作为企业的高级管理顾问,在 1 小时内分析、讨论、解决案例中所提出的问题,形成一致意见,并提交书面建议。

④ 角色扮演。主题为"研究预算"。被试人被告知自己刚刚被任命为部门经理,接替突然因故离职的原经理。新任经理收到一份简要的情况介绍,内容是最近其前任拒绝继续给一项研究提供资金的说明,然而项目负责人一直要求经理改变这个决定,继续提供资金以便顺利完成该项研究课题。被试人有 15 分钟的时间进行提问,可以深入了解有关这件事情的各种信息,以便发现和分析问题。在此之后的一段时间内,被试人不但要做出具体决策,还要口头说明自己发现问题、分析问题的过程及决策的理由和根据,并回答主试人提出的各种有关问题。

(2) 第二天

① 公文处理。要求被试人模拟某公司的一个部门经理，处理各种信函、报告、备忘录、申请书、电话记录等公文。被试人要浏览所有文件，分清各种工作的重要性和紧迫程度，依次处理，并按照自己权限情况分别对待：或上报上级主管，或自行处理，或授权下级解决。同时，做好计划、组织、监控工作，使各种文件得到相应的处理。

主试人在观察公文处理过程和审阅被试人的处理办法及处理意见后，同被试人进行 1 小时的面谈，详细了解其在处理每一件公文时的想法和理由，以获得更多的信息。

② 分角色小组讨论。讨论内容为薪金委员会如何为下属加薪。某公司董事会决定每月拿出 8 000 元钱非指定性地给公司内部 5 个中级管理人员加薪。被试人分别模拟公司各个部门(如生产部门、销售部门、财务部门、人事部门)的主管，组成薪金委员会，评选出 5 名加薪的中级管理人员。要求各部门主管尽最大努力为本部门的人员争取到这个奖励，并且在委员会中发挥作用，使委员会最合理、最有效地分配这项奖励基金。

③ 无领导小组讨论。讨论内容为“财务问题”。被试人作为某食品公司的高级顾问，去帮助解决两个问题。其一，该公司一个分支机构由于财务混乱，出现资金流失问题；其二，根据该公司的财务状况和市场调查报告，是否应该扩大生产规模，怎样筹集扩大生产所需资金。主试人给出该公司的各种财务资料和其他有关信息，要求被试人提出解决问题的办法和方案，并分别在 8 分钟内口头说明，然后再将被试人分成小组进行讨论，最后形成统一的建议报告。

(3) 第三天

各个测评项目的主试人集中在一起，研究、讨论每一名被试人的评价结果，对每一项测评内容的评价形成一致意见后，写出书面报告，对被试人各方面素质和发展潜力进行综合评价。

4. 评价中心的优缺点

(1) 优点

① 突破了传统测评方法的局限，开创了人才测评技术的新局面。早期的一些素质测评方法，如智力测验、个性测验等具有一定的效果和作用，而评价中心技术综合了管理学、心理学、社会学、行为科学和人类学等各门学科的最新研究成果，是对传统测评思想的重大改进。评价中心技术主要针对管理人员，注重现场研究和实践性，着重考察被试人解决实际问题的能力，并取得了很好效果，使素质测评技术有了新的发展。

② 测评的效度以及测评带来的效益较高。评价中心的每一个情景测试都是从许多实际工作样板中挑选出来的经典，并经过技术处理，使许多与测评内容无关的因素得到有效控制。经过组合加工，还可以把不同时段和不同工作中的活动综合在一起，既提高了测评的全面性和准确性，又提高了测评的深度和难度。

许多研究表明，评价中心是一种很实用有效的测评选拔管理人才的方法。虽然评价中心的测评法对人财物和时间的花费稍高一些，但由于其测评效度较高，使人才选拔使用的准确性大大提高。人才的合理安排与使用给企业带来的效益是巨大的，远远高于测评过程所花费的费用。

③ 集测评与培训为一体，扩大了测评的功能和用途。一些传统的测评方法往往功能比

较单一，而评价中心的测评过程既是一个素质测评过程，又是一个被试人在模拟工作中自我学习、自我提高的锻炼过程。通过信息反馈，主试人将测评结果以及不足之处的改进方向告知被试人，使其进一步了解自己，提高自己，将测评过程转入培训过程。

(2) 缺点

① 与其他素质测评方法比较，评价中心的测评费用较高。

② 操作难度大，对主试人的要求很高，必须有相当的管理经验并受过专门训练。同时，测评需要的案例和材料需花费相当时间和精力。

③ 当模拟工作的内容与实际工作有误差时，测评中的能力表现与实际工作能力存在差距。

④ 测评的内容主要是管理技能和某些方面的心理素质，难以全面真实反映被试人的思想品德等内容。

## 第二节　无领导小组讨论

### 10.2.1　无领导小组讨论概述

无领导小组讨论指由一组应试者组成一个临时工作小组，讨论给定的问题，并做出决策。由于这个小组是临时拼凑的，并不指定谁是负责人，目的就在于考察应试者的表现，尤其是看谁会从中脱颖而出，但并不是一定要成为领导者，因为那需要真正的能力与信心，还需有十足的把握。

#### 10.2.1.1　无领导小组讨论的概念

无领导小组讨论是评价中心技术中经常使用的一种测评技术，采用情景模拟的方式对考生进行集体面试。无领导小组是通过一定数目的考生组成一组(8—10 人)，进行一小时左右时间的与工作有关问题的讨论，讨论过程中不指定谁是领导，也不指定受测者应坐的位置，让受测者自行安排组织，评看者来观测考生的组织协调能力、口头表达能力，辩论的说服能力等各方面的能力和素质是否达到拟任岗位的要求，以及自信程度、进取心、情绪稳定性、反应灵活性等个性特点是否符合拟任岗位的团体气氛，由此来综合评价考生之间的差别。

#### 10.2.1.2　无领导小组讨论的操作形式

该技术的实际操作要求一般是这样的：将被评价者按一定人数编成小组，要求他们按照便于交流讨论的形式坐好(为了便于评价员观察评价，一般要求组员按照椭圆形就座)；主试事先设计准备好讨论的背景材料，测评时主试通过清晰的指导语指示被试以小组为单位就指定的主题进行小组内的自由讨论，要求小组能在规定的时间内(一般 1 小时)达成解决问题的一致性意见。背景材料一般是与工作情境相关的(也可以是假设的，在避免由于被试专业背景不同而影响测评成绩时往往采用假设的材料)，用于讨论的主题应该富于讨论空间，保证被试能够在给定的时限内进行充分的交流讨论，在指导语中一般不确定讨论会的主持人，不指定发言的先后，也不提出诸如积极主动、观点清晰之类的其他具体要求，只是强调指出要求被试以小组为单位进行讨论，通过讨论来解决问题。在这个过程中，主试及评价员按照事先拟定的测评因素及其评分标准对被试的行为表现进行观察评价。

无领导小组讨论适用于挑选具有领导潜质的人或某些特殊类型的人群(如营销人员),如今无领导小组讨论的适用对象越来越广,不仅局限于"中高层员工",例如大企业的校园招聘、公务员考试,都在使用无领导小组讨论的技术,大致原则是适用于那些经常跟"人"打交道的岗位,如中高层管理人员、人力资源管理人员、行政管理人员、营销人员等,对于 IT 人员、生产类员工是不适用的。

无领导小组讨论具有评价和诊断功能,既可以作为领导人才选拔的测评工具,也可作为领导人才培训的诊断工具。作为选拔工具时,对于通过初步筛选并需要继续具体考核的应聘者使用这种测评手段,了解应聘者的领导技能和品质,从所有应聘者中择优录取。

作为培训诊断工具时,一般在培训前对在职领导人才的领导技能和品质进行无领导小组讨论,了解在职领导者的实际领导技能水平和品质表现,结合他们的岗位特征和职务要求,从中发现需要接受针对性培训和改善的地方,然后针对这些弱项进行培训,提供工作技能和水平。

#### 10.2.1.3 无领导小组讨论的优缺点

无领导小组讨论作为一种有效的测评工具,和其他测评工具比较起来,具有以下几个方面的优点:

(1) 能测试出笔试和单一面试所不能检测出的能力或者素质;

(2) 能观察到应试者之间的相互作用;

(3) 能依据应试者的行为特征来对其进行更加全面、合理的评价;

(4) 能够涉及应试者的多种能力要素和个性特质;

(5) 能使应试者在相对无意之中暴露自己各个方面的特点,因此预测真实团队中的行为有很高的效度。

(6) 能使应试者有平等的发挥机会从而很快地表现出个体上的差异;

(7) 能节省时间。并且能对竞争同一岗位的应试者的表现进行同时比较(横向对比);

(8) 应用范围广,能应用于非技术领域、技术领域、管理领域和其他专业领域等。

但是,另一方面无领导小组讨论也具有以下几个缺点:

(1) 对测试题目的要求较高;

(2) 对考官的评分技术要求较高,考官应该接受专门的培训;

(3) 对应试者的评价易受考官各个方面特别是主观意见的影响(如偏见和误解),从而导致考官对应试者评价结果的不一致;

(4) 应试者有存在做戏,表演或者伪装的可能性;

(5) 指定角色的随意性,可能导致应试者之间地位的不平等;

(6) 应试者的经验可以影响其能力的真正表现。

### 10.2.2 无领导小组讨论的题目

#### 10.2.2.1 无领导小组讨论的题目要求

(1) 题目设计应突出针对性。无领导小组讨论题目的设计,必须建立在对职位要求全面了解的基础上。测试题目所呈现的测评点，要可测评出职位所要求的关键能力。即要求讨论题目必须与拟任岗位的特点相结合，所设计的讨论题目应能针对性的反映拟任岗位的工作特点；应是现实工作中已发生的或与现实相似的事件或问题；应能够体现具体的现实工作情境特点和所需具备的各种技能、品质等要素。另外，题目的针对性还反映在题目内容与职位的相关度上，相关题目内容要被每个被测对象所熟悉，才能有利于讨论的展开，有利于被测对象的充分表现，体现出公正、公平的测评原则。

(2) 讨论题材要具有可争辩性。无领导小组讨论的过程是从分歧到最后达成相对一致的过程。讨论题目的题材要能够让被测试对象产生争辩，在争辩中测评参与者的某些管理特征、人际能力以及其他特征。没有争辩，就无法观察被测对象面对不同意见的分析能力、面对矛盾的协调能力、面对决策时的判断能力；无法观察到谁有影响力、谁善于吸取不同观点、谁更成熟等。所以无领导小组面试讨论题目的设计必须体现出它的争辩性，使每个人都有话可讲，讨论题材能够引起被评价者激烈的讨论行为，使其在讨论中将真实的能力与个性展现无余。

#### 10.2.2.2　无领导小组讨论的题目形式

无领导小组讨论的讨论题一般都是智能性的题目，从形式上来分，可以分为以下五种：

① 开放式：例如，您认为什么样的领导才是个好领导？

② 两难式：例如，您认为能力和合作精神哪个更重要？

③ 排序选择：例如，若母亲、妻子、儿子三人同时落水，该先救谁？

④ 资源争夺：例如，公司只有 500 万奖金，不同部门应如何分配？

⑤ 实际操作：针对存在的问题设计一个实际操作方案。

(1) 开放式问题。所谓开放式问题，是其答案的范围可以很广，很宽。主要考察应试者思考问题时是否全面，是否有针对性，思路是否清晰，是否有新的观点和见解，例如：你认为什么样的领导是好领导？关于此问题，应试者可以从很多方面如领导的人格魅力、领导的才能、领导的亲和力、领导的管理取向等方面来回答，可以列出很多的优良品质，开放式问题对于评价者来说，容易出题，但是不容易对应试者进行评价，因为此类问题不太容易引起应试者之间的争辩，所考察应试者的能力范围较为有限。

(2) 两难问题。所谓两难问题，是让应试者在两种互有利弊的答案中选择其中的一种。主要考察应试者分析能力、语言表达能力以及说服力等。例如：你认为以工作取向的领导是好领导呢，还是以人为取向的领导是好领导？一方面此类问题对于应试者而言，不但通俗易懂，而且能够引起充分的辩论；

另一方面对于评价者而言，不但在编制题目方面比较方便，而且在评价应试者方面也比较有效。但是，此种类型的题目需要注意的是两种备选答案一定要有同等程度的利弊，不能是其中一个答案比另一个答案有很明显的选择性优势。

(3) 多项选择问题。此类问题是让应试者在多种备选答案中选择其中有效的几种或对备选答案的重要性进行排序，主要考察应试者分析问题实质，抓住问题本质方面的能力。此类问题对于评价者来说，比较难于出题目，但对于评价应试者各个方面的能力和人格特点则比较有利。

(4) 操作性问题。操作性问题，是给应试者一些材料，工具或者道具，让他们利用所给的这些材料，设计出一个或一些由考官指定的物体来，主要考察应试者的主动性，合作能力以及在一实际操作任务中所充当的角色。如给应试者一些材料，要求他们相互配合，构建一座铁塔或者一座楼房的模型。

此类问题，在考察应试者的操作行为方面要比其他方面多一些，同时情境模拟的程度要大一些，但考察言语方面的能力则较少，同时考官必须很好地准备所能用到的一切材料，对考官的要求和题目的要求都比较高。

(5) 资源争夺问题。此类问题适用于指定角色的无领导小组讨论，是让处于同等地位的应试者就有限的资源进行分配，从而考察应试者的语言表达能力。分析问题能力，概括或总结能力，发言的积极性和反应的灵敏性等。

如让应试者担当各个分部门的经理，并就有限数量的资金进行分配，因为要想获得更多的资源，自己必须要有理有据，必须能说服他人，所以此类问题可以引起应试者的充分辩论，也有利于考官对应试者的评价，但是对讨论题的要求较高，即讨论题本身必须具有角色地位的平等性和准备材料的充分性。

#### 10.2.2.3 无领导小组讨论的讨论要素

(1) 考查应试者举止仪表：应试者的体格外貌、穿着举止、精神状态。

(2) 考查应试者在团队中与他人发生关系时所表现出的能力，主要有语言和非语言的沟通能力、说服能力、影响力、人际交往的意识与技巧、团队精神等。

(3) 考察应试者在处理实际问题时的思维分析能力：主要包括理解能力、分析能力、综合能力、推理能力、想象力、创新力以及信息的检索和利用能力。

(4) 考查应试者的个性特征和行为风格：主要包括动机特征、自信心、独立性、灵活性等特点，还包括考察问题时从大处着眼还是关注细节。

(5) 动机与岗位匹配性：对职位的选择是否源于对事业的追求，是否有奋斗目标，积极努力，兢兢业业，尽职尽责。

(6) 应变能力：在实际情景中，解决突发性事件的能力，能快速妥当地解决棘手问题。

(7) 言语表达：考生言语表达的流畅性、清晰性、组织性、逻辑性和说服性。

### 10.2.3 无领导小组讨论的实施过程

无领导小组讨论一般安排 30—60 分钟，主要有以下几步：

#### 10.2.3.1 准备阶段

指导语：要有统一的明确的指导语，以免在组与组的应试者之间造成不匹配，没有可比性。

安排场地：为使所有的应试者处于同等地位，无领导小组讨论应该用圆桌，而不要用方桌，使用方桌容易使得相对而坐的人有对立感。

选择题目：无领导小组讨论常用的题型有五类，在出题难度、评价难度方面略有不同，包括开放式问题、两难问题、多项选择的问题、操作性问题和资源争夺问题。一般来说，选择能够引发小组成员较激烈的争论的题目比较好。

10.2.3.2　具体实施阶段

面试官给受测者提供必要的资料、交代问题的背景和讨论的要求后，一定不要参与提问、讨论或者回答应试者的问题，以免给应试者暗示。整个讨论过程可用摄像机监测、录像。

整个讨论可以分为三个阶段：

第一阶段：面试官宣读试题，受测者了解试题，独立思考，列出发言提纲，一般规定为5分钟左右；

第二阶段：应试者轮流发言阐述自己的观点；

第三阶段：应试者自由发言，不但阐述自己的观点，而且对别人的观点提出意见，最后达成某一协议。

在时间上要求单个应试者单次发言时间不要过长。

10.2.3.3　评价阶段

至少要有2个评价者，以相互检查评价结果；

评价者应对照计分表所列条目仔细观察应试者的各项表现；

评价者一定要克服对受测者的第一印象，不能带有民族、种族、性别、年龄、资历等方面的成见；

评价者对应试者的评价一定要客观、公正，以事实为依据。

在无领导小组讨论中，考官评价的依据标准主要是：

(1) 受测者参与有效发言次数的多少；

(2) 受测者是否有随时消除紧张气氛，说服别人，调节争议，创造一个使不大开口讲话的人也想发言的气氛的能力，并最终使众人达成一致意见；

(3) 受测者是否能提出自己的见解和方案，同时敢于发表不同意见，并支持或肯定别人的意见，在坚持自己的正确意见基础上根据别人的意见发表自己的观点。

(4) 受测者能否倾听他人意见，并互相尊重，在别人发言的时候不强行插嘴；

(5) 受测者语言表达、分析问题、记录整理、概括或归纳总结不同方面意见的能力；

(6) 受测者的时间观念；

(7) 受测者反应的灵敏性、概括的准确性、发言的主动性等。

10.2.3.4　总结阶段

在进行无领导小组讨论后，所有考官都要撰写评定报告，内容包括此次讨论的整体情况、所问的问题内容以及此问题的优缺点，主要说明每个应试者的具体表现，自己的建议，以及最终录用意见等。

## 第三节　文件筐测试

### 10.3.1　文件筐测试的定义

文件筐测试又叫公文处理测试，是将被评价者置于特定职位或管理岗位的模拟环境中，由评价者提供一批该岗位经常需要处理的文件，要求被评价者在一定的时间和规定的条件下处理完毕，并且还要以书面或口头的方式解释说明这样处理的原则和理由，是评价中心中最常用和最核心的技术之一。

由于公文处理测试具有考察内容范围广、表面效度高的特点，而非常受欢迎，使用频率居各种情境模拟测试之首。在实际运用中，公文处理测试主要通过从业务角度和技能角度对管理人员进行测试来帮助企业选拔优秀的管理人才或考核现有管理人员。公文处理的测评方法具有便于操作，效度高等特点。

### 10.3.2 文件筐测试的功能

文件筐测试通过对应试者的计划、授权、预测、决策、沟通等方面能力，特别是针对应试者综合业务信息，审时度势全面把握、运筹自如的素质的考察，来考察其作为高层管理者综合性管理技能。尤其是考察经理一级管理者的胜任能力。

在实践中，文件筐测试主要用作评价、选拔管理人员培训。提高管理人员的管理技巧、解决人际冲突和组织内各部门间的摩擦的技巧，以及人力资源计划和组织设计提供信息当中。

### 10.3.3 文件筐测试的形式

（1）所需处理的公文已有正确结论，是已经处理完毕归入档案的材料，用这样的公文让候选人处理，是要检验候选人处理得是否有效、恰当、合乎规范。

（2）所需处理的公文条件已具备，要求筛选人在综合分析的基础上做出决策。

（3）所需处理的公文尚缺少某些条件或信息。看看候选人是否能够发现问题和提出进一步获得信息的要求。

公文处理的测评方法便于操作，效度也很高，因为测试情景与工作情景几乎一致。对于候选人的处理方式的评估。由几名评估员在评分基础上讨论决定。有研究表明。两个评估员对同一候选人公文处理案卷及解释，相关系数高达 0.92。

### 10.3.4 文件筐测试的优缺点

（1）优点

① 考察内容范围十分广泛。测评受测者的依据是文件处理的方式及理由，是静态的思维结果。因此，除了必须通过实际操作的动态过程才能体现的要素外，任何背景知识、业务知识、操作经验以及能力要素都可以涵盖于文件之中。借助于受测者对文件的处理来实现对受测者素质的考察。

② 表面效度很高。公文处理测试采用十分类似应聘职位中常见的文件，甚至有的直接就是应聘职位中常见的文件.因此。受测者如果能够妥善处理测试公文的话，那么他就能理所当然地被认为具备职位所需的素质。

③ 应用范围大。考察内容范围的广泛使得公文处理测试具有广泛的实用性，并且表面效度高，易为人所接受，因此。公文处理测试在众多公选考试测试中普遍使用的一种。

④ 高度似真性。公文处理测试完全模拟现实中真实发生的经营、管理情景，对实际操作有高度似真性，因而预测效度高。

⑤ 综合性强。公文处理测试的测试材料涉及日常管理、人事、财务、市场、公共关系、政策法规等行政机关的各项工作，因此，能够对高层及中层管理人员进行全面细致的测评与评价。

(2) 缺点

① 对公文的编制人员要求很高。编制文件的人员应由测试专家、管理专家和行业专家(实际工作者)三部分组成，三类专家相互配合才能完成公文的编制工作。

② 花费的精力和费用都比较高。公文处理测试的试题不论从设计、实施到评分都需要较长时间的研究与筛选，都必须投入相当大的人力、物力和财力才能保证较高的表面效度，因此成本会很高。

③ 评分难度大。由于不同的组织具有不同的机构、氛围和管理观念。文件处理结果的评价往往受多种因素的影响。在公文处理测试的评分确定过程中，由于专业人员和实际工作者往往存在理解上的差异。所以评价标准一般不会相同。

④ 在缺少人际沟通能力评价的公文处理测试中，由于被评价者是单独作答，因此很难看到他们与他人交往的能力。

### 10.3.5　文件筐测试的设计

文件筐测验的设计必须紧紧抓住三个环节：

第一，工作分析。深入分析职位工作的特点，确定胜任该职位必须具备哪些知识、经验和能力。工作分析的方法可以是面谈、现场观察或问卷。通过工作分析，要确定文件筐测验要测评什么要素，哪些要素可以得到充分测评，各个要素应占多大权重。文件筐测验一般可以考查以下要素：① 书面表达及其理解；② 统筹计划能力；③ 组织协调能力；④ 洞察问题和判断、决策能力；⑤ 任用授权能力；⑥ 指导控制能力；⑦ 岗位特殊素质，如法规条例知识。

第二，文件设计。包括选择什么文件种类，如信函、报表、备忘录、批示等；确定每个文件的内容，选定文件寓设的情境等等。文件数量较多，时间以 2～3 小时为宜。文件的签发方式及其行文规定可以忽略，但文件的行文方向(对上与对下，对内与对外等)应有所区别。特别要注意各个文件测评要素的设计。常常一个文件不同的处理可以体现不同的要素，对文件的处理方式要有所控制，确定好计分规则或计分标准，尽量避免每个要素同时得分和无法归于某一要素的情况出现。

第三，测验评分。实施文件筐测验之后，评分一般由专家和具备该职位工作经验的人(一般是选拔职位的上级主管及人事组织部门的领导)进行，除了前面设计时要制订好评分标准外，更重要的是对评分者要进行培训，使评分者根据评分标准而不是个人的经验评分。评分的程序也要特别注意，可以考虑各自独立评分，然后交流评分结果，对评分差异各自申述理由后，再独立第二次评分。最后将评分结果进行统计平均(评分者比较多时，可以去掉最高分和最低分)，以平均分作为最后得分。有时，在考生答案不明确的情况下，需要质询应聘考生，根据其对处理方式的解释确定得分。

整个文件筐测验的设计要特别注意两点：

一是测验材料难度的把握。目前国内对各个职位应具备何种程度的知识、经验和能力缺乏客观可靠的依据，难度的把握比较困难。把握不准，材料过难，固然作为选拔测验有时可以选拔到很好的人才，但大材小用，很难设想应聘者会安心本职位工作，且导致人力资源的浪费。材料过于容易，测验会出现“天花板效应”，大家都得高分，区分不出应聘考生的能力大些。

二是要注意材料真实性程度的把握。完全杜撰的材料，应聘考生可以根据一般知识推理，处理的结果没有针对性，看不出应聘考生的水平差异，考生被录取后需要经过较长时间的培训和适应才能胜任工作。完全真实的材料，过于偏重经验的考查，忽视潜能的考查，最后选拔到的人无疑是完全与招聘单位文化气氛相同的人，违背了引入外来人才，给单位输入新鲜血液的本来目的。同时完全真实的材料，使招聘考试本身对单位内部考生和单位外部考生不公平，同样的能力水平内部考生被录取的可能性更大，结果给人留下“一切都是内定，考试不过是走形式”的印象，这对真正想引进外部人才的单位尤其不利。

### 10.3.6 文件筐测试的考察内容

管理人员计划、组织、预测、决策、沟通能力的个体水平和群体水平是企业管理团队核心能力的标尺，对于企业可持续发展力的保持和提升具有重大意义。五大能力的考察是文件筐测验关注的焦点。下面就以市场总监为例向大家逐一进行介绍：

(1) 计划能力。计划能力是指被测评者在分析每一既得信息所反映的问题、问题产生的根源以及各问题间的相互关系并据此确定工作目标、工作任务、工作方法和工作实施步骤的能力。对于市场总监来讲，就是考察他(她)在特定的外部竞争环境和内部资源条件下进行产品计划、价格计划、分销计划和促销计划的能力。滚动计划法的应用情况、计划的可行性、实施所需时间/成本以及风险度是考评管理者计划能力关键指标。

(2) 组织能力。组织能力是指被测评者按照各项既定工作任务的重要和紧急程度安排工作次序，调配人力、物力、财力资源，合理分工、授权并进行相应组织机构或人事调整的能力。当某大区的商品营业额出现大幅度滑坡时，市场总监往往要组织增派促销人员、调拨促销用品、加大营销费用，授予大区市场经理临时特别权力，甚至调整大区市场部组织机构或管理班子来加以应对。工作次序安排、资源配置、工作分工与授权情况以及组织措施的成本和风险度是考评管理者组织能力的关键指标。

(3) 预测能力。预测能力是指被测评者对模拟工作环境中相互关联的各类因素及总体形势未来发展趋势进行准确判断并预先采取相应措施的能力。竞争对手在某中心城市的各大商场刚刚投放一种明显优于公司现有主导产品的新产品，而该城市正是公司计划下一步重点经营的目标市场——准确的预测及有效的应对措施此时对市场总监来讲就显得十分关键。对工作环境中各类相关因素及总体形势未来发展的多种可能性及其发生概率的分析论证、各种防范与因应措施的合理性是考评管理者预测能力的关键指标。

(4) 决策能力。决策能力是指被测评者在解决实际工作问题(特别是解决重要且紧急的关键问题)时策划并选择高质量方案的能力。公司的新产品已被消费者认同，销售额和利润正在快速增长，仿制品也开始进入市场——是重点开拓全新市场、建立新的分销渠道，还是在已开发市场转变广告宣传策略、降价促销呢？这就需要市场总监审时度势、全面斟酌、正确决策。决策目标的清晰程度、备择方案(一般为两到三个)的可行性、各方案的评价与比较和最终确定的方式是考评管理者决策能力的关键指标。

(5) 沟通能力。沟通能力是指被测评者通过书面形式准确表达个人思想和意见的能力。实际工作中,市场总监会经常以电子邮件、传真、信函或公文的形式与各大区经理进行工作交流、根据市场人员状况和市场竞争态势对大区经理进行适时的工作指导、对大区经理进行日常慰问和精神鼓励等等——这就需要良好的书面沟通能力。沟通网络和沟通方式的选择、信息的准确性、思维的逻辑性、结构的层次性、文字的流畅性是考评管理者沟通能力的关键指标。

### 10.3.7　文件筐测试的实施程序

文件筐测验可以集体施测,实施过程分准备、测试和评分三个步骤。

(1) 准备。主要指测验材料和测试场所的准备。给每个考生的测验材料,事前要编上序号,答卷纸也要有相应序号,实施前要注意清点核对。答卷纸主要由三部分内容构成:一是考生姓名(或编号)、应聘单位和职位、文件序号等;二是处理意见(或处理措施)、签名及处理时间;三是处理的理由。文件序号只是文件的标识顺序,不代表处理的顺序,应允许考生根据轻重缓急调整顺序,但给所有考生的文件顺序必须相同,以示公正。测试的场所要求比较宽敞、安静,每个人一桌一椅,相互之间无干扰。为了保密,最好所有考生在同一时间完成。如果文件内容涉及招聘单位内部的一些情况,测试前应对所有考生提供培训,介绍相关情况,缩小内部考生和外部考生对职位熟悉程度的差别。

(2) 实施。主试要对测验要求作一简单介绍,说明注意事项。然后发给考生测试指导语和答卷纸,回答考生的提问,当考生觉得没有问题后,再发测试用的文件。考生人数比较少时,也可以一次将材料发给考生,但要求考生严格遵从主试的要求,先看指导语再看文件。测试指导语是测试情景、考生扮演的角色、考生任务和测试要求的说明,必须明确、具体,一目了然。有时在初级人员的文件筐测验中,发给考生指导语后,让考生完成一个指导语的测验,强迫考生熟悉理解指导语,这在文化水平低的群体中有时十分有用。在考生正式进入文件处理后,一般不允许考生提问,除非是测验材料本身有问题。

**※【知识链接 10-1】**

**文件筐测验答卷纸示例**

**文件筐测验答卷纸**

<table>
<tr><td>考生编号:</td><td>招聘职位:</td><td>文件序号:</td></tr>
<tr><td colspan="3">处理意见:<br><br><br>签名:<br>年　　月　　日</td></tr>
<tr><td colspan="3">处理理由:</td></tr>
</table>

**文件筐测验指导语示例(供招聘秘书用)**

指导语

这是一些办公室工作的模拟练习。目的是了解您在办公室事务处理方面的经验与能力。以下是有关的背景情况,请您务必仔细阅读并牢记于心:您是局办公室秘书之一,大家都称您小A。此办公室是直接协助几位局领导工作的职能部门,目前由田主任一人负责。

今天是2013年5月24日,星期五。局里在远郊召开一个重要会议,田主任和办公室所有其他同事都去办理会务,只有您一人留守。所有局领导都在出席重要会议。您不能找他们请示,局里其他同事也都因种种原因不能给您帮忙。最不巧的是,由于那里电信线路出现故障,您无法和在郊区开会的田主任及其他同事联系。

田主任昨晚辗转托人给您一张便条:

> 小A:明天(24日)有这么几件事情要偏劳你:(1)主管分房的李局长要了解职工对分房办法第五稿的意见。请你看一下职工的意见材料,代我起草一份500字左右的报告。(2)实习生郑兰说是写了一份信息,你给看一下。最近局里上报的信息比较少,被采用的更少。看这份信息能否上报或经修改后上报。(3)请你给杨菁去封信,告诉她我们已经录取了新秘书。(4)请你根据李局长给马林副局长来信的批示,把马副局长的信处理一下。以上几件事情都不能再拖了,明天上午无论如何要完成。下午1:00局里有车来会场,你搭车来会场,这里实在忙不过来。明天上午办公室若有什么事,你见机行事。办公室不要因为我不在就影响正常运转。谢谢!

现在是早晨8:30,您一上班就得到上述指示和有关材料,您的任务是遵照指示完成所有工作。

以下是您在完成工作中必须遵守的程序和规定:

① 首先,请您完成《指导语自测题》,回答结果构成评分的重要内容。

② 其次,请在《日程计划表》上拟订一份今天的日程安排,若情况变化,日程安排可以更改,但必须在《日程计划表》上予以注明。

③ 一切任务请按您本人对秘书工作的理解和相应的指示独立完成,并一定要说明这么处理的理由,否则要倒扣分。

**指导语测验示例(供录用秘书用)**

| 考生编号: | 应聘职位 |
|---|---|
| 指导语测验题<br>请您判断以下陈述是否正确,选择"是"或"否"。<br>1. 局里只有你一人上班。A是 B否<br>2. 有什么不清楚的事情,您可以打电话请示田主任。A是 B否<br>3. 能处理完最好,处理不完向田主任好好解释一下,他会谅解的。A是 B否<br>4. 变动日程安排是允许的。A是 B否<br>5. 一件事情怎么处理有时候凭直觉,不一定非要说出理由。A是 B否 | |

注:答案应为B、B、B、A、B,如自己的回答与答案不符,请对照指导语检查。

(3) 评分。宜在考生做完后立即进行,当有质询考生的设计时,特别应该如此。为求客观,可将考生编号,由一个人将考生的处理意见和处理理由念给所有评分者听,由各位评分者独立评分。

为了保证评分的一致性,事前的评分者培训很重要,可以考虑对一部分考生(或者模拟考生)进行试评分,考查各个评分者对标准的掌握及评分过程中存在的问题,待取得一致意见后再往下进行。评分时,可按序号逐一评定,也可按文件内容分类评定。前一种办法可以对考生的素质形成整体印象,后一种办法容易达成评分标准的一致性。

## 第四节　角色扮演

### 10.4.1　角色扮演的定义

角色扮演是一种情景模拟活动。所谓情景模拟就是指根据被试者可能担任的职务,编制一套与该职务实际根据相似的测试项目,将被试者安排在模拟的、逼真的工作环境中,要求被试者处理可能出现的各种问题,用多种方法来测评其心理素质、潜在能力的一系列方法。情景模拟假设解决方法往往有一种以上,其中角色扮演法是情景模拟活动应用的比较广泛的一种方法,其测评主要是针对被试者明显的行为以及实际的操作,另外还包括两个以上的人之间相互影响的作用。

### 10.4.2　角色扮演的功能

角色扮演法具有两大功能:测评功能和培训功能。

(1) 角色扮演法具有测评的功能。通过角色扮演法可以在情景模拟中,对受试者的行为进行评价,测评其心理素质以及各种潜在能力。可以测出受试者的性格、气质、兴趣爱好等心理素质,也可测出受试者的社会判断能力、决策能力、领导能力等各种潜在能力。

(2) 角色扮演法具有培训的功能。在日常工作中,每个人都有其特定的工作角色,但是,从培养管理者的角度来看,需要人的角色的多样化,而又不可能满足角色实践的要求。因此,在培训条件下,进行角色实践同样可以达到较好的效果。同时,通过角色培训还可以发现行为上存在的问题,及时对行为做出有效的修正。

换句话说,角色扮演法是在培训情景下给予受训者角色实践的机会,使受训者在真实的模拟情景中,体验某种行为的具体实践,帮助他们了解自己,改进提高。通常,角色扮演法适用领导行为培训(管理行为、职位培训、工作绩效培训等)、会议成效培训(如何开会,会议讨论、会议主持等)、沟通、冲突、合作等。此外,还应用于培训某些可操作的能力素质,如推销员业务培训、谈判技巧培训等。

### 10.4.3　角色扮演的优缺点

(1) 角色扮演法的优点

① 角色扮演是一项参与性的活动。作为受试者,可以充分调动其参与的积极性,为了获得较高的评价,受试者一定会充分表现自我,施展自己的才华。作为受训者都知道怎样扮演指定的角色,是明确的有目的的活动。在扮演培训过程中,受训者会抱有浓厚的兴趣,并

带有娱乐性功能。

② 角色扮演具有高度的灵活性。从测评的角度看，角色扮演的形式和内容是丰富多样的，为了达到测评的目的，主试者可以根据需要设计测试主题，场景。在主试者的要求下，受试者的表现也是灵活的，主试者不会把受试者限制在有限的空间里，否则不利于受试者真正水平的发挥。从培训的角度看，实施者可以根据培训需要改变受训者的角色，与此同时，培训内容也可以做出适于角色的调整。在培训时间上没有任何特定的限制，视要求而决定长短。有关人际关系的培训，从培训设计上就已经消除了由于人际交互作用所产生的不利影响。

③ 角色扮演是在模拟状态下进行的，因此受试者或受训者在做出决策行为时可以尽可能的按照自己的意愿出完成，也不必考虑在实际工作中决策失误会带来工作绩效的下降或失败等问题。受试者或受训者只要充争地扮演好角色就行，没必要来自己的行为担心，因为这只是角色扮演行为，其产生的影响可以控制在一定的范围内，不会造成不良影响，也没必要在意他人对你的看法。

④ 角色扮演过程中，需要角色之间的配合、交流与沟通，因此可以增加角色之间的感情交流，培养人们的沟通，自我表达，相互认知等社会交往能力。尤其是同事之间一起接受培训进行角色扮演时，能够培养员工的集体荣誉和团队精神。

⑤ 角色扮演培训为受训者提供了广泛地获取多种工作生活经验，锻炼力的机会。这一角色扮演法的优点是就培训而言的，因为在培训过程中，通过角色扮演，受训者可以相互学习对方的优点，可以模拟现实的工作生活，从而获得实际工作经验，明白本身能力的不足之处，通过培训，使各方面能力得到提高。

（2）角色扮演法的缺点

① 如果没有精湛的设计能力，在设计上可能会出现简单化、表面化和虚假人工化等现象。这无疑会造成对培训效果的直接影响，使受训者得不到真正的角色锻炼能力提高的机会。同样的，在设计测评受试者角色扮演场景时，由于设计不合理，设计的场景与测评的内容不符，就会使受试者摸不着头脑，更谈不上测出受试者的能力水平来。

② 有时受训者由于自身的特点不乐意接受角色扮演的培训形式，而又没有明确的拒绝，其结果是在培训中不能够充分地表现出他们自己。而另一种情况是受训者的参与意识不强，角色表现漫不经心。这些都会影响培训的效果。在测评的过程中，由于受试者参与意识不强，没有完全进入角色，就不能测出受试者的真实情况。

③ 对某些人来说，在接受角色培训时，表现出刻板的模仿行为和模式化行为，而不是反映他们自身的特征。这样，他们的角色扮演就如同演戏一样，偏离了培训的基本内涵。在测评受试者角色扮演中，如果受试者也表现得剩板或行为模式化，测评就失去其意义。

④ 由于角色扮演时，大多数情况有第三者存在，这些人或是同时接受培训的人，或是评价者，或是参观者，自然的交互影响会产生于受训者和参观者之间，这里的影响是很微妙的，但绝不容忽视。

⑤ 有些角色扮演活动是以团队合作为宗旨的，在这种情况下可能会出现过度的突出个人的情况，这也是角色扮演中很难避免的。因此，一旦某个人表现太富于个性化，这就影响团队整体合作性。

### 10.4.4　角色扮演的操作步骤

角色扮演法的具体操作步骤：

(1) 进行充分的准备工作

① 事先要做好周密的计划，每个细节都要设计好，不要忙中出错，或乱中出错。

② 助手事先训练好，讲什么话，作什么反映，都要规范化，在每个被试者面前要做到基本统一。

③ 编制好评分标准，主要看其心理素质和实际能力，而不要看其扮演的角色像不像，是不是有演戏的能力。

(2) 实施评估

角色扮演的评估，其实就是一个收集信息、汇总信息、分析信息，最后确定被试者基本心理素质和潜在能力的过程。

① 观察行为。每一位主试要仔细观察，及时记录一位或两位被试者的行为，记录语气要客观，记录的内容要详细，不要进行不成熟的评论，主要是进行客观的观察。

② 归纳行为。观察以后，主试要马上整理观察后的行为结果，并把它归纳为角色扮演设计的目标要素之中，如果有些行为和要素没有关系，就应该剔除。

③ 对行为打分。对要素有关的所有行为进行观察、归纳后，就要根据规定的标准答案对要素进行打分。

④ 制定报告。给行为打分以后，每一位主试对所有的信息都应该汇总，形成报告，然后才考虑下一位参加者。每位主试要宣读事先写好的报告，报告对被试者在测评中的行为做一个简单的介绍，以及对要素的评分和有关的各项行为。在做报告时其他的主试可以提出问题，进行讨论。

⑤ 重新评分。当每一位主试都报告完毕，大家进行了初步讨论以后，每位主试可以根据讨论的内容，评分的客观标准，以及自己观察到的行为，重新给被试者打分。

⑥ 初步要素评分。等第一位主试独立重新评分以后，然后再把所有的主试的评分进行简单的平均，确定被试者的得分。

⑦ 制定要素评分表。一般角色扮演评价的内容分为四个部分。

第一，角色的把握性。被试者是否能迅速地判断形势并进入角色情境，按照角色规范的要求采取相应的对策行为。

第二，角色的行为表现。包括被试者在角色扮演中所表现出的行为风格、价值观、人际倾向、口头表达能力、思维敏捷性、对突发事件的应变性等。

第三，角色的衣着、仪表与言谈举止是否符合角色及当时的情境要求。

第四，其他内容。包括缓和气氛化解矛盾技巧、达到目的的程度、行为策略的正确性、行为优化程度、情绪控制能力、人际关系技能等。

⑧ 主试讨论。根据上述内容，主试进行一次讨论，对每一种要素的评分，大家发表意见。

⑨ 总体评分。通过讨论以后，第一位主试在独立地给该被试者评出一个总体得分，然后公布结果，由小组讨论，直到达成一致的意见，这个得分就是该被试者在情景模拟中总的得分。

### 10.4.5 角色扮演的案例

本案例简要地从测评角度进行角色扮演法操作。

下面是一个10分钟的角色扮演实例：

指导语：你将与其他两个人共同合作，而且你们三个角色的行为是相互影响的。请快速阅读关于你所学角色的描述，然后认真考虑你怎样扮演那个角色。进入角色前，请不要和其他两个被试者讨论即席表演的事情。请运用想象使表演持续10分钟。

1. 图书直销员(角色一)

你是个大三的学生，你想多赚点钱自己养活自己，一直不让家里寄钱，这个月内你要尽可能多地卖出手头的图书，否则你将发生经济危机。你刚在党委办公室推销。办公室主任任凭你怎样介绍书的内容，他都不肯买。现在你恰好走进了人事科。

2. 人事科主管(角色二)

你是人事科的主管，刚才你已注意到一位年轻人似乎正在隔壁的党委办公室推销书，你现在正急于拟定一个人事考核计划，需要参考有关资料。你想买一些参考资料，但又怕上当受骗，你知道党办主任走过来的。你一直非常忌讳别人觉得你没有主见。

3. 党办主任(角色三)

你认为推销书的大学生不安心读书，想利用推销书的办法多赚到一点钱，以使自己的生活过得好一点。推销书的人总是想说服别人买他的书，而根本不考虑买书人的意愿与实际用途。因此你对大学生的推销行为感到恼火。你现在注意到这位大学生马上会利用你的同事想买书的心理。你决定去人事科阻挠那个推销员，但你又意识到你的行为过于明显会使人事科长不高兴，认为你的好意是多余的，并产生他无能的感觉。

角色扮演要点参考(仅供评分人参考)：

(1) 角色一应

① 避免党委办公室情形的再度发生，注意强求意识不要太浓；

② 对人事科主管尽量诚恳有礼貌；

③ 防止党办主任的不良干扰。

(2) 角色二应

① 尽量检查鉴别书的内容与适合性；

② 尽量在党办主任说话劝阻前做出决定。

③ 党办主任一旦开口，你又想买则应表明你的观点，说该书不适合党办是正确的，但对你还是有用的。

(3) 角色三应

① 装着不是故意来搞乱为难大学生的；

② 委婉表明你的意见；

③ 注意不要恼怒大学生与人事科主管。

# 第五节　管理游戏

### 10.5.1　管理游戏的定义

管理游戏又称管理竞赛，是指几组管理人员利用计算机来模拟真实的公司经营，并做出各自的决策来互相竞争的一种开发方法。在管理竞赛中，将受训者分为5个—6个公司，每个公司都要在激烈的模拟市场竞争中与其他公司进行各种形式的博弈。每个公司设立一个明确的目标并得知自己可以做出几个决策。每个公司对其他公司的决策情况不能看到，尽管这些决策会对它们的销售状况产生影响。

### 10.5.2　管理游戏的具体做法

管理游戏中最常用的有两种，即小溪练习和建筑练习。

（1）小溪练习。在小溪练习中，给被评价人员一个滑轮及铁棒、木板、绳索等工具，要求他们把一根粗大的圆木和一块较大的岩石运到小溪另一边。这样的任务单靠个人的力量是无法完成的，而必须通过所有人员的协作努力才能完成。通过这项练习，评价人员可以在客观的情景下，有效地观察评价对象的领导特征、组织协调能力、合作精神、有效的智慧特征和社会关系特征等。

（2）建筑练习。建筑练习，这是一项个人练习，包括一名被评价人员和两个测评中心的辅助人员。这项练习要求被评价人员使用木材建造一个很大的木头结构的建筑。在练习中，有两个“农场工人”A和B，帮助被评价人员一起来建造。这两个工人A和B是测评中心的人员，就像许多社会心理学实验中的假被试一样，他们按照预定的目的和安排行事。A表现出被动和懒惰的特征，如果没有明确的指定命令，他就什么事也不干。B则表现好斗的和鲁莽的特征. 采用不现实的和不正确的建造方法。A和B以各种方式干扰、批评被评价人员的想法和建造方案。该练习的目的是考察个人的领导能力，更重要的是研究被评价人员的情绪稳定状况。来自实践的一些研究报告表明，几乎没有一个被评价人员能圆满地完成建筑任务，其中许多人变得易痛苦和心烦意乱，有些人宁愿自己单独工作而不愿使用或理睬助手，有些人则放弃了这个练习，还有一些人在这种环境下则想尽量努力工作，把任务完成得更好。

### 10.5.3　管理游戏的优缺点

（1）管理游戏的优点

① 管理游戏是一种良好的人力资源开发手段，它帮助受训者挖掘其解决问题的技能，帮助他们将注意力集中在制定公司规划上，而不是集中在临时事务的应付上。

② 公司通常也选择它们自己的管理人员并开发它们自己的工作部门，因此这种游戏可以用于开发领导能力、培养合作及团队精神。

③ 它能够突破实际工作情境时间与空间的限制。具有趣味性，能使参与者马上获得客观的反馈信息。具有认知社会关系的功能，能帮助参与者对错综复杂的组织内部和各单位

之间的相互关系有个更加深刻的了解。

(2) 管理游戏的缺点

① 这种游戏的设计及实施费用可能很昂贵而且花费时间;

② 同时,这种游戏往往迫使决策者从一个既定的决策表中进行决策选择,而在实际工作中,往往鼓励管理人员开创富有新意的、具有革新精神的多种替代方案;

③ 操作不便,难以观察。

## 本章小结

评价中心是一种包含多种测评方法和技术的相对比较全面的综合测评系统。一般而言,它总是针对特定的岗位来设计、实施相应的测评方法与技术。评价中心具有针对性、全面性、可靠性、动态性和预测性的特点。通常情况下,评价中心要使用 4 至 6 种测评方法和练习来进行测评,实施过程需要 2 到 3 天完成,主试人员由组织内部经验丰富的上级主管和经过专门训练的专家组成。

无领导小组讨论是评价中心技术中经常使用的一种测评技术,采用情景模拟的方式对考生进行集体面试。无领导小组它是通过一定数目的考生组成一组(8—10 人),进行一小时左右时间的与工作有关问题的讨论,讨论过程中不指定谁是领导,也不指定受测者应坐的位置,让受测者自行安排组织,评看价者来观测考生的组织协调能力、口头表达能力、辩论的说服能力等各方面的能力和素质是否达到拟任岗位的要求,以及自信程度、进取心、情绪稳定性、反应灵活性等个性特点是否符合拟任岗位的团体气氛,由此来综合评价考生之间的差别。

文件筐测试又叫公文处理测试,是将被评价者置于特定职位或管理岗位的模拟环境中,由评价者提供一批该岗位经常需要处理的文件,要求被评价者在一定的时间和规定的条件下处理完毕,并且还要以书面或口头的方式解释说明这样处理的原则和理由,是评价中心中最常用和最核心的技术之一。

角色扮演是一种情景模拟活动。所谓情景模拟就是指根据被试者可能担任的职务,编制一套与该职务实际根据相似的测试项目,将被试者安排在模拟的、逼真的工作环境中,要求被试者处理可能出现的各种问题,用多种方法来测评其心理素质、潜在能力的一系列方法。情景模拟假设解决方法往往有一种以上,其中角色扮演法是情景模拟活动应用的比较广泛的一种方法,其测评主要是针对被试者明显的行为以及实际的操作,另外还包括两个以上的人之间相互影响的作用。

管理游戏又称管理竞赛,是指几组管理人员利用计算机来模拟真实的公司经营,并做出各自的决策来互相竞争的一种开发方法。在管理竞赛中,将受训者分为 5 个—6 个公司,每个公司都要在激烈的模拟市场竞争中与其他公司进行各种形式的博弈。每个公司设立一个明确的目标并得知自己可以做出几个决策。每个公司对其他公司的决策情况不能看到,尽管这些决策会对它们的销售状况产生影响。

## 练习题

**一、思考题**

1. 什么是评价中心？具有哪些特点？
2. 评价中心的具体实施过程是怎样进行的？
3. 评价中心具有哪些优缺点？
4. 什么是无领导小组讨论？具有哪些优缺点？
5. 无领导小组讨论的具体实施过程是怎样进行的？
6. 什么是文件筐测试？具有哪些优缺点？
7. 文件筐测试的设计和实施过程是怎样进行的？
8. 什么是角色扮演？具有哪些优缺点？
9. 角色扮演的具体操作步骤是怎样进行的？
10. 什么是管理游戏？具有哪些优缺点？
11. 管理游戏的具体做法是什么？

**二、讨论题**

相较于一般的面试、笔试以及包括智商、能力、人格、性格在内的心理测验，评价中心技术具有哪些优点？在哪些情境下，评价中心技术在招聘员工时的效果较好？

**三、案例分析**

上海通用汽车有限公司(SCM)是上海汽车工业(集团)总公司和美国通用汽车公司合资建立的轿车生产企业，是迄今为止我国最大的中美合资企业之一。SGM 的目标是成为国内领先、国际上具有竞争力的汽车公司。一流的企业需要一流的员工队伍。因此，如何建设一支高素质的员工队伍，是中美合作双方都十分关心的首要问题。同时 SCM 的发展远景和目标定位也注定其对员工素质的高要求：不仅具备优良的技能和管理能力，而且还要具备出众的自我激励、自我学习能力、适应能力、沟通能力和团队合作精神。要在一个很短的时间里，客观公正地招聘选拔到高素质的员工来配置到各个岗位，对 SGM 来说无疑是一个重大的挑战。

**一、“以人为本”的公开招聘策略**

“不是控制，而是提供服务”，这是 SGM 人力资源部职能的特点，也是与传统人事部门职能的显著区别。

首先，根据公司发展的战略和宗旨，确立把传递“以人为本”的理念作为招聘的指导思想。SGM 在招聘员工的过程中，在坚持双向选择的前提下，还特别注意应聘者和公司双向需求的吻合。应聘者必须认同公司的宗旨和五项核心价值观：以客户为中心，安全，团队合作，诚信正直，不断改进与创新。同时，公司也充分考虑应聘者自我发展与自我实现的高层次价值实现的需求，尽量为员工的发展提供良好的机会和条件。

其次，根据公司的发展计划和生产建设进度，制定拉动式招聘员工计划，从公司的组织结构、各部门岗位的实际需求出发，分层次、有步骤地实施招聘。1997 年 7 月至 1998 年 6 月分两步实施对车间高级管理人员、部门经理、骨干工程师、行政部门管理人员和各专业工程师、工段长的第一层次的招聘计划；1998年底到1999年10月分两步实施对班组长、一班制操作工人和维修工、工程师第二层次的招聘计划；二班制和三班制生产人员的招聘工作与拉动式生产计划同步进行。

其次，根据“一流企业，需要一流员工队伍”的公司发展目标，确立面向全国广泛选拔人才的员工招聘方针。并根据岗位的层次和性质，有针对性地选择不同新闻媒体发布招聘信息，采取利用媒介和人才市场为主的自行招聘与委托招募相结合的方式。

再次，为确保招聘工作的信度和效度，建立人员评估中心，确立规范化、程序化、科学化的人员评估原则。并出资几十万元聘请国外知名的咨询公司对评估人员进行培训，借鉴美国GM公司及公司已有的“精益生产”样板模式，设计出具有SCM特点的“人员评估方案”，明确各类岗位对人员素质的要求。

最后，建立人才信息库，统一设计岗位描述表、应聘登记表、人员评估表、员工预算计划表及目标跟踪管理表等。

两年来，公司先后收到50 000多封应聘者的来信，最多一天曾收到700多封信，收发室只能用箩筐收集。这些信来自全国各地，有的还是来自澳洲和欧洲等国家的外籍人士。为了准确及时处理这些信件，SCM建立了人才信息系统，并开通了应聘查询热线。成千上万的应聘者，成筐的应聘者来信，这些都是对SGM人员招聘策略成功与否的最好检验。

**二、严格规范的评估录用程序**

1998年2月7日到上海科学会堂参加SGM招聘专场的人士无不感慨：“上海通用招聘人才门槛高！”那天，凡是进入会场的应聘者必须在大厅接受12名评估员岗位最低要求的应聘资格初筛，合格者才能进入二楼的面试台，由用人部门同应聘者进行初次双向见面，若有意向，再由人力资源部安排专门的评估时间。在进入科学会堂的2 800人中，经初步面试合格后进人评估的仅有百余人，最后正式录用的只有几十人。

1. 录用人员必须经过评估

这是SGM招聘工作流程中最重要的一个环节，也是SGM招聘选择员工方式的一大特点。公司为了确保自己能招聘选拔到适应一流企业、一流产品需要的高素质员工，借鉴通用公司位于德国和美国一些工厂采用人员评估中心来招聘员工的经验，结合中国的文化和人事政策，建立了专门的人员评估中心，作为人力资源部的重要组织机构之一。整个评估中心设有接待室、面试室、情景模拟室、信息处理室，中心人员也都接受过专门培训，评估中心的建立确保了录用工作的客观公正性。

2. 标准化、程序化的评估模式

SCM的整个评估活动完全按标准化、程序化的模式进行。凡被录用者，须经填表、筛选、笔试、目标面试、情景模拟、专业面试、体检、背景调查和审批录用九个程序和环节。每个程序和环节都有标准化的运作规范和科学化的选拔方法。其中笔试主要测试应聘者的专业知识、相关知识、特殊能力和倾向；目标面试则由受过国际专业咨询机构培训的评估人员与应聘者进行面对面的问答式讨论，验证其登记表中已有的信息，并进一步获取信息，其中专业面试则由用人部门完成；情景模拟是根据应聘者可能担任的职务，编制一套与该职务实际情况相仿的测试项目，将被测试者安排在模拟的、逼真的工作环境中，要求被试者处理可能出现的各种问题，用多种方法来测试其心理素质、潜在能力的一系列方法，如通过无领导的两小组合作完成练习，观察应聘管理岗位的应聘者的领导能力、领导欲望、组织能力、主动性、说服能力、口头表达能力、自信程度、沟通能力、人际交往能力等。SCM还把情景模拟推广到了对技术工人的选拔上，如通过齿轮的装配练习，来评估应聘者的动作灵巧性、质量意识、操作的条理性及行为习惯。在实际操作过程中，观察应聘者的各种行为能力，孰优孰劣，泾渭分明。

**思考题**

1. 上海通用汽车有限公司(SCM)的员工甄选模式是什么？

2. 在整个员工招聘过程中，为什么上海通用汽车有限公司(SCM)非常重视评估环节？

**四、课外实践题**

深入到一家组织进行实地调查，与该组织的人力资源部相关人员进行访谈或座谈，了解其在招聘员工活动时实施各项评价中心技术的实践情况。

# 第六篇

# 录用与评估篇

# 第十一章　员工录用

**本章学习目标**

☆ 了解员工录用的重要性和原则；
☆ 理解员工录用的主要策略和标准；
☆ 掌握员工录用的具体程序。

**【本节案例：问题提出】**

## 第一节　员工录用概述

在经过笔试、面试或心理测试后，招聘录用工作进入了决定性阶段。这一阶段的主要任务是通过对甄选评价过程中产生的信息进行综合评价与分析，确定每一位应试者的素质和能力特点，根据预先确定的人员录用标准与录用计划进行录用决策。

### 11.1　员工录用的重要性

员工录用工作直接影响着组织的生存和发展，其重要性体现在以下几点：

(1) 员工录用工作直接影响到组织的人员素质，关系到组织目标的实现；

(2) 员工招聘录用的成本较高，且周期较长，一旦录用决策失误，则需要重新招聘选拔新员工，组织又要耗费大量的人力物力财力；

(3) 由于组织受到有关劳动法规的约束，一旦录用不合格人员，则解聘将非常困难，因此，录用决策的正确与否显得非常重要。

### 11.2　员工录用的原则

(1) 公开原则。招聘单位的信息、招聘的种类和数量、招聘的资格条件等条件均需向社会公众告知，公开进行。这样一方面可以使招聘录用工作置于社会的公开监督之下，防止不正之风；另一方面也有利于给予社会上人才以公平竞争的机会，达到广招人才的目的。

(2) 平等原则。组织对所有应聘者应当一视同仁，不得人为地制造各种不平等的限制，如年龄歧视、性别歧视等，要努力为有志之士提供平等竞争的机会，不拘一格地选拔录用各方面的优秀人才。

(3) 竞争原则。一方面，组织必须通过各项严格的、科学的考核手段鉴别应聘者的优秀与否，做出录用决策，不能仅凭领导的知觉、印象来选人。另一方面，组织需动员和吸引更多的应聘者，竞争越激烈，就越容易选择出优秀的人才。

(4) 全面原则。各项考核手段应该兼顾德、智、体等多方面的内容，因为应聘者的素质，不仅取决于其文化程度，还与其能力、人格和价值观有关，而且在日后的工作中这些非智力素质往往起到决定作用。

## 11.3 员工录用决策

录用是依据选择的结果做出录用决策并进行安置的活动，其中最关键的内容是做好录用决策。录用决策是依据人员录用的原则，避免主观武断和不正之风的干扰，把选择阶段多种考核和测验结果组合起来，进行综合评价从中择优确定录用名单。

### 11.3.1 员工录用的策略

一般来说，人员录用的主要策略有：

(1) 多重淘汰式。每种测试方法都是淘汰性的，应聘者必须在每种测试中都达到一定水平方能合格。该方法是将多种考核与测验项目依次实施，每次淘汰若干低分者。对全部考核项目全部通过者，再按最后面试或测验的实得分数排除名词，择优确定录用名单。

(2) 补偿式。不同测试的成绩可以互为补充，最后根据应聘者在所有测试中的总成绩做出具有决策。如分别对应聘者进行笔试和面试选择，再按照规定的笔试和面试的权重比例，综合算出应聘者的总成绩，决定录用人选。

(3) 结合式。在这种情况下，有些测试是淘汰性的，有些是可以互为补偿的，应聘者通过淘汰性的测试后，才能参加其他测试。

### 11.3.2 员工录用决策的标准

从理论上讲，如果整个录用决策能够因事择人，即以工作描述和工作说明书为依据而制定录用标准，那么应该是录用效果最佳的方法。但是在现实中，将随着招聘情况的不同而有所改变，有可能出现人选工作、人与工作双向选择的现象。因此，录用决策一般应遵循以下标准：

(1) 以人为标准。从人的角度，按每人得分最高的一项给其安排职位，这样做可能出现同时多人在该职位上得分都高，结果因只能选择一个而使其他优秀人才拒之门外。

(2) 以职位为标准。从职位的角度出发，每样职位都挑选最好的人，但这样做可能会导致一个人同时被好几个职位选中。

(3) 以双向选择为标准。由于单纯以人为标准和单纯以职位为标准，均有欠缺，因此结合使用这两种方法，即从职位和人双向选择的角度出发，合理配置人员。这样做的结果有可能并不是最好的人去做每一项职位，也不是每个人都安排到其得分最高的职位上去，但因其平衡了两方面的因素，又是现实的，从总体的效果来看也是好的。

### 11.3.3 员工录用决策的注意事项

(1) 尽量使用全面衡量的方法。组织要录用的人员必然是能够满足其需要、符合应聘岗位素质要求的人才，因此必须根据组织和岗位的实际需要，针对不同的能力素质要求给予不同的权重，然后录用得分相对高的应聘者。

（2）尽量减少做出录用决策的人员。在决定做出录用决策的人员时，必须坚持少而精的原则，选择那些直接负责考察应聘者工作表现的人，以及会与应聘者共事的人。如果参与的人太多，则会增加录用决策的困难，造成争论不休或浪费时间、精力的现象。

（3）不能求全责备。没有十全十美的个体，在录用决策时不能吹毛求疵、专挑小毛病、总是不满意，组织必须分辨主要问题以及主要方面，分辨哪些能力对于完成工作是不可缺少的，这样才能录用到合适的人选。

## 第二节　员工录用程序

1. 做出初步录用决策

在组织运用简历筛选、面试、心理测验、评价中心等手段对应聘者进行测试筛选后，就可以获得关于应聘者胜任力的信息。根据这些信息，来自各个方面的评价者，如用人部门的主管、人力资源部门的专业人员、组织的领导层人员等，会对应聘者进行评价，集体讨论后做出录用决策。

2. 员工背景调查

员工背景调查是指用人单位通过各种合理合法的途径，来核实求职者的个人履历信息的真实性的过程，它是保证招聘质量的重要手段之一。员工背景调查是舶来品，在欧美国家比较盛行。近几年，随着中国经济的腾飞和对外开放的深化，员工背景调查也逐渐在中国流行起来。

（1）员工背景调查的原因

① 掌握员工工作履历和情况，了解员工的诚信程度，降低公司在资金、技术秘密、人员流动等方面的潜在风险。

② 避免企业及公司人为造成的不必要的名誉损失。

③ 提高企业对招聘需求的聘用成功率，节省企业的人力资源成本。

④ 为公司人力资源的其他工作提供人才保障方面的资料支持。

（2）员工背景调查的适用范围

对于组织来说，如果对拟聘用的所有人员均进行背景调查，需要花费大量的时间、人力、资金，且也不太现实，因此，组织在进行员工背景调查时，均会根据情况进行区别处理，并不会对所有聘用岗位人员进行背景调查，一般来说，组织对拟录用人员进行背景调查的岗位主要有：

① 涉及资金管理的岗位：如会计、出纳、投资等岗位，出于对资金安全考虑，一般企业都会对这些岗位的拟录用人员进行背景调查，主要是期望了解这些拟录用应聘者的工作能力、犯罪纪律和诚信状况。

② 涉及公司核心技术秘密的岗位：如研发部的工程师、技术人员等，企业的核心技术秘密涉及企业的生存问题，如可口可乐的核心配方和产品样品等，如果一旦被卖给竞争对手，企业就会出现生存危机，因此，在企业招聘涉及核心技术秘密的岗位的拟录用人才时，都会

非常慎重，花费一定的资金对拟录用者进行犯罪记录、诚信状况等背景调查。

③ 部分中高层管理岗位：如运营总监、销售总监、战略管理副总经理等，这些岗位主要涉及企业的运营战略，企业在战略周期的运营方向、核心客户资源等，都掌握在这些岗位人员手上，如果这部分人员产生动荡，会使整个企业的资金链或者运营层面带来极大的负面效应，大多数企业都会对中高层岗位聘用者进行背景调查，甚至不惜花费资金请外部调查机构。

(3) 员工背景调查的原则

① 只调查与工作有关的情况，并以书面形式记录，以证明将来的录用或拒绝是有依据的。

② 重视客观内容的调查核实，忽略应聘者的性格等方面的主观评价内容。

③ 慎重选择“第三者”。要求对方尽可能使用公开记录来评价员工的工作情况，避免偏见的影响。

④ 估计调查材料的可靠程度。一般来说，应聘者的直接上司的评价要比人力资源部人员的评价更为可信。

⑤ 利用结构化的表格，确保不会遗漏重要问题。

(4) 员工背景调查的内容

员工背景调查的内容一般分为两类：一是通用项目，如毕业学位的真实性、任职资格证书的有效性；二是与工作说明书要求相关的工作经验、技能和业绩。具体可以分为以下几个方面：

① 学历水平。无论组织提供的职位对于学历的要求和标准如何，都必须对员工的学历的真实性做调查。一个编造学历的应聘者，很多时候都会有不诚实的表现。

② 个人资质。作为招聘员工的组织，如果希望招到优秀的员工，就应该认真考察应聘者提供的诸如前工作单位、辞职原因、家庭住址及其他状况。

③ 个人资信。每个用人单位都希望得到一些好的品行、有良好成长经历、无不良嗜好及有一定信用度的员工，对此应加以调查。

④ 其他。如员工的忠诚度调查、违反公司合同、损害公司利益调查等。

(5) 员工背景调查注意事项

背景调查也是招聘中的一门学问，如果操作不当可能损害应聘者利益，影响组织的雇主形象。经过背景调查长期的实践，在背景调查操作中要注意以下几点：

① 告知应聘人，获得允许和理解。背景调查在一定程度上可能触犯了应聘者的隐私，为了互相的全面了解，获得互相合作的机会，在征得应聘者的允许和理解下可以进行。可以在《应聘人员登记表》中设计一栏“背景调查”，让应聘者提供最近工作的单位，并提供证明人及联系电话；或者签订背景调查授权书，应聘者签字，并声明所填的信息都是真实的。这样做相当于已经告诉应聘者我们后续可能会做这样一个工作，那么应聘者将谨慎、负责核对表格所填的信息。而应聘者也能理解企业谨慎录用人的行为，而不会导致应聘者反感调查隐私甚至投诉公司这种做法。

| 背景调查授权书 |
| --- |
| 本人________已许可并授权________________公司，对本人于____年____月在________________公司担任________职位时的工作经历、取得业绩等情况的真实性予以调查询问，特此证明。希望予以配合，非常感谢！<br>本人签字：<br>日期： |

② 不对应聘人未离职的单位进行调查。如果你对应聘者正在受雇用的公司了解情况的话，会给其工作带来不便。比如，长城商贸公司的丁佳因个人发展需要想换一份工作，在没有辞职的情况下去C公司面试了，面试中丁佳表现出色。根据公司招聘流程，如果丁佳背景调查合格的话，决定录用。人力资源部在作调查时，对丁佳未离职的公司也进行了调查。结果这件事在长城商贸公司引起了很大的轰动，部门经理、人力资源经理甚至总经理都几次找丁佳谈话，几个星期丁佳几乎成了同事中的异类。丁佳因为受不住几方的压力，提前辞职了。丁佳最终也没有去C公司，因为C公司的做法让她很为难、很反感。因此，在作背景调查时，不宜贸然对正在受雇的公司进行背景调查，可以通过其他方式了解相关信息，而不要带来对应聘者的不便。

③ 在面试过程确定背景调查的重点。应聘者的很多信息可以通过面试对应聘者进一步收集，经过判断，对于面试中应聘者提供中有疑点的在背景调查时需进行核实。如工作时间、在工作中承担的角色、工作的真实业绩等，这些方面的疑点需要在面试时就进行记录，作为为背景调查的重点。在进行工作经历背景调查时，一般重点对最近两份工作的经历进行了解与核实。如果最近两次经历时间都不长，而且受雇的公司比较多，可以重点调查5年内的工作经历，因为最近的工作经历能更好地反应目前的能力状态。同时，对于经常换工作的应聘者，需要更多了解应聘者离职原因。

背景调查的主要了解应聘者提供的信息是否真实及应聘者未曾提到但与工作密切相关的信息，了解的主要内容包括：工作的职位角色、工作经历的时间是否吻合、离职的原因、工作的表现如何等。应聘者受雇某公司的背景调查记录表一般由2至4份组成，相关信息一般从应聘者的直接上级、工作联系紧密的同事、直接下属以及人力资源部人员处了解。特别是公司关键岗位背景调查时一定要全面收集信息。在背景调查时也不一定面面俱到，但是一定要把关键的信息收集到，如面试中发现的重要疑点。

④ 最迟在决定聘用之前做背景调查。从背景调查的内容上看，做一个人的背景调查工作量也不小。因此背景调查最好安排在终试结束后，并在入职前进行。此时大部分不合格人选已经被淘汰，对淘汰人员自然没有进行调查的意义，这样量就小很多了。在这里强调一定要在发入职通知前进行，不然人已经来了，后因调查发现不合适，让应聘者在试用期离职，这样做不仅伤害了应聘者的利益，也加大了公司的招聘成本。

⑤ 电话调查时把握重点，礼貌有效提问。调查人员做背景调查时应简单的自我介绍，要礼貌、语言得体。充分考虑背景调查信息提供者的时间，把握重点，对于对方时间紧急的，问问题也不必面面俱到。

3. 体检

为了确定应聘者的身体状况是否适应工作要求，特别是能否满足工作对应聘者身体素质的特殊要求，在筛选之后录用之前还要经历体检。这里所说的体检不同于一般的身体检查，它包括健康检查、身体运动能力测试。

通过对应聘者健康检查可以减少缺勤率和事故的发生率，保证组织工作任务的完成，同时简介节省用人成本。通过体检可以发现员工可能不知道的传染病，由于特定行业的从业人员与人群密切接触，有可能传播传染病，因此对此职业或工种需要进行强制性体检。

对组织内的员工运动能力的测试可以了解其是否满足特殊工作要求，例如，对建筑人员，就要测定其气力、握力、耐力、控制力、调整力、坚持力、手指灵巧、手眼协调、视觉听觉的灵敏度、颜色辨别力等。

**※【知识链接 11－1】**

**企业应当重视员工的入职体检**

企业聘用新员工绝对不是签份劳动合同或填个表格那么简单，入职的每个环节都潜藏着大大小小的法律风险，很多劳动纠纷都是因为用人单位在新员工入职时操作不当或疏忽所致。下面的案例就是某公司因省略或不重视新员工入职的体检工作，导致给其带来的法律风险。

2010 年 3 月，A 公司高薪聘用员工李某从事设计工作，入职时，因李某年仅 30 余岁，公司认为无须对其进行入职体检，就让他直接上班了。李某工作 4 个多月后，感觉右下腹部疼痛，公司将他送至医院进行检查，医院检查后告知：李某的右下腹部肿瘤已到晚期，需要住院治疗；李某的疾病在半年前可通过常规体检发现并治疗，且会得到更好的疗效。李某的家属在得知上述情况后，将李某转院回其老家医院治疗，以便照顾。因李某不能继续上班，公司便在次月就停发其工资及相关待遇。李某在得知公司停发其工资后，多次与公司协商，要求公司依法支付其工资，均无果。李某无奈，在 2011 年 5 月，向 A 公司所在地的劳动仲裁部门提起劳动仲裁，要求解除与 A 公司的劳动合同，并要求 A 公司依法支付其医疗期间的工资、医疗期限届满的医疗补助金等费用。A 公司在庭审中以员工非因工伤产生的疾病，且住院不能上班为由，与公司之间的劳动合同在其未能上班之时已经解除，无需向该员工支付工资及其他相关费用。

仲裁委经审查认为，李某系公司的员工，在职期间因病住院接受治疗，依据《劳动合同法》、劳动部《关于贯彻执行〈中华人民共和国劳动法〉若干问题的意见》等规定，职工在患病或非因工负伤治疗期间，企业不得单方解除劳动合同；且在规定的医疗期内由企业按有关规定支付其病假工资或疾病救济费，病假工资或疾病救济费可以低于当地最低工资标准支付，但不能低于最低工资标准的 80％；以及依据《企业职工患病或非因工负伤医疗期规定》规定，并结合李某的工龄及在 A 公司连续工作的时间，依法裁决 A 公司向李某支付医疗期间的病假工资及医疗补助金等费用。

A 公司在支付李某相关费用后非常不解，李某住院治疗并非因工负伤，是其自身疾病所致，且刚入职不久，其疾病与公司没有任何关系。法律之所以做出上述规定，是基于对劳动者的保护。当然，A 公司为李某支付上述费用有一定的偶然性，但也有一定的必然性，A 公司本可以避免该笔费用的支出，因 A 公司不重视员工入职体检工作，未对李某入职进行体检，遗漏了本应在入职体检时就能发现的隐患。如果A公司在李某入职时对其进行常规体检，那么，李某的疾病完全可能在入职体检时发现，公司不仅能避免支付上述费用，李某也能为疾病的治疗取得更有利的时间。

因此，用人单位对入职体检应当重视。

4. 办理录用手续

4.1.1　录用通知

(1) 录用通知的主要内容。在通知被录用者方面，最重要的是及时。如果组织不能及时发出录用通知就有可能使其损失重要的人力资源，因此录用一旦做出，就应该马上通知被录用者。录用通知的主要内容包括：

① 对新雇员的加入表示欢迎，让被录用者知道他们的到来对于组织的重要意义；

② 明确员工报到的相关内容；

③ 报到的时间和地点；

④ 如何到达及其他应该说明的信息。

(2) 录用通知范例

录用员工报到通知书

×××先生(女士)：

您应聘本公司__________职，经复审，决定录用，请于____年____月____日(星期____)上午____时，携带下列物品文件及详填函附之表格，向本公司人力资源部报到。

① 居民身份证。

② 个人资料卡。

③ 体检表。

④ 保证书。

⑤ 二寸半身照片________张。

说明事项：

① 按本公司之规定新进员工必须先行试用____个月，试用期间暂定支付月薪为________。

② 报到后，本公司将在很愉快的气氛中，为您作职前介绍，包括让您熟悉本公司的人事制度、福利、服务守则及其他注意事项。

③ 报到地点和乘车路线：(略)

④ 如果您有疑虑或困难，请与本部联系，联系人：(略)，联系电话：(略)。

×××公司人力资源部(盖章)

年　　月　　日

4.1.2　拒绝通知

(1) 拒绝方式。对大多数人来说，求职面试是最不愉快的经历之一。在经历所有这一切后，仅被告知“你的条件与我们的需要不符”将是一次痛苦的经历。大多数组织认识到了这一点，并努力使求职者尽可能保持平静，但是告诉他们未被录用常常是件艰难的事。

当选择过程允许在一个人身上的时间较多时，组织代表可以与求职者坐下来解释为何录用了其他人，但是由于时间限制，迫使组织采取了写一封拒绝信的做法。这种信可以是非常个人化的。这样通常会减少求职者被拒绝的挫败感以及求职者对组织产生否定情绪的机会。不针对个人的信件很可能产生相反的结果。组织最好的做法是客观地进行选择决策。大多数人在经过一段时间后，都会接受未被选中的事实。这时，应该采用同样的方式通知所有未录用的申请者。如果用电话通知一个申请者没有被录用，那么其他所有的申请者都应该用电话通知。每一个参加面谈的人都应该得到一个及时的回答，最好是以信的形式来通知。有的组织曾经使用过明信片的形式，这显然是令人很尴尬的做法。一般来说，由组织人力资源部经理签名的辞谢信，比单纯加盖一个公章的辞谢信要让人好受一些。

(2) 拒绝通知书。拒绝通知书范例提供了拒绝信的样本，组织可以根据自身需要进行修改，但需要注意一点，要感谢求职者到组织来应聘，言辞要诚恳。

辞谢通知书

尊敬的________先生/女士：

十分感谢您对我们企业的________职位的兴趣。您在应聘该职位时的良好表现，我们印象深刻，但是由于我们名额有限(或，考虑到您工作经历及各方面情况与公司要求存在差异)，这次公司无法录用您。我们已经将您的有关资料备案，并会保留半年，如果有新的岗位空缺，我们会优先通知您(这句话要视具体情况而确定是否需要)。感谢您能够理解我们的决定。祝您早日找到理想的工作。对您热诚应聘我们的企业，再次表示感谢！

此致

××企业
人力资源部经理
年　　月　　日

5. 签订劳动合同

5.1.1　劳动合同

(1) 劳动合同的含义。劳动合同是指劳动者与用人单位之间确立劳动关系，明确双方权利和义务的协议。订立和变更劳动合同，应当遵循平等自愿、协商一致的原则，不得违反法律、行政法规的规定。劳动合同依法订立即具有法律约束力，当事人必须履行劳动合同规定的义务。

根据《中华人民共和国劳动法》(以下简称《劳动法》)第十六条第一款规定，劳动合同是劳动者与用工单位之间确立劳动关系，明确双方权利和义务的协议。根据这个协议，劳动者加入企业、个体经济组织、事业组织、国家机关、社会团体等用人单位，成为该单位的一员，承担一定的工种、岗位或职务工作，并遵守所在单位的内部劳动规则和其他规章制度；用人单位应及时安排被录用的劳动者工作，按照劳动者提供劳动的数量和质量支付劳动报酬，并且根据劳动法律、法规规定和劳动合同的约定提供必要的劳动条件，保证劳动者享有劳动保护及社会保险、福利等权利和待遇。

(2) 劳动合同的主体。劳动合同的主体即劳动法律关系当事人：劳动者和用人单位。劳动合同的主体与其他合同关系的主体不同：其一，劳动合同的主体是由法律规定的具有特定性，不具有法律资格的公民与不具有用工权的组织不能签订劳动合同；其二，劳动合同签订后，其主体之间具有行政隶属性，劳动者必须依法服从用人单位的行政管理。

① 需要签订劳动合同的劳动者对象。

按照全面实行劳动合同制度的改革要求，需要签订劳动合同的对象包括：新招用的劳动者、原有的固定工以及原固定工身份的特殊人员。所谓原固定工身份的特殊人员，是指根据劳动部关于全面实行劳动合同制的通知和贯彻劳动法若干问题的意见规定的以下人员：① 存在着劳动关系而没能履行劳动义务的特殊人员。例如，用人单位的"富余人员、放长假"的职工，长期被外单位借用的人员、带薪上学人员，请长期病假人员、停薪留职人员，被派到合资、参股单位人员；② 企业、事业单位的中共党委书记、厂长或经理、工会主席等。

② 需要签订劳动合同的用人单位。

根据劳动法律、法规的规定，需要与劳动者签订劳动合同的用人单位包括：中国境内的企业法人，个体、合伙制非法人经济组织；国家机关、事业组织和社会团体；特殊类型经济组织，如租赁经营（生产）、承包经营（生产）的企业等等。

(3) 劳动合同的特征

劳动合同除了具有合同的共同特征外，还具有以下独有特征：

① 劳动合同主体具有特定性。一方是劳动者，即具有劳动权利能力和劳动行为能力的中国人、外国人和无国籍人；另一方是用人单位，即具有使用劳动能力的权利能力和行为能力的企业个体经济组织、事业组织、国家机关、社会团体等用人单位。双方在实现劳动过程中具有支配与被支配、领导与服从的从属关系。

② 劳动合同内容具有劳动权利和义务的统一性和对应性。没有只享受劳动权利而不履行劳动义务的，也没有只履行劳动义务而不享受劳动权利的。一方的劳动权利是另一方的劳动义务，反之亦然。

③ 劳动合同客体具有单一性，即劳动行为。

④ 劳动合同具有诺成、有偿、双务合同的特征。劳动者与用人单位就劳动合同条款内容达成一致意见，劳动合同即成立。用人单位根据劳动者劳动的数量和质量给付劳动报酬，不能无偿使用劳动力。劳动者与用人单位均享有一定的权利并履行相应的义务。

⑤ 劳动合同往往涉及第三人的物质利益关系。劳动合同必须具备社会保险条款，同时劳动合同双方当事人也可以在劳动合同中明确规定有关福利待遇条款，而这些条款往往涉及第三人物质利益待遇。

(4) 劳动合同的作用

① 劳动合同是建立劳动关系的基本形式。以劳动合同作为建立劳动关系的基本形势是世界各国的普遍做法。这是由于劳动过程是非常复杂的也是千变万化的，不同行业，不同单位合同劳动者在劳动过程中的权利义务各不相同，国家法律法规只能对共性问题做出规定，不可能对当事人的具体权利义务做出规定，这就要求签订劳动合同明确权利义务。

② 劳动合同是促进劳动力资源合理配置的重要手段。用人单位可以根据经营或工作需要确定录用劳动者的条件和方式数量，并且通过签订不同类型、不同期限的劳动合同，发挥劳动者的特长合理使用劳动力。

③ 劳动合同有利于避免或减少劳动争议。劳动合同明确规定劳动者和用人单位的权利义务，这既是对合同主体双方的保障又是一种约束，有助于提高双方履行合同的自觉性，促使双方正确行使权力，严格履行义务。因为劳动合同的订立和履行有利于避免或减少劳

动争议的发生,有利于稳定劳动关系。

(5) 劳动合同的种类

根据《中华人民共和国劳动合同法实施条例》第十八条、第十九条规定,劳动合同有“固定期限劳动合同”、“无固定期限劳动合同”和“单项劳动合同”。

一、固定期限劳动合同,是指用人单位与劳动者约定合同终止时间的劳动合同。用人单位与劳动者协商一致,可以订立固定期限劳动合同。

二、无固定期限劳动合同,是指用人单位与劳动者约定无确定终止时间的劳动合同。原劳动法规定的长期合同。

三、单项劳动合同,即没有固定期限,以完成一定工作任务为期限的劳动合同,是用人单位与劳动者约定以某项工作的完成为合同期限的劳动合同。

(6) 劳动合同的内容

劳动合同的内容可分为两方面,一方面是必备条款的内容,另一方面是协商约定的内容。

**一、必备条款**

《劳动法》第十九条规定了劳动合同的法定形式是书面形式,其必备条款有 7 项:

① 劳动合同期限。法律规定合同期限分为三种:有固定期限,如 1 年期限、3 年期限等均属这一种;无固定期限,合同期限没有具体时间约定,只约定终止合同的条件,无特殊情况,这种期限的合同应存续到劳动者到达退休年龄;以完成一定的工作为期限,例如:劳务公司外派一员工去另外一公司工作,两个公司签订了劳务合同,劳务公司与外派员工签订的劳动合同期限是以劳务合同的解除或终止而终止,这种合同期限就属于以完成一定工作为期限的种类。用人单位与劳动者在协商选择合同期限时,应根据双方的实际情况和需要来约定。

② 工作内容。在这一必备条款中,双方可以约定工作数量、质量,劳动者的工作岗位等内容。在约定工作岗位时可以约定较宽泛的岗位概念,也可以另外签一个短期的岗位协议作为劳动合同的附件,还可以约定在何种条件下可以变更岗位条款等等。掌握这种订立劳动合同的技巧,可以避免工作岗位约定过死,因变更岗位条款协商不一致而发生的争议。

③ 劳动保护和劳动条件。在这方面可以约定工作时间和休息休假的规定,各项劳动安全与卫生的措施,对女工和未成年工的劳动保护措施与制度,以及用人单位为不同岗位劳动者提供的劳动、工作的必要条件等等。

④ 劳动报酬。此必备条款可以约定劳动者的标准工资、加班加点工资、奖金、津贴、补贴的数额及支付时间、支付方式等等。

⑤ 劳动纪律。此条款应当将用人单位制定的规章制度约定进来,可采取将内部规章制度印制成册,作为合同附件的形式加以简要约定。

⑥ 劳动合同终止的条件。这一必备条款一般是在无固定期限的劳动合同中约定,因这类合同没有终止的时限。但其他期限种类的合同也可以约定。须注意的是,双方当事人不得将法律规定的可以解除合同的条件约定为终止合同的条件,以避免出现用人单位应当在解除合同时支付经济补偿金而改为终止合同不予支付经济补偿金的情况。

⑦ 违反劳动合同的责任。一般约定两种违约责任形式,第一种是一方违约赔偿给对方

造成经济损失，即赔偿损失的方式；二是约定违约金的计算方法，采用违约金方式应当注意根据职工一方承受能力来约定具体金额，避免出现显失公平的情形。违约，不是指一般性的违约，而是指严重违约，致使劳动合同无法继续履行，如职工违约离职，单位违法解除劳动者合同等。

**二、约定条款**

按照法律规定，用人单位与劳动者订立的劳动合同除上述 7 项必须具备的条款内容外，还可以协商约定其他的内容，一般简称为协商条款或约定条款，其实称为随机条款似乎更准确，因为必备条款的内容也是需要双方当事人协商、约定的。

这类约定条款的内容，是当国家法律规定不明确，或者国家尚无法律规定的情况下，用人单位与劳动者根据双方的实际情况协商约定的一些随机性的条款。劳动行政部门印制的劳动合同样本，一般都将必备条款写得很具体，同时留出一定的空白地由双方随机约定一些内容。例如：可以约定试用期、保守用人单位商业秘密的事项、用人单位内部的一些福利待遇、房屋分配或购置等等内容。

随着劳动合同制的实施，人们的法律意识，合同观念会越来越强，劳动合同中的约定条款的内容会越来越多。这是改变劳动合同千篇一律状况，提高合同质量的一个重要体现。

**三、商业秘密事项如何约定**

首先，几个法律规定：《反不正当竞争法》第 10 条，《劳动部关于企业职工流动若干问题的通知》（劳部发〔1996〕355 号）第 2 条，《关于禁止侵犯商业秘密行为的若干规定（修正）》（国家工商局公第 41 号），《国家工商局关于商业秘密构成要件问题的答复》（工商公字〔1998〕109 号），国家科委《关于加强科技人员流动中技术秘密管理的若干意见》（国科发政字〔1997〕317 号）。

根据上述规定，商业秘密是指不能从公开渠道直接获取的；能为权利人带来经济利益、具有实用性；并须权利人采取保密措施的信息。该信息必须全部具备上述三个特点，方能称之为商业秘密。作为用人单位应特别注意对自己认为属于商业秘密的信息和资料采取切实可行的保密措施。比如：用内部规章制度对保密的范围、内容、岗位、人员、措施等加以明确，也就是制定保密制度；用协议书的形式与有关单位和职工约定保守秘密的权力与义务。只有如此，才能在发生争议之后，依法保护自己的合法利益。

劳动合同就是用人单位与劳动者的一种协议书，可以在其中约定商业秘密的内容。按照规定，可以约定在劳动合同终止前或该职工提出解除劳动合同后的一定时间内（不超过 6 个月），调整其工作岗位，变更劳动合同的相关内容；也可以约定用人单位对掌握商业秘密的职工规定在终止或解除劳动合同后的一定期限内（不超过 3 年），不得到生产同类产品或经营同类业务且有竞争关系的其他用人单位任职，也不得自己生产与原单位有竞争关系的同类产品或经营同类业务，但用人单位应当给予该职工一定数额的经济补偿。

**四、约定**

签订劳动合同既可不约定试用期，也可约定试用期。但约定的试用期最长不得超过 6 个月。劳动合同期限在 3 个月以上不满 1 年的，试用期不得超过 1 个月；劳动合同期限在 1 年以上不满 3 年的，试用期不得超过 2 个月；3 年以上的固定期限和无固定期限的劳动合同，试用期不得超过 6 个月。试用期包括在劳动合同期限中。非全日制劳动合同，不得约定试用期，以完成一定工作任务为期限的劳动合同或者合同期限不满 3 个月的，不得约定试用期限。

试用期是用人单位与劳动者建立劳动关系后为相互了解、选择而约定的考察期，一般情况下适用于初次就业或再次就业时改变劳动岗位或工种的劳动者。因此，在试用期内劳动者若被证明不符合录用条件，用人单位可随时解除合同，而劳动者在试用期内认为用人单位的工作不适合自己，也可随时解除合同。学徒期是对进入某些工作岗位的新招工人熟悉业务、提高工作技能的一种培训方式。这一培训方式仍在继续采用，并按照技术等级标准规定的期限执行。见习期是大中专、技校毕业生新分配到用人单位工作的一种见习制度，期限为一年。综上所述，试用期与学徒期，或与见习期可以在劳动合同中同时约定，执行时应注意相互衔接好。这方面的具体规定请见《劳动部办公厅对〈关于劳动用工管理有关问题的请示〉的复函》(劳办发〔1996〕5 号)。

(7) 劳动合同的订立原则

《劳动合同法》第三条规定，订立劳动合同应当遵守如下原则：

**一、合法原则**

劳动合同必须依法以书面形式订立。做到主体合法、内容合法、形式合法、程序合法。只有合法的劳动合同才能产生相应的法律效力。任何一方面不合法的劳动合同，都是无效合同，不受法律承认和保护。

**二、协商一致原则**

在合法的前提下，劳动合同的订立必须是劳动者与用人单位双方协商一致的结果，是双方“合意”的表现，不能是单方意思表示的结果。

**三、合同主体地位平等原则**

在劳动合同的订立过程中，当事人双方的法律地位是平等的。劳动者与用人单位不因为各自性质的不同而处于不平等地位，任何一方不得对他方进行胁迫或强制命令，严禁用人单位对劳动者横加限制或强迫命令的情况。只有真正做到地位平等，才能使所订立的劳动合同具有公正性。

**四、等价有偿原则**

劳动合同明确双方在劳动关系中的地位作用，劳动合同是一种双务有偿合同，劳动者承担和完成用人单位分配的劳动任务，用人单位付给劳动者一定的报酬，并负责劳动者的保险金额。

(8) 劳动合同订立的注意事项

**一、普通员工签订注意事项**

① 劳动合同签订的时间。自用工之日起一个月内订立书面劳动合同即可。否则用人单位须向劳动者支付双倍工资。自用工之日起超过一年未与劳动者签订书面劳动合同的，视为双方已经形成无固定期限劳动合同。

② 劳动合同的期限。劳动合同的期限有三种：有固定期限的劳动合同、无固定期限的劳动合同和已完成一定的工作为期限的劳动合同。所以用人单位与劳动者在签订劳动合同时要根据双方的需求来协商确定劳动合同的期限。同时，如果有约定试用期，试用期是包含在劳动合同期限内的，若劳动合同仅约定试用期的，试用期不成立，该期限为劳动合同期限。

并且以完成一定的工作为期限的劳动合同或者劳动合同期限不满 3 个月的，依照劳动合同法规定该情形不得约定试用期。

③ 对非全日制用工要特别注意

1）非全日制劳动者在同一用人单位一般平均每日工作时间不超过 4 小时。每周工作时间累计不超过 24 小时。

2）非全日制用工不得约定试用期。

3）非全日制用工小时计酬标准不得低于最低小时工资标准。

4）非全日制用工劳动报酬结算支付周期最长不得超过 15 日。

5）用人单位必须为劳动者缴纳工伤保险，否则发生工伤事故则要承担相关责任。

**二、高级管理人员签订注意事项**

① 聘任和解聘的问题。对于高级管理人员的聘任和解聘不同于一般的劳动者，其主要是由《公司法》等法律专门规定的，如依照公司法规定未经用人单位董事会的决议，用人单位是无权直接聘任或解聘高级管理人员的。所以在签订劳动合同时要规定明确，以便和普通员工的劳动合同区别开来。

② 加班费问题。对于高级管理人员来说，其工作性质是与普通劳动者不同的。在实务中，经常会有公司的高级管理人员离职以后，向公司要求给付加班费的问题，但在司法实务中，高级管理人员有加班费一般得不到支持。所以用人单位在签订劳动合同时应注意解决这个问题。

③ 保密条款。由于高级管理人员会接触到用人单位的商业秘密，所以为了防止高级管理人员将商业秘密泄露给他人损害用人单位的利益，就需要在劳动合同中增加保密条款，劳动合同中的保密条款一般是进行原则性规定，最好能单独签订相应的保密协议，并且对违反保密条款时应承担的责任做好约定。

④ 竞业限制条款。竞业限制是用人单位对劳动者在用工时或终止、解除劳动合同后的一定期限内不得经营同类业务或在与本单位有竞争关系的其他用人单位任职，也不得自己生产与原单位有竞争关系的同类产品或经营同类业务。为了更好地保护用人单位的利益，在与高级管理人员签订的劳动合同中根据实际情况添加竞业限制条款。

（9）劳动合同的履行

**一、亲自履行原则**

合同是当事人之间设立、变更、终止民事权利义务的协议。一般情况下必须坚持当事人亲自履行原则。

**二、全面履行原则**

当事人应当按照约定全面履行自己的义务。这就是通常所称的合同全面履行原则，具体包括如下内容：① 在能够履行的前提下应当实际履行而不能以支付违约金或者赔偿金的方式代替履行。② 必须履行合同约定的全部义务而不能只履行部分义务。③ 必须按合同约定的时间履行义务而不能随意改变。④ 必须按合同约定的地点、方式等履行义务而不能加以改变或者增加对方的成本。

**三、实际履行原则**

实际履行是指合同生效后，一方当事人违反合同义务时，另一方当事人有权请求法院或仲裁机关强制违约方继续履行合同义务。

**四、诚实信用原则**

当事人应当遵循诚实信用原则，根据合同的性质、目的和交易习惯履行通知、协助、保密等义务。用人单位变更名称、法定代表人、主要负责人或者投资人等事项，不影响劳动合同的履行。

(10) 劳动合同的变更。合同的变更是指在合同成立以后，尚未履行或未完全履行以前，当事人就合同的内容达成的修改和补充。《劳动合同法》第三十五条规定，用人单位与劳动者协商一致，可以变更劳动合同约定的内容。变更劳动合同，应当采用书面形式。其特征如下：① 合同的变更必须经当事人协商一致，是在原来合同的基础上达成变更协议；② 合同内容的变更是指合同内容的局部变化，不是合同内容的全部变更；③ 合同变更后，原合同的变更的部分依变更后的内容履行，原合同没有变更的部分依然有效，即合同的变更并没有消灭原合同关系，只是对原合同的内容进行了部分修改。

(11) 劳动合同的解除。合同解除包括双方解除和单方解除。双方解除是当事人双方为了消灭原有的合同而订立的新合同，即解除合同。单方解除是指当事人一方通过行使法定解除权或者约定解除权而使合同的效力消灭。

*1. 劳动者与用人单位双方协商一致解除劳动合同*

《劳动法》第二十四条规定，经劳动合同当事人协商一致，劳动合同可以解除。

*2. 劳动者单方解除劳动合同*

根据《中华人民共和国劳动合同法实施条例》第十八条规定，具有下列情形之一的：

(一) 劳动者与用人单位协商一致的；

(二) 劳动者提前 30 日以书面形式通知用人单位的；

(三) 劳动者在试用期内提前 3 日通知用人单位的；

(四) 用人单位未按照劳动合同约定提供劳动保护或者劳动条件的；

(五) 用人单位未及时足额支付劳动报酬的；

(六) 用人单位未依法为劳动者缴纳社会保险费的；

(七) 用人单位的规章制度违反法律、法规的规定，损害劳动者权益的；

(八) 用人单位以欺诈、胁迫的手段或者乘人之危，使劳动者在违背真实意思的情况下订立或者变更劳动合同的；

(九) 用人单位在劳动合同中免除自己的法定责任、排除劳动者权利的；

(十) 用人单位违反法律、行政法规强制性规定的；

(十一) 用人单位以暴力、威胁或者非法限制人身自由的手段强迫劳动者劳动的；

(十二) 用人单位违章指挥、强令冒险作业危及劳动者人身安全的；

(十三) 法律、行政法规规定劳动者可以解除劳动合同的其他情形。

劳动者提前三十日以书面形式通知用人单位，可以解除劳动合同。劳动者在试用期内提前三日通知用人单位，可以解除劳动合同。

3. 用人单位可以单方解除劳动合同的情形

根据《中华人民共和国劳动合同法实施条例》第十九条规定，有下列情形之一的，依照劳动合同法规定的条件、程序，用人单位可以与劳动者解除固定期限劳动合同、无固定期限劳动合同或者以完成一定工作任务为期限的劳动合同：

（一）用人单位与劳动者协商一致的；

（二）劳动者在试用期间被证明不符合录用条件的；

（三）劳动者严重违反用人单位的规章制度的；

（四）劳动者严重失职，营私舞弊，给用人单位造成重大损害的；

（五）劳动者同时与其他用人单位建立劳动关系，给完成本单位的工作任务造成严重影响，或者经用人单位提出，拒不改正的；

（六）劳动者以欺诈、胁迫的手段或者乘人之危，使用人单位在违背真实意思的情况下订立或者变更劳动合同的；

（七）劳动者被依法追究刑事责任的；

（八）劳动者患病或者非因工负伤，在规定的医疗期满后不能从事原工作，也不能从事由用人单位另行安排的工作的；

（九）劳动者不能胜任工作，经过培训或者调整工作岗位，仍不能胜任工作的；

（十）劳动合同订立时所依据的客观情况发生重大变化，致使劳动合同无法履行，经用人单位与劳动者协商，未能就变更劳动合同内容达成协议的；

（十一）用人单位依照企业破产法规定进行重整的；

（十二）用人单位生产经营发生严重困难的；

（十三）企业转产、重大技术革新或者经营方式调整，经变更劳动合同后，仍需裁减人员的；

（十四）其他因劳动合同订立时所依据的客观经济情况发生重大变化，致使劳动合同无法履行的。

4. 为了充分保障劳动者的合法权益，根据《劳动合同法》第四十二条规定，劳动者有下列情形之一的，用人单位不得依照本法第四十条、第四十一条的规定解除劳动合同：

（一）从事接触职业病危害作业的劳动者未进行离岗前职业健康检查，或者疑似职业病病人在诊断或者医学观察期间的；

（二）在本单位患职业病或者因工负伤并被确认丧失或者部分丧失劳动能力的；

（三）患病或者非因工负伤，在规定的医疗期内的；

（四）女职工在孕期、产期、哺乳期的；

（五）在本单位连续工作满十五年，且距法定退休年龄不足五年的；

（六）法律、行政法规规定的其他情形。

（12）劳动合同的终止

《劳动法》第二十三条规定，劳动合同期满或者当事人约定的劳动合同终止条件出现，劳动合同即行终止。劳动合同的终止是指劳动合同期满或当事人双方约定的劳动合同终止条件出现，劳动合同即行终止。

**一、《劳动合同法》第四十四条　有下列情形之一的，劳动合同终止**

（一）劳动合同期满的；

（二）劳动者开始依法享受基本养老保险待遇的；

（三）劳动者死亡，或者被人民法院宣告死亡或者宣告失踪的；

（四）用人单位被依法宣告破产的；

（五）用人单位被吊销营业执照、责令关闭、撤销或者用人单位决定提前解散的；

（六）法律、行政法规规定的其他情形。

**二、《中华人民共和国劳动合同法实施条例》第二十一条规定，劳动者达到法定退休年龄的，劳动合同终止**

（13）劳动合同的违约

违约责任的承担方式可以约定两种形式，第一种赔偿损失的方法。即约定由违约一方赔偿给对方造成经济损失；第二是约定违约金，采用这种方式应当注意根据职工一方承受能力来约定具体金额，不要出现显失公平的情形。另外，所谓的违约，不是一般性的违约，而是指比较严重的违约，造成劳动合同无法继续履行，如职工违约离职，单位违法解除劳动者合同等。

1. 用人单位的违约责任

根据《劳动合同法》第八十七条规定，用人单位违反本法规定解除或者终止劳动合同的，应当依照本法第四十七条规定的经济补偿标准的二倍向劳动者支付赔偿金。

2. 劳动者的违约责任

根据《中华人民共和国劳动合同法实施条例》第二十六条规定，用人单位与劳动者约定了服务期，劳动者依照劳动合同法第三十八条的规定解除劳动合同的，不属于违反服务期的约定，用人单位不得要求劳动者支付违约金。

有下列情形之一，用人单位与劳动者解除约定服务期的劳动合同的，劳动者应当按照劳动合同的约定向用人单位支付违约金：

（一）劳动者严重违反用人单位的规章制度的；

（二）劳动者严重失职，营私舞弊，给用人单位造成重大损害的；

（三）劳动者同时与其他用人单位建立劳动关系，对完成本单位的工作任务造成严重影响，或者经用人单位提出，拒不改正的；

（四）劳动者以欺诈、胁迫的手段或者乘人之危，使用人单位在违背真实意思的情况下订立或者变更劳动合同的；

（五）劳动者被依法追究刑事责任的。

（14）劳动合同的赔偿

**一、员工拒签劳动合同**

自用工之日起一个月内，经用人单位书面通知后，员工拒绝与用人单位签订劳动合同的，用人单位可以书面通知劳动者终止劳动关系，且用人单位无需对劳动者进行任何赔偿，但是应当依法向劳动者支付其实际工作时间的劳动报酬；

**二、用人单位拒签劳动合同**

1. 用人单位拒绝与劳动者签订劳动合同的，用人单位应当赔偿劳动者双倍工资。

2. 用人单位自用工之日起满一年不与劳动者订立书面劳动合同的，视为用人单位与劳动者已订立无固定期限劳动合同。此时用人单位不与劳动者订立无固定期限劳动合同的，应当自订立无固定期限劳动合同之日起向劳动者每月支付二倍的工资。

3. 用人单位拒绝与劳动者订立劳动合同，后将劳动者辞退的，应当赔偿劳动者经济补偿金，若属于违法辞退，则需要向劳动者支付经济赔偿金。

来源法规：《劳动合同法实施条例》第六条规定，用人单位未与劳动者签订劳动合同，最长应支付 11 个月双倍工资，用工之日起满一年还未签订劳动合同，视为双方已订立无固定期限劳动合同。《劳动合同法》第四十八条规定，用人单位违反本法规定解除或者终止劳动合同，如果劳动者不要求继续履行劳动合同或者劳动合同已经不能继续履行的，用人单位应当支付赔偿金。

**※【知识链接 11－2】**

**员工维权途径**

法律已经针对没签劳动合同，劳动者可获得补偿做出明确规定，那么劳动者究竟该怎么维权呢？

（一）准备证明和用人单位存在事实劳动关系的证据

任何工资支付凭证或记录、缴纳各项社会保险费的记录；或者有用人单位向劳动者发放的“工作证”、“服务证”等能够证明身份的证件；劳动者填写的用人单位招工招聘“登记表”、“报名表”等招用记录；考勤记录；其他劳动者的证言等凭证，都可作为认定双方存在劳动关系的证明。

（二）维权流程：双方协商→劳动仲裁→提起诉讼

劳动者可以依据法律和用人单位进行协商，如果协商不成可以提供证据向劳动部门提起劳动仲裁，如果仲裁结果不满意，可以向法院提起诉讼。起诉是最后的维权手段，如果劳动者在前面两个方法中已经能够解决问题，那么就没必要诉讼了。

用人单位不和劳动者签订劳动合同属于违法行为，劳动者在没签劳动合同被辞退的情况要学会拿起法律的武器来维护自己的合法权利。

(15) 劳动合同的无效

无效劳动合同是指不符合法定生效条件的劳动合同。无效的劳动合同，从订立的时候起，就没有法律约束力。确认劳动合同部分无效的，如果不影响其余部分的效力，其余部分仍然有效。劳动合同的无效，由劳动争议仲裁委员会或者人民法院确认。引起无效的原因大体有以下几种：

1. 合同主体不合格。如受雇一方提供了假的学历、学位、专业技术资格证书，聘用单位不具备招聘资格等。

2. 合同内容不合法，即劳动合同有悖法律、法规及善良风俗，或是损害了国家及社会的公共利益。如约定制造冰毒、假钞等。内容不合法的劳动合同不受法律保护。

3. 意思表示不真实。劳动合同是双方合意的产物，应该是当事人真实的意思表示。采取欺诈、威胁等手段订立的劳动合同，违背一方的真实意愿，因而是无效的。

4. 合同形式不合法。这是指劳动合同没有采取书面形式、当事人也未实际履行主要义务，或者依法或应当事人要求应当鉴证的劳动合同没有鉴证等。在一般情况下，只要当事人采取补救措施，使合同形式上合法化后，就可以认定合同有效。

（16）劳动合同的仲裁

《中华人民共和国劳动争议调解仲裁法》第二条规定，中华人民共和国境内的用人单位与劳动者因订立、履行、变更、解除和终止劳动合同发生的争议，依法由劳动争议仲裁委员会仲裁裁决。劳动争议由劳动合同履行地或者用人单位所在地的劳动争议仲裁委员会管辖。双方当事人分别向劳动合同履行地和用人单位所在地的劳动争议仲裁委员会申请仲裁的，由劳动合同履行地的劳动争议仲裁委员会管辖。当事人对发生法律效力的调解书、裁决书，应当依照规定的期限履行。一方当事人逾期不履行的，另一方当事人可以依照民事诉讼法的有关规定向人民法院申请执行。受理申请的人民法院应当依法执行。

在劳动争议纠纷案件中，因用人单位做出开除、除名、辞退、解除劳动合同、减少劳动报酬、计算劳动者工作年限等决定而发生劳动争议的，由用人单位负举证责任。

### （一）用人单位对员工是否订立劳动合同要负举证责任

1. 用人单位不与劳动者签订书面劳动合同将承担不利的法律后果

为了破解实践中事实劳动关系的泛滥和用人单位不订立劳动合同的顽疾，《劳动合同法》强调劳动合同的书面化，不管订立、变更、解除、终止一律采取书面形式。《劳动合同法》第十条规定，建立劳动关系，应当订立书面劳动合同。已建立劳动关系，未同时订立书面劳动合同的，应当自用工之日起一个月内订立书面劳动合同。《劳动合同法》第八十二条规定，用人单位自用工之日起超过一个月不满一年未与劳动者订立书面劳动合同的，应当向劳动者每月支付二倍的工资。《劳动合同法》第十四条第三款规定，用人单位自用工之日起满一年不与劳动者订立书面劳动合同的，视为用人单位与劳动者已订立无固定期限劳动合同。《劳动合同法实施条例》也作了与此相关的实施规定。

2. 用人单位对拒签劳动合同的劳动者要注意保存证据并及时采取处理措施

首先，用人单位必须革新用工观念，建立先订合同后用工的习惯，最迟必须在一个月内订立合同；劳动合同终止后，劳动者仍在用人单位继续工作的，抛弃双方可随时终止劳动合同的观念，也应当在一个月内续订劳动合同。《劳动合同法实施条例》第六条规定："自用工之日起一个月内，经用人单位书面通知后，劳动者不与用人单位订立书面劳动合同的，用人单位应当书面通知劳动者终止劳动关系，无需向劳动者支付经济补偿，但是应当依法向劳动者支付其实际工作时间的劳动报酬。"《实施条例》的这一规定，对劳动者拒绝与用人单位签订劳动合同的，给了用人单位一个终止劳动关系的选择权。当然，这里用人单位需举证证明已经书面通知劳动者签订合同，而劳动者不签订书面劳动合同，因此，用人单位应当具有证据意识，在书面通知送达时应当有劳动者的签收证据或其他可证明已经向劳动者送达书面通知的证据，否则事后可能发生争议纠纷，而用人单位无法举证。

那么，对于拒绝与用人单位签订劳动合同的劳动者，还可以采取哪些处理方法呢？（1）对初来应聘的可以不予录用；（2）对已经招收并且用工的要保留相关证据，在一个月之内向劳动者送达签订合同通知书，要求劳动者必须书面表示意见，如果书面拒绝要作为证据保存；用人单位应当在一个月内书面通知劳动者终止劳动关系，并且不向其支付经济补偿；(3) 对已经超过一个月拒绝与用人单位签订劳动合同的劳动者，除保留好有关拒签的书面证据外，应当严肃向其提出不签劳动合同是违法行为也是严重违反规章制度的行为，可以按照《劳动合同法》第三十九条的规定随时通知解除事实劳动关系，只支付正常工资，不支付经济补偿。

3. 用人单位要做好为劳动关系是否存在举证的证据保存工作

《劳动合同法》第七条规定，用人单位自用工之日起即与劳动者建立劳动关系。这一规定明白无误地告诉我们：用人单位与劳动者之间是否存在劳动关系，用工才是唯一标准。只要有了用工的事实，劳动关系就已经建立了，这种劳动关系就是合法的，就要受到法律的保护。据此，今后再也不存在所谓事实劳动关系的问题了。

劳动和社会保障部早在2005年专门发布了《关于确立劳动关系有关事项的通知》，明确规定了认定用人单位和劳动者存在劳动关系可参照的凭证，包括：

(1) 工资支付凭证或记录(职工工资发放花名册)、缴纳各项社会保险费的记录；

(2) 用人单位向劳动者发放的“工作证”、“服务证”等能够证明身份的证件；

(3) 劳动者填写的用人单位招工招聘“登记表”、“报名表”等招用记录；

(4) 考勤记录；

(5) 其他劳动者的证言等。

其中，本通知明确规定(1)、(3)、(4)项的有关凭证的举证责任在用人单位，因此用人单位必须保存这些资料为提供证据作准备，否则就要承担对本单位不利的后果。劳动保障部这一《通知》还规定了用人单位种种事实劳动关系的也需要支付经济补偿金。由此可见，用人单位运用事实劳动关系的形成来逃避责任的空间已经非常狭小。根据《劳动合同法》的有关规定，用人单位如果还拖延不与劳动者订立书面劳动合同，将承担更加沉重的法律后果。

### (二) 用人单位对订立无固定期限劳动合同应负的举证责任

1. 用人单位与劳动者签订无固定期限劳动合同的几种情形

(1) 双方协商一致同意签订；

(2) 劳动者在该用人单位连续工作满十年的；

(3) 用人单位初次实行劳动合同制度或者国有企业改制重新订立劳动合同时，劳动者在该用人单位连续工作满十年且距法定退休年龄不足十年的；

(4) 连续订立二次固定期限劳动合同，且劳动者没有本法第三十九条和第四十条第一项、第二项规定的情形，续订劳动合同的。

(5) 用人单位自用工之日起满一年不与劳动者订立书面劳动合同的，视为用人单位与劳动者已订立无固定期限劳动合同。

2. 用人单位在签订无固定期限劳动合同问题上的举证责任

根据《劳动合同法》第十四条规定，有以上(2)、(3)、(4)种情形之一，劳动者提出或者同意续订、订立劳动合同的，除劳动者提出订立固定期限劳动合同外，应当订立无固定期限劳动合同。《劳动合同法》第十四条的实施有几个问题需要用人单位提供证据：

(1) 用人单位要证明劳动者在本单位的连续工作年限有十年或不够十年。

(2) 用人单位要证明本单位是不是初次实行劳动合同制度，是否是国有企业改制重新订立劳动合同。

(3) 用人单位要证明劳动者是不是已经订立了两次固定期限的劳动合同，如果劳动者要求续订固定期限劳动合同的，用人单位还要保留劳动者的书面意见作为证据。

《劳动合同法》第十四条的实施实际上暗藏了一个很大的“陷阱”，用人单位一不留神将很容易掉入。一种可能发生的情况是：在劳动者符合法定三种情形时，用人单位与劳动者订立固定期限劳动合同，劳动者也默认接受，但时隔数月或者数年，突然要求单位从该固定期限合同订立之日开始每月支付两倍工资，从法律规定看，其主张是可以成立的，因为劳动者并没有提出过订立固定期限劳动合同，用人单位本应当主动订立无固定期限劳动合同。还有一种可能发生的情况是：劳动者口头要求订立固定期限劳动合同，用人单位依劳动者的意思订立，但履行一段时间后，劳动者反悔，要求用人单位支付两倍工资，如果用人单位不能举证系劳动者提出的订立固定期限劳动合同，则面临支付两倍工资的风险。

3. 用人单位在签订无固定期限劳动合同时保存证据的方法

当劳动者符合上述各项情形，订立劳动合同前，用人单位应当增强证据意识，实践中建议以书面形式向劳动者征询需订立哪种类型的合同，如劳动者同意订立固定期限劳动合同或主动提出订立固定期限劳动合同的，用人单位一定要保留劳动者同意的书面证据，避免事后被劳动者利用而导致用工成本增加的风险。

4. 入职培训

5. 劳动合同的订立

劳动合同订立是指劳动者和用人单位经过相互选择和平等协商，就劳动合同条款达成协议，从而确立劳动关系和明确相互权利义务的法律行为。它一般包括确定合同当事人和确定合同内容两个阶段。

1) 劳动合同订立的一般程序

劳动合同的订立就是劳动合同当事人就合同条款通过协商达成一致意思的过程，这一过程一般分为要约和承诺两个阶段：

**一、要约**

要约是指一方当事人以订立合同为目的向另一方就合同主要内容做出的意思表示。因而，要约的发出人和接受人均须特定，且要约的内容足以构成合同的主要条款，同时应做出缔约的表示，否则不算有效要约。如果仅有订约的意思而未就合同主要内容做出表示，只能称为要约邀请，不能产生要约的效力。要约仅在要约有效期内对要约人具有法律拘束力，要约期满其效力自动解除。因而，用人单位如果仅在招工启事或广告或简章中介绍自身情况，并发出招工信息，并未就合同主要内容给予说明，该行为只能算是要约邀请，不构成有效要约。而如果用人单位在招工简章中对合同条件给予明确说明，则属于要约，一旦应招者承诺，用人单位有义务与劳动者签订劳动合同。如应招者不同意所列条件，而提出新的条件，则属于反要约，用人单位可以承诺，也可不予承诺而不成立合同。

**二、承诺**

承诺是指受要约人完全无条件地接受要约以成立合同的意思表示。承诺必须由受要约人本人在有效期内做出，且应当完全接受要约条款，如果接受的意思与要约不一致而改变了要约的实质性内容，则只能视为反要约，不构成有效承诺。劳动者或用人单位一旦同意对方要约而做出承诺，劳动合同即告成立。

任何一个劳动合同的成立，一般都要经过上述两个阶段，但具体可能要经过要约——反要约——再要约——承诺的复杂的反复协商，最后成立合同的过程，合同一经成立，即对双方当事人产生法律拘束力。

2) 劳动合同订立的一般步骤

劳动合同的订立从理论上讲应当经过要约和承诺的订约过程，这符合合同订立的一般理论。但劳动合同有其特殊性，在具体订立时，一般包括以下几个步骤：

**一、用人单位公布招工简章**

用人单位在招用合同制工人或其他人员时，应当先公布招工简章。简章一般包括以下内容：(1) 用人单位情况介绍，包括本单位是否具有法人资格、所有制性质、经营规模、经营范围、工作地点及条件、发展规划等，借此向社会公开其自身情况，有助于劳动者了解情况，决定是否应招。但所介绍的情况应当真实，不能进行欺诈行为，否则应承担法律责任；(2) 需招收的人员数量、岗位或工种；(3) 各层次。各种类的岗位招用人员的条件，如男女比例、年龄、学历等；还可以就应聘人员的政治条件、身体条件、居住(户口)条件等做出相应要求。但与录用无关的条件，如是否单身、民族等不得做出要求；(4) 被录用人员的权利，义务，主要指工作内容、工资、福利、劳动保护和劳动条件、保险和劳动纪律、民主权利等；(5) 报名时间，地点、需携带和提交的证明文件，材料、报名手续等。有的招工简章中仅规定招工人数、报名条件、时间、地点、手续等内容，亦无不可。

**二、劳动者自愿报名**

符合条件的应招人员，结合自身情况，有选择地自愿报名，报名时一般应提交身份及户口证明、毕业证书，工作简历及其他证明材料，并填报用人单位要求填写的各种表格，如报名登记表、工作申请书、报名一般应当本人亲自到场，但特殊情况下亦可请人代为报名。用人单位根据劳动者所提交的材料，进行初步资格审查，以确定报名资格。

**三、全面考核**

用人单位对于符合基本资格条件的报名者进行德、智、体全面考核，着重从身体条件、业务能力、心理素质等方面考评。同时根据工作岗位需要而有所侧重。如学徒工，应侧重文化考核；技术工则侧重技术技能考核；管理人员侧重于综合素质考核等。考核的具体内容、标准由用人单位确定，其方法可采取申请资料审查、背景调查、面试、笔试、实地操作、体检等多种方式。经过考核，对申请人做出尽可能合乎实际的评定结论，对于评定结论要张榜公布。

**四、择优录用**

用人单位通过对报名者全面考核之后，对于合格者应张榜公布，公开录用。并通知被录用者订立劳动合同。

**五、签订劳动合同**

劳动合同草案一般由用人单位提出，用人单位在草案中要注意遵守法律、法规，如对妇女及未成年人的特殊保护、最低工资规定、工作时间等。在合同草案基础上双方本着平等自愿、协商一致的原则，继续对合同条款做出修改，最后签订正式劳动合同。在履行了上述手续后，合同即依法成立。值得注意的是，鉴证不是劳动合同订立的必经程序，劳动合同在当事人达成一致意思签订合同后即告成立，双方可自行决定是否鉴证，是否鉴证不影响合同的成立与生效。

6. 新员工培训

新员工培训是指为了促使新员工更快融入工作而做的培训。通过岗位要求的培训，新员工能够很快胜任岗位，提高工作效率，取得较好的工作业绩，起到事半功倍的效果。通过新员工培训管理者对新员工更加熟悉，为今后的工作、管理打下了基础。

(1) 新员工培训的定义

新员工培训是指给企业的新雇员提供有关企业的基本背景情况，使员工了解所从事的工作的基本内容与方法，使他们明确自己工作的职责、程序、标准，并向他们初步灌输企业及其部门所期望的态度、规范、价值观和行为模式等等，从而帮助他们顺利地适应企业环境和新的工作岗位，使他们尽快进入角色。

(2) 新员工培训的内容

企业对新进人员培训的内容主要有：

① 介绍企业的经营历史、宗旨、规模和发展前景，激励员工积极工作，为企业的繁荣做贡献；

② 介绍公司的规章制度和岗位职责，使员工们在工作中自觉地遵守公司的规章，一切工作按公司制定出来的规则、标准、程序、制度办理。包括：工资、奖金、津贴、保险、休假、医疗、晋升与调动、交通、事故、申诉等人事规定；福利方案、工作描述、职务说明、劳动条件、作业规范、绩效标准、工作考评机制、劳动秩序等工作要求。

③ 介绍企业内部的组织结构、权力系统，各部门之间的服务协调网络及流程，有关部门的处理反馈机制。使新员工明确在企业中进行信息沟通、提交建议的渠道、使新员工们了解和熟悉各个部门的职能，以便在今后工作中能准确地与各个有关部门进行联系，并随时能够就工作中的问题提出建议或申诉；

④ 业务培训，使新员工熟悉并掌握完成各自本职工作所需的主要技能和相关信息，从而迅速胜任工作；

⑤ 介绍企业的经营范围、主要产品、市场定位、目标顾客、竞争环境等等，增强新员工的市场意识；

⑥ 介绍企业的安全措施，让员工了解安全工作包括哪些内容，如何做好安全工作，如何发现和处理安全工作中发生的一般问题，提高他们的安全意识；

⑦ 企业的文化、价值观和目标的传达。让新员工知道企业反对什么、鼓励什么、追求什么；

⑧ 介绍企业以员工行为和举止的规范。如关于职业道德、环境秩序、作息制度、开支规定、接洽和服务用语、仪表仪容、精神面貌、谈吐、着装等的要求。

(3) 新员工培训的意义

① 企业意义。新员工培训对企业的意义：如果说招聘是对新员工管理的开始，那么新

员工培训是企业对新员工管理的继续。这种管理的重要性在于通过将企业的发展历史、发展战略、经营特点及企业文化和管理制度介绍给新员工时，对员工进入工作岗位有很大的激励作用，新员工明确了企业的各项规章制度后，员工可以实现自我管理，节约管理成本。

② 个人意义。新员工培训对个人的意义：新员工培训对于个人来说是对企业进一步了解和熟悉的过程，通过对企业的进一步熟悉和了解，一方面可以缓解新员工对新环境的陌生感和由此产生的心理压力，另一方面可以降低新员工对企业不切合实际的想法，正确看待企业的工作标准、工作要求和待遇，顺利通过磨合期，在企业长期工作下去。

新员工培训是新员工职业生涯的新起点，适应新组织的行为目标和工作方式。

（4）新员工培训的误区

很多企业在针对新员工培训方面做的并不成功，究其原因，是企业陷入了一个误区。这个误区就是企业仅仅把新员工培训当作一种例行行为，正是很多企业有这种想法才导致新员工无法快速融入企业，甚至使新员工在入职不久后就会离职。

① 没有对新员工进行明确的区分。要知道，校招新员工和社招新员工是两个完全不同的状况：校招新员工就像是一张白纸，无经验、无能力，同时还缺少实际的心态，而社招新员工则正好相反，可以说，校招新员工和社招新员工是两个截然不同的情况，因此在进行培训时要将两者区别对待。

② 很多企业忽略了新员工直属主管的重要作用。企业招募新员工都希望其能为企业创造价值并长期为企业服务，但人才成长是一个长期培训的过程，任何企业都无法通过新员工培训就帮助其快速成长，其中更多还要依靠新员工主管长期的培训才能达成。只是很多企业的主管在这方面没有较明确的认知。

③ 培训方式的缺失。无论是选择内部培训还是外部培训，都要考虑培训的对象和背景。恰恰这正是很多企业忽略的问题，甚至很多专业的培训机构都将其忽略。校招新员工和社招新员工由于其背景经历的不同，新员工面对培训的心态、讲师培训手法的应用所带来的效果都不相同，因此，培训的内容也有很大的差异，如果用相同的方式进行培训，必然会导致其中一方培训效果低下。

**※【知识链接 11－3】**

**来看看十大知名企业是如何做新员工培训的**

2000 年，联邦快递公司招聘了 35 000 名员工，他们大多数是用于补充离职员工的工作空缺。这足以使该公司主管人事的副总裁想要了解一下为什么会这样。经过专案小组的调查发现，员工流失问题实际上可以追溯到他们上班的第一天。

“目前公司所实行的入职培训流程不光效果不佳，很多时候根本就没有效果。这直接导致了新员工不能在第一时间融入企业，为日后的‘流失’埋下隐患。新员工没干多久就辞职，给企业带来的损失可想而知。企业不仅耗费了大量的招聘、培训、人员重置等直接成本，还耗费了因为职位的空缺而引起的机会成本。”AMC 安盛企业管理顾问有限公司的周文说。

新员工培训（Orientation），又被称为入职培训，是企业将聘用的员工从社会人转变成为企业人的过程，同时也是员工从组织外部融入组织或团队内部，并成为团队一员的过程。新员工培训的主要目的是为了让员工快速适应工作，减少错误，节省时间，以便提高效率。同时让他们融入企业的文化，增强企业的稳定程度，降低员工流失率。“对企业来讲，新员工未来选择如何在企业中表现、决定自己是否在企业长期发展，很大程度上取决于在最初进入企业的一段时间内的经历和感受。在此期间，新员工感受到的企业价值理念、管理方式将会直接影响新员工在工作中的态度、绩效和行为，而这些因素和新员工入职培训的效果关系密切。”原诺基亚中国公司人力资源经理、著名人力资源管理专家张晓彤女士说。然而，针对新员工培训，企业提交的答卷却不尽人意。据协成商务咨询公司一项针对企业培训状况的调查显示：在我国10个行业的百家企业中，有30%的企业根本不提供任何员工培训，有17%的企业只为员工提供最简单的入职培训。而在员工的满意度调查中，员工对入职培训的不满意高达61%。另有统计表明，国内有近80%的企业没有对新进员工进行有效的培训，往往把它当作一个简单“行政步骤”。

下面就一起来看看十大知名企业是如何做新员工培训的吧！

**一、宝洁的新员工培训篇**

1. P&G新员工培训的形式

*以课堂培训为主。宝洁有一个特别大的培训室，能容纳100—150人，大家都在这里面接受培训。

*有趣的毕业典礼。宝洁在文化宣导方面有一套独特的做法，特别注重仪式。例如，在一次培训课程结束后，很多新员工济济一堂，这时会有一个时任中国区域最高职位的领导主持这个毕业典礼。他会很兴奋地说一段祝酒词：“在座的100多位大学的精英们，欢迎你们成为宝洁未来的领导者。”下面就会掌声雷动，学子们心潮澎湃。

*高强度培训安排。每次上课一本厚教材，拼命地给员工灌输很多信息，这是为了使他们产生一种改变的意识。而不是说非要他们记住讲过的东西。

*新员工在培训的组织中起着领导角色。在经过一段时间的培训之后会搞一些活动，让大家利用学过的东西编排一些节目。但是对于这些节目，没有人会去批评，说他理解的不对。宝洁充分尊重每一位新员工。

2. P&G新员工培训重要内容

*职能部门介绍。例如会给新员工讲到产品设计部、财务部、人力资源部等，每个部门的职能是什么。在这方面，宝洁的做法是请到当时这个部门在中国最高级别的人，并且，这些新员工会很荣幸地看到很多在宝洁工作15年的人，这让他们觉得在这个企业要待上十几年才有味道。实际上这正是宝洁新员工培训一个重要的目的。

*公司文化介绍。宗旨、核心价值观、原则。很多公司的做法就是给大家发个手册，里面写上我们的愿景是什么，核心价值观是什么，其实大家并不理解。但宝洁会在新员工培训的过程中反复强调。让员工将这种观念变成信念。

*多样性。人只有不同，没有优劣。宝洁会给员工树立一种信念：在一个企业里，一个人真正的成功是找到真我，就是你自己最擅长做什么，然后去找到自己最擅长的工作，直到成功。所以在宝洁，某个人不适合某个岗位并不是什么严重的事情，而是没找到适合自己的工作。另外，会让新员工接受这样一种现象：第一印象往往是不正确的，每个人都有自己的做事风格。这方面的内容也因此归入到多样性的培训中去。

*过渡期的管理。新员工在一个企业里一般会经历四个阶段——兴奋期、震惊期、调整

期、稳定期。在新员工培训中，宝洁会对员工说，现在你们可能看到了很好的一面，但人无完人，任何公司都有它做得不够好的地方，例如宝洁机构非常大，有时候决策的程序会多一点。这就让新员工平稳地融入公司中了。

* 店铺实地考察。让员工分成一些梯队去商店里看宝洁的产品，而且会拿一个检查表，这是销售部人员的一项工作。宝洁把这个体验性的活动也安排到培训中去，希望大家树立一种信念：大家是在做一个非常简单的生意，而不是一个特别复杂的行业。就是因为这种早期的引导，使员工在以后的工作中养成良好的习惯：一到其他的地方出差，首先就会去当地的超市、商场看看宝洁的产品。

* 费用报销流程。做费用报销培训实际上是建立一种做事情的标准。培训中，宝洁会要求员工把所有的票据按时间顺序，用胶水贴到环保纸上，然后在旁边注明日期，并注明是干什么用的。宝洁就是从这种小事上给新员工建立规范的严格的做事标准。

**二、海尔：四部曲打造合格新员工**

新进员工离职率居高不下是不少企业的通病，而海尔集团每年招录上千名大学生，离职率却一直很低。海尔大学培训部主管王峰认为："关键在于新员工培训四部曲。"

* 第一步：使员工端正心态。这第一步很重要。海尔首先会肯定待遇和条件，让新人把"心"放下，做到心里有"底"。接下来会举行新老大学生见面会，使新员工尽快客观了解海尔。同时人力中心、文化中心的主管领导会同时出席，与新人面对面地沟通，解决他们心中的疑问，不回避海尔存在的问题，并鼓励他们发现、提出问题。让新员工真正把心态端平放稳，认识到没有问题的企业是不存在的，企业就是在发现和解决问题的过程中发展的。

* 第二步：使员工把心里话说出来。海尔给新员工每人都发了"合理化建议卡"，员工有什么想法，无论制度、管理、工作、生活等任何方面都可以提出来。对合理化的建议，海尔会立即采纳并实行，对提出人还有一定的物质和精神奖励；而对不适用的建议也给予积极回应，因为这会让员工知道自己的想法已经被考虑过，他们会有被尊重的感觉，更敢于说出自己心里的话。

* 第三步：使员工把归属感"养"起来。敢于说话了是一大喜事，但那也仅是"对立式"的提出问题，有了问题可能就会产生不满、失落情绪，这其实并没有在观念上把问题当成自己的"家务事"，这时海尔就帮助员工转变思想，培养员工的归属感。

* 第四步：使员工把职业心树起来。当一个员工真正认同并融入企业当中后，就该引导员工树立职业心，让他们知道怎样去创造和实现自身的价值。海尔对新员工的培训除了开始的导入培训，还有拆机实习、部门实习、市场实习等等一系列的培训，海尔花费近一年的时间来全面培训新员工，目的就是让员工真正成为海尔躯体上的一个健康的细胞，与海尔同呼吸、共命运。

**三、玫琳凯：让每个新员工都事业有成**

上班第一天，玫琳凯新员工都会收到第一份"大礼"——醒目的立牌上有中英文的欢迎词。另外，培训专员会交给她一个文件袋，装有公司资料、规章制度、电脑及 E-learning 系统的用户名和密码。电脑、电话、文件架、印有公司标识的笔记本、圆珠笔、文件夹、订书机等办公必需品早就准备妥当。

3 天的培训将从公司、部门、个人三个层面进行培训；培训讲师都是总监级别以上的公司高层管理人员。第1天的培训让新员工了解公司的历史、价值观、公司使命、远景以及公司的发展策略。

玫琳凯高级人力资源经理袁纯表示:"在入职培训时反复强调公司的远景和策略,就是希望新员工能更好地体会公司的各项战略。明白公司的方向,对公司各项举措就能理解。

第2天的培训中,各个部门的总监会把每个部门的职责、目标、远景、策略向新员工做介绍。使新人对公司业务流程有初步了解、清楚了各部门的职责,明白公司业务流程,更容易进入角色。在"沟通和认可"的培训中,除了彩妆、护肤的知识外,还讲授办公室礼仪和出席重大仪式的社交礼仪,非常实用。

第3天的培训叫作"事业有成"。"事业有成"培训的是有关个人职业生涯发展的内容,给员工指明方向,帮助他们对自己使命有更清楚的认识,对自己在公司的定位更清晰。"目的是告诉新员工,该如何把个人工作和公司远景联系起来。首先,他们需要了解组织的需求;第二,他们要对自己有清楚的认识;第三,审视个人价值和组织需求是否匹配;第四,利用工作来激发自己的激情;第五,如何利用同事、上司等资源。"袁纯说。

培训结束后,跟进与评估是培训负责人最重要的工作。用专门设计的问卷,了解新员工在企业的工作情况;和主管及同事相处情况;工作压力大不大,对公司价值观是否认可?3个月的试用期满,主管会对新员工作评估。培训后,人力资源部对新员工的表现也会及时跟进,在他入职2个月后,人力资源经理会作面谈。

**四、微软:传、帮、带地导师培训**

微软公司的学习理念是:70%的学习在工作中获得,20%的学习从经理、同事那里获取,10%的学习从专业培训中获取。

微软上海分公司人力资源部经理陆华介绍:"一般来说,新员工进入微软的第一年被设计为学习期。"在学习期中,前三个月重点学习公司的价值观、行为准则、公司文化、公司远景任务和公司政策。在这三个月里,微软还会提供其他的基本培训,比如如何使用公司的设备、如何履行报销等财务手续、如何利用公司的网络资源、公司为员工提供了什么样的福利等等。

在之后的时间里,则是一些比较深度的培训,例如如何参与公司的一些员工计划,如何进行绩效管理,如何完成每年一次的职业生涯设计等等。这些培训是一些基本培训,至于专业技能培训则主要由各个部门来设计,既包括在中国的培训,也随时可能有机会去美国或世界其他地方参加培训;培训时间短则几天到一周,有的长达几个月。

陆华说:"微软通过熟练员工来教育新雇员,这是微软入职培训的一大特色。"这些熟练员工有组长、某些领域的专家以及正式指定的指导教师,他们除了本职工作以外还要担负起教导新雇员的工作。特别要提到的是,微软的员工可以根据自己的需要提出培训申请。公司会把一些重要的培训计划放在员工网站的主页上,员工看到后可以根据自己的需要向上级提出申请参加这些培训。

其他的培训主要包括两个部分,一个是自己的上级和同事的言传身教;另一个是为新员工寻找一个"导师",这个导师通常是员工工作部门之外其他部门的资深员工,微软的目的在于为员工创造了解自己工作领域之外的业务的机会,以培养他们本职工作之外的能力和发现自己其他潜能的可能性。

**五、Intel:让新员工与执行层对话**

Intel的新员工培训基本上不涉及技术方面的内容,在开始的课程中会告诉员工薪金的情况,Intel公司的基本情况,这个过程有一个星期,是封闭式培训,也叫新员工整体培训。培训的课程包括Intel的成立过程,整个公司的架构,亚太区、中国大陆的架构,很大部分是讲Intel的文化,详细介绍Intel的方向是什么,战略是什么。

Intel还给员工安排了一个执行层ESM(executive staff member)和员工对话,称为new hire forum,Intel从亚太区派来两个副总裁级别的人来中国跟新员工见面对话,回答他们一些问题。

Intel管理新员工的经理还会从公司拿到一套资料,这套资料是非常明确地告诉经理每个月教新员工干什么事情,Intel要求经理首先对新员工的一对一交流的内容是什么,其次培训什么,都写得很清楚。经理对新员工每个人的情况都有记录,保证每个新员工得到相同的对待。培训是每个管人经理主要的内容,在经理行为的评估时,30%看他们在管理员工方面的表现。

**六、IBM:帮助员工积极成长**

IBM招纳员工注重基本职业素质和专业技能两个方面。基本职业素质内容包括沟通技巧、计算机操作能力、英文水平及发展潜力等。其中,IBM非常看中个人发展潜力,因为IBM认为这关系到员工学习新知识、接受新观念、适应新环境的能力,关系到员工是否能够有所发展。

新员工进入IBM,首先要进行为期4个月的集中培训。培训内容包括IBM的历史背景、规章制度、技术和产品以及基本的工作规范和工作技巧。培训采用课堂授课和实地练习两种形式。培训结束后,进行考核。合格者,获得结业证明;而不合格者将被淘汰。

在IBM看来,经过4个月的培训,只是使受训者有了一个IBM员工的基本概念。要成为IBM的正式员工,还要经过一年的实习。实习期间,公司给每个新员工派一位师傅,一对一地进行帮带。而且,师傅和徒弟要共同制定一个实习计划,明确师傅教什么、徒弟学什么。实习期间,要定期向人力资源部和新员工所在部门反馈实习情况。

实习结束后,到了选择走什么路的时候了。年初,员工要做工作计划和个人发展计划,提出继续深入做现在岗位工作或变换岗位的计划和职业生涯发展计划。如果决定继续做现有岗位,员工可以提出自己还需要参加哪些内容的培训,想参与哪个项目,也可以要求继续有一个师傅带自己。如果提出变换岗位,要说明现有素质能力及如何适应新岗位。

美国《时代周刊》曾这样评价IBM:"没有任何企业会这样对世界产业和人类生活方式带来和将要带来如此巨大的影响。"这恐怕是对一个企业的最高评价,也从另一个角度说明IBM的成功。关心和积极帮助员工的个人成长,并把员工自身价值的实现与企业的发展有机地结合起来,让员工与公司一起成长,这应该是IBM成功的真正奥秘。

**七、方正电子:三维培训体系**

培养自己的人才,是方正电子的一条既定策略。一名年轻人从学校走向社会,首先要解决的是角色转换的问题,方正电子为此特别设计了一个为期一个月的新员工培训流程。

应届毕业生一进公司,就会收到一个装有礼品、需要办理的手续、学习用品、带有公司LOGO的T恤等物的背包,在随后开展的新员工培训中,新进员工将会接受有关企业文化、基本制度、行为规范、个人发展等方面的培训，通过这些培训，可以使新人尽快熟悉环境、了解岗位。

方正建立了一套“三维”的培训体系：

第一维度按职务层次划分，从普通员工到高层经理都有相应的培训；

第二维度按专业类别划分，有专业技术培训、管理培训等；

第三维度则按部门类别划分，不同的部门有不同的培训。

在培训方面，方正有着很强的实力，比如方正技术研究院的很多技术人员可以边工作、边学习，很多领导在做管理工作的同时还在带研究生，可以给予工作和专业上的双重指导

**八、联想：多层次的新员工培训**

新员工加入联想后，公司为每一个新员工指定一名指导人，一般是直线经理或部门资深员工，为新员工提供个性化指导。

新员工从进公司的第一天开始，就会得到不同的培训，从公司级培训到部门级培训，从岗前培训、入职培训、职业技能培训、专业技能培训、管理培训，到各级干部培训等。此外，联想作为国内知名IT企业，有着广泛的合作资源，员工因此有很多与国际厂商进行交流式培训的机会，利用这样的机会，员工可以及时跟踪掌握专业领域的最新技术。

如果工作一段时间后确实感觉不适岗的话，也可以及时与上级沟通，在可能的情况下进行部门内或部门间的调岗。另外，当一名员工在同一个岗位工作了两年后，也可以进行轮岗或参加内部竞聘，为员工创造更宽广的发展空间；三年后，可根据个人的职业兴趣和能力，在公司内调动，部门会支持你的选择。

**九、华为：大合唱激励新员工**

与其他跨国公司一样，华为招聘时更青睐大学应届毕业生。在正式加入华为前，新入职的员工需要参加20天的公司文化培训。

新员工入职，就有了自己的工号。如果你的号码为“17450”，代表你是17450个进入华为的员工，你的邮箱和培训编号都是这个号码。同时，你拥有了自己的培训档案，因为华为员工在不同阶段会接受不同的培训。档案是培训内容、考试结果、教官评语和培训状态的一个完整的记录，正式入职后你的主管首先看到的就是你的入职培训成绩。

华为给每批新员工做“华为×期”这样的编号，每期分成若干50人左右的中队，每个中队分成2个小组，各个级别都有学员负责人。

宣扬民族主义情怀，“打败跨国公司，进入世界500强，为民族工业争光”，这是华为入职培训的主旋律；在培训方法上，华为从生产、市场和管理一线抽派员工与新人进行近距离交流，而且采用案例教学，这样不但保证了课程的生动性，而且让培训永远不与现实脱节；华为在新员工培训中穿插热情洋溢的高层演讲。据华为员工回忆，总裁任正非的每次演讲都会让大家热血沸腾。

入职培训时，经常唱的歌曲有《真心英雄》和《华为之歌》，另外还有专门针对销售人员的激励歌曲。这样军训似的生活，似乎和军人出身的华为教父任正非的经历有关。

华为人对培训中的“大合唱”记忆犹新，“合唱听起来很傻，可是在那样的氛围中，我确实被感染和沉浸其中了，合唱结束听到掌声的时候似乎给人一种重生的感觉，我知道自己成了华为的一分子。”前华为市场部王浩这样评价华为培训中的“大合唱”。

**十、LG:口号式的新员工魔鬼培训**

在一个只有3万人的小城,突然出现一队身穿红色马褂,手拿红色旗帜的队伍。一边做20公里的拉练,一边背诵着各种斗志昂扬的口号。这不是红军的两万五千里长征,而是LG电子的新员工野外拉练培训。20公里下来,这些口号已经溶入每个员工的骨子里面。

"LG电子在中国的飞速增长确实让很多人吃惊,40%甚至更多的原因得归功于LG理念彻底的贯彻执行,亲身体验一下它的魔鬼培训,就知道LG的钢铁是怎样炼成的了,"电子经营革新部门尹源浩部长坦诚地说。

LG的培训确实具有不同于欧美跨国公司的特色。每天的培训时间表都会被安排得满满的:早上6:30起床进行早操,然后是封闭式的授课,一般课程都会到晚上9点以后结束。期间员工没有任何的多余时间来进行思考,所有给你灌输的东西都毫无保留的接受。

为了让员工之间相互熟悉,LG设计了有趣的游戏。教官会给每个员工一份表格,里面有20个问题,比如:小组中谁是去过上海的人?学员必须在小组中找出那个人并记住他的名字,最先完成表格的人是游戏的胜利者。

毫无疑问的是:胜利者最先认识了所有的人,这个游戏被称为"破冰之旅",打破员工之间的隔阂并相互熟悉是LG认为推行团队意识的第一步。

每期新员工培训,有一首歌是必须学会唱的,即"Global Top 3"(2001年LG电子成为世界电子情报通讯领域前三强),唱歌一般放在晚上,培训的员工分为几个组,进行唱歌比赛,在热烈的氛围中每个员工都会忘我的投入到这项使命中,"不是在唱歌,而是用歌声为LG电子积蓄力量",参加过培训的张先生回忆。每次唱歌,都会到深夜才结束,每个唱完歌的员工都会相信,LG的口号不是一个梦想,必将会成为现实。

资料来源:经理人分享　http://www.managershare.com/post/236094

## 本章小结

在经过笔试、面试或心理测试后,招聘录用工作进入了决定性阶段。这一阶段的主要任务是通过对甄选评价过程中产生的信息进行综合评价与分析,确定每一位应试者的素质和能力特点,根据预先确定的人员录用标准与录用计划进行录用决策。员工录用具有公开原则、平等原则、竞争原则和全面原则。

录用决策是依据人员录用的原则,避免主观武断和不正之风的干扰,把选择阶段多种考核和测验结果组合起来,进行综合评价从中择优确定录用名单。员工录用程序一般包括做出初步录用决策、员工背景调查、体检、办理录用手续、签订劳动合同和新员工培训。

## 练习题

**一、思考题**

1. 对于组织来说,为什么员工录用是十分重要的?
2. 员工录用的原则有哪些?

3. 员工录用有哪些主要的策略？

4. 员工录用的标准是什么？

5. 员工录用的具体程序有哪些？

**二、讨论题**

员工录用是依据选拔的结果做出录用决策并进行安置的活动，其中最关键的内容是做好录用决策。录用决策是依照人员录用的原则，避免主观武断和不正之风的干扰，把选拔阶段多种考核和测验结果组合起来，进行综合评价，从中择优确定录用名单。值得强调的是，人员选拔环节中的所有方法都可用来选择潜在的雇员，但决定使用哪些选拔方法，一般要综合考虑时间限制、信息与工作的相关性，以及费用等因素，对相对简单或无须特殊技能的工作采用一种方法就行了。例如，招聘打字员，根据应聘者打字测试的成绩一般就足以做出决定了。但是，对大部分岗位来说，通常需要采用多种方法，相互结合，扬长避短，提高录用决策的科学性和正确性。你如何评价上述关于员工录用的观点？

**三、案例分析**

**宝洁：最具个性化培训让工作变成一生职业**

宝洁对员工幸福感的诠释：

1. 让员工把工作当成一生的职业。

2. 发展好自己的人员，才能发展好自己的生意。

3. 打破天花板，搭建好人力发展平台。

所有的宝洁人都为这句话骄傲——前董事长 Richard Deupree 曾经说过，“如果你把我们的资金、厂房及品牌留下，把我们的人带走，我们的公司会立马垮掉；如果你拿走我们的资金、厂房及品牌，而留下我们的人，十年内我们将重建一切。”现在的宝洁，依然让越来越多进入的年轻人，体会到自身的价值。

**亮点1　直接经理制**

Mosco 是宝洁的一名“新兵”，85 后的小伙子，在他踏入宝洁门口的第一天起，直接上司就会同他一起制订工作计划，一步一步地带着他向前走，“上司每天都会为我总结工作中的进步以及不足。不像别的企业，煮大锅饭，所有的人都接受一样的培训。在宝洁，我们每个人都能得到来自宝洁前辈的真传。”

宝洁培训体系中最著名的是“直接经理制”，这是一个由顶头上司担任直接经理人的制度。Mosco 的上司要以直接经理人的身份参与制订 Mosco 的个人发展规划（Work and Development Plan，WDP），更要定期一对一直接沟通指导他的工作。这个制度涵盖了宝洁从实习生到总经理的所有员工，并会一直贯穿员工在宝洁的职业生涯。

最个性化的培训、有力的培训是一对一的培训，当你的老师是直属上级时，学习热情可想而知会倍增。

**亮点2　教会了下属，师父才能升职**

中国有句老话，叫“教会徒弟，饿死师父”。但在宝洁，教不会徒弟，师父才会着急。在宝洁员工的个人工作与发展计划表中，有两个维度考量员工的贡献程度：第一，是对公司业务层面的贡献；第二，就是对公司组织层面的贡献。简单说来，只有把自己的下属培养得具备了接替自己职位的能力，上司才有资格升职。

一个有利的佐证是，宝洁合并吉列的时候，当时吉列的一位员工因为文化融合的困难提出了辞职，分管他的直线经理马上“飞”到他身边，跟这位员工畅谈了两个小时，最终挽留住了一个人才。颇让他欣慰的是，这位员工在宝洁进步迅速、越做越好，后来从客户经理升到区域经理。这位员工在回顾过往时不无感慨：“我一度认为我或许会离去，但幸运的是我遇到的上司愿意了解我，给我机会培养我。虽然当时我的外语水平不高，但他鼓励我发挥自己在营销方面的特长。他的鼓励让我有了今天的成绩。”

由此可以看出，好的职业经理对他的下属会产生多么重要的影响。

让导师尽心竭力为学生出力，设定一个可量化的标准很必要。

**亮点 3　导师不只有一位**

正是因为宝洁对文化传承的重视，因此宝洁的培训制度很有特色，有别于很多企业寻找外部的培训机构做培训。宝洁的职业培训由资深的经理来做内部培训师，他们都是从新员工一步步培养起来的，没有谁比他们更了解宝洁文化的内核，也就更容易把这份文化传承下去。

宝洁还保持着非常良好的“导师制”：彼此没有直接业务联系的学生和师傅也可以相互质询，不会因为关系敏感而导致沟通困难，反而会受到前辈从另一个角度的教导，让自己能够从更广阔的角度看待问题。

Freeman 就曾通过这种“导师制”受益，他已经在宝洁工作多年并已做到高级人事经理。前段时间，宝洁全球总部制定了新的出差政策，Freeman 发现这个策略与中国国情相比，表现出“水土不服”。比如根据美国国情，这个政策规定了如何租车。在美国，无论从便利性还是经济角度，租车都成为宝洁员工出差的重要交通方式；而在中国，显然出租车会比租车更加便利。Freeman 据“理”力争，认为政策应该为国情让路。总部也有自己的考虑，认为如果变动太大，不利于全球员工出差政策的一致性。僵持的时候，Freeman 找到了时任宝洁亚洲区的 HRD 的导师咨询这个问题。导师把整个事情从大局观上给 Freeman 做了分析，最终让政策以 95%同意总部、5%参照中国国情的方式得以圆满解决。经历了这件事，Freeman 的视野和大局观也更加开阔，对未来的工作有了更多领悟。

这个制度有效地补充了直接经理人和下属之间沟通的不默契。

**思考题**

1. 宝洁公司是如何进行新员工培训的？
2. 新员工在接受培训后，是如何使工作变成一种职业的？

**四、课外实践题**

深入到一家组织进行实地调查，与该组织的相关人员进行访谈或座谈，了解组织在员工录用方面的成功和不足之处。

# 第十二章　员工招聘评估

**本章学习目标**

☆ 掌握员工招聘评估的含义；
☆ 理解员工招聘的作用；
☆ 掌握员工招聘评估的影响因素；
☆ 掌握员工招聘评估的内容；
☆ 理解员工招聘成本效益评估；
☆ 掌握员工招聘成本管理。

**【本节案例:问题提出】**

## 第一节　员工招聘评估概述

### 12.1.1　员工招聘评估的含义和作用

12.1.1.1　员工招聘评估的含义

招聘评估是招聘中最重要的组成部分,通过对流程的效益和成本进行核算进而了解在招聘过程中相应的费用支出,并且可以有针对性地确定应支出项目和不应支出项目。通过这种方式的审核,可以相应的控制支出的成本。但前提必须是保证质量和效率,之后尽可能减少不必要的开支,并为以后的招聘提供丰富的参考资料以及经验。招聘评估是需要进行录用员工的绩效审核,分析其能力以及工作潜力,并在此基础上分析招聘工作和方法的时效性,进而可以改变招聘的策略和方法,或者对其招聘资源进行优势重组。

招聘评估主要指对招聘的结果、招聘的成本和招聘的方法等方面进行评估。一般在一次招聘工作结束之后,要对整个评估工作做一个总结和评价,目的是进一步提高下次招聘工作的效率。

12.1.1.2　员工招聘评估的作用

招聘评估的作用,具体体现在以下几方面:

1. 有利于组织节省开支

招聘评估包括招聘结果的成效评估(具体又包括招聘成本与效益评估、录用员工数量与质量评估)和招聘方法的成效评估(具体又包括招聘的信度与效度评估),因而通过招聘评估中的成本与效益核算,就能够使招聘人员清楚费用支出情况,对于其中非应支项目,在今后招聘中加以去除，因而有利于节约将来招聘支出。

2. 检验招聘工作的有效性

通过招聘评估中录用员工数量评估，可以分析招聘数量是否满足原定的招聘要求，及时总结经验（当能满足时）和找出原因（当不能满足时），从而有利于改进今后的招聘工作和为人力资源规划修订提供依据。

3. 检验招聘工作成果与方法的有效性程度

通过对录用员工质量评估，可以了解员工的工作绩效、行为、实际能力、工作潜力与招聘岗位要求之符合程度，从而为改进招聘方法、实施员工培训和为绩效评估提供必要的、有用的信息。

4. 有利于提高招聘工作质量

通过招聘评估中招聘信度和效度的评估，可以了解招聘过程中所使用的方法的正确性与有效性，从而不断积累招聘工作的经验与修正不足，提高招聘工作质量。

### 12.1.2　员工招聘评估的内容

1. 招聘成本效益评估

招聘成本效益评估是指对招聘中的费用进行调查、核实，并对照预算进行评价的过程，它是鉴定招聘效率的一个重要指标。

招聘单价＝总经费(元)/录用人数(人)

做招聘成本评估之前，应该制定招聘预算。每年的招聘预算应该是全年人力资源开发与管理的总预算的一部分。招聘预算中主要包括：招聘广告预算、招聘测试预算、体格检查预算、其他预算，其中招聘广告预算占据相当大的比例，一般来说按 4∶3∶2∶1 比例分配预算较为合理。

2. 录用人员评估

录用人员评估是指根据招聘计划对录用人员的质量和数量进行评价的过程。

录用人员的数量：录用人员的数量可用以下几个数据来表示。

① 录用比公式：

录用比＝(录用人数/应聘人数)×100%

如果录用比越小，相对来说，录用者的素质越高，反之，则可能录用者的素质较低。

② 招聘完成比公式：

招聘完成比＝(录用人数/计划招聘人数)×100%

如果招聘完成比等于或大于 100%则说明在数量上全面或超额完成招聘计划。

③ 应聘比公式：

应聘比＝应聘人数/计划招聘人数

如果应聘比越大，说明发布招聘信息效果越好，同时说明录用人员可能素质较高。

录用人员的质量：除了运用录用比和应聘比这两个数据来反映录用人员的质量外，也可以根据招聘的要求或工作分析中的要求对录用人员进行等级排列来确定其质量。

3. 招聘工作评估

① 平均职位空缺时间

平均职位空缺时间计算公式为：

$$平均职位空缺时间=职位空缺总时间/补充职位数\times 100\%$$

该指标反映平均每个职位空缺时间多长时间能够有新员工补缺到位，能够反映招聘人员的工作效率。该指标越小，说明招聘效率越高。

② 招聘合格率

该指标反映招聘工作的质量，这里的合格招聘人数是指顺利通过岗位适应性培训、试用期考核最终转正的员工。

③ 新员工对招聘人员工作满意度

良好的建议可提高招聘人员的工作水平。

④ 新员工对企业的满意度

该项评估一定程度上反映了新员工对企业的认可程度。

### 12.1.3 员工招聘效果的影响因素

（一）影响招聘的内部因素

1. 企业的声望

企业是否在应聘者心中树立了良好的形象以及是否具有强大的号召力，将从精神方面影响着招聘活动。如一些老牌的大公司，以他们在公众中的声望，就能很容易的吸引大批的应聘者。

2. 企业处于发展阶段

显然，人力资源管理职能的相对重要性是随着企业所处的发展阶段而变化的。由于产品或服务范围的扩大需要增设新的岗位和更多的人员。所以，处于增长和发展阶段的企业比成熟或下降阶段的企业需要招聘更多的员工。除了改变招聘规模和重点以外，处于发展阶段还在迅速扩大的企业可能在招聘信息中强调雇员有发展和晋升的机会，而一个成熟的企业可能强调其工作岗位的安全性和所提供的高工资和福利。

3. 企业的招聘政策

企业的招聘政策影响着招聘人员选择的招聘方法。例如，对于要求较高业务水平和技能的工作，企业可以利用不同的来源和招聘方法，这取决于企业高层管理者是喜欢从内部还是从外部招聘。目前，大多数企业倾向于从内部招聘上述人员，这种内部招聘政策可以向员工提供发展和晋升机会，有利于调动员工现有的积极性。其缺点是可能将不具备资格的员工提拔到领导或重要岗位。

另外，企业内的用人是否合理，是否有良好的上下级关系，升迁路径的设置如何，进修机会等，对有相当文化层次的人员来说，在一定程度上比工资待遇更重要。

4. 福利待遇

企业内部的工资制度是员工劳动报酬是否公正的主要体现，企业的福利措施是企业是否关心员工的反映，它们将从物质方面影响着招聘活动。

5. 成本和时间

由于招聘目标包括成本和效益两个方面，同时各种招聘方法奏效的时间也不一致，所以，成本和时间上的限制明显的影响招聘效果，招聘资金充足的企业在招聘方法上可以有更多的选择，它们可以花大量费用做广告，所选择的传播媒体可以是在全国范围内发行的报纸、杂志和电视等。此外，也可以去大学或其他地区招聘。在各种招聘方法中，对西方企业来说，最昂贵的方法是利用高级招聘机构。在中国，并没有专门的招聘机构，各级政府的人才交流中心只起信息沟通的作用。广告费一般比较贵，其费用水平取决于所用媒体的类型、地点和时间的长短。

时间上的制约也影响着招聘方法的选择。如果某一企业正面临着扩大产品或服务所带来的突发性需求，那么它几乎没有时间去大学等单位招聘，因为学生毕业时间有一定的季节性，而且完成招聘需要较长的过程。因此，企业或组织必须尽快地想法满足对员工的新需求。一般来说，许多招聘方法所涉及的时间随着劳动力市场条件的变化而变化。当劳动力市场短缺时，一方面应聘人的数目减少，另一方面他们愿意花更多的时间去比较和选择，所以一般要花较长的时间才能完成。

一般来说，通过人员需求的预测可以是招聘费用降低和效率提高，尤其是在劳动力市场短缺时，对某类劳动力需求的事先了解可以使企业减少招聘费用和有效的获取所需的合格员工。

（二）招聘的外部因素

1. 国家的政策、法规

国家的政策法规从客观上界定了企业招聘对象选择和限制的条件。例如，西方国家中的人权法规定在招聘信息中不能有优先招聘哪类性别、种族、年龄、宗教信仰的人员表示，除非这些人员是因为工作岗位的真实需要。再如，在西方一些国家中，如果企业或其他组织在联邦政府管辖的范围内招聘 100 个以上的雇员，那么，雇主的招聘计划和目标尤其要受到法律的约束。也就是说，雇主必须设计其招聘计划和方法以在特定的人口组内吸引有资格的应聘人，他们应包括妇女，本地人，外裔和残疾人等。

2. 劳动力市场

(1) 市场的地理位置。劳动力市场状况对招聘具有重要影响，其中一个因素是劳动力市场的地理位置。根据某一特定类型的劳动力供给和需求，劳动力市场的地理区域可以是局部性的，区域性的，国家性的和国际性的。通常，那些不需要很高技能的人员可以在局部劳动力市场招聘。而区域性劳动力市场可以用来招聘那些具有更高技能的人员，如水污染处理专家和计算机程序员等。专业管理人员应在国家的劳动力市场上招聘，因为他们必须熟悉企业的环境和文化。最后，对某类特殊人员如宇航员、物理学家和化学学家等，除了在国内招聘外，还可在国际市场招聘。

某些西方国家是根据工人愿意工作的路程长短来确定局部劳动力市场的边界。例如，如果人们愿意到 48 千米以外的地方工作，而 48 千米以外的地区就不属于这一局部市场。另外，在局部和区域市场与国家或国际市场招聘之间的差异在于后者要引起人员的迁移。因此，企业的地理位置往往是很多人考虑是否变更工作的重要因素。

(2) 市场的供求关系。供给小于需求的市场称为短缺市场，而劳动力供给充足的市场称为过剩市场。一般来说，当失业率比较高时，在外部招聘人员比较容易。相反，某类人员的短缺可能引起其价格的上升并迫使企业扩大招聘范围，从而使招聘工作变得错综复杂。

总之，劳动力市场状况影响招聘计划、范围、来源、方法和所必需的费用。为了有效地工作，招聘人员必须密切关注劳动力市场条件的变化。

(3) 行业的发展性。如果企业所属的行业具有巨大的发展潜力，就能吸引大量的人才涌入这个行业，从而使企业人才的余地较大。如近几年来的会计、电脑专业。相反，当企业所属行业远景欠佳时，企业就难以有充裕的人才可供选择。如现在的纺织业。

## 第二节 员工招聘成本效益评估

### 12.2.1 员工招聘成本

1. 招募成本

招募成本是为吸引和确定企业所需要的人力资源而发生的费用，主要包括招聘人员的直接劳务费用、直接业务费用、其他相关费用等。

2. 选拔成本

选拔成本是指对应聘人员进行鉴别选择，以做出决定录用或不录用哪些人员所支付的费用构成

3. 录用成本

录用成本是指经过招聘选拔后，把合适的人员录用到企业所发生的费用。录用成本包括录取手续费、调动补偿费、搬迁费和旅途补助费等由录用而引起的有关费用。

4. 安置成本

安置成本是为安置已经被录取的员工到具体的工作岗位所发生的费用。安置成本由为安排新员工的工作所必须发生的各种行政治理费用、为新员工提供工作所需要的装备条件以及录用部门因安置人员所损失的时间成本而发生的费用构成。

5. 离职成本

离职成本一般是指因招聘不慎，因员工离职而给企业带来的损失，一般包括直接成本和间接成本两部分。

6. 重置成本

重置成本是指因招聘方式或程序错误致使招聘失败而重新招聘所发生的费用。

### 12.2.2 员工招聘成本效益评估分类

1. 招聘成本

招聘成本分为招聘总成本与招聘单位成本。招聘总成本是人力资源的获取成本，它由两部分构成。一部分是直接成本，包括：招募费用，选拔费用，录用员工的家庭安置费用和工作安置费用，其他费用(如招聘人员差旅费，应聘人员招待费等)。另一部分是间

接费用，包括：内部提升费用，工作流动费用。招聘单位成本是招聘总成本与实际录用人数之比。如果招聘实际费用少，录用人数多，意味着招聘单位成本低，相反，则意味着招聘单位成本高。

2. *成本效用评估*

成本效用评估是对招聘成本所产生的效果进行的分析。主要包括：招聘总成本效用分析，招聘成本效用分析，人员选拔成本效用分析和人员录用成本效用分析等。以下为具体计算方法：

总成本效用＝录用人数/招聘总成本

招聘成本效用＝应聘人数/招聘期间费用

选拔成本效用＝被选中人数/选拔期间费用

人员录用效用＝正式录用人数/录用期间费用

3. *招聘收益成本比*

招聘收益成本比既是一项经济评价指标，同时也是对招聘工作的有效性进行考核的一项指标。招聘收益—成本越高，则说明招聘工作越有效。

招聘收益成本比＝所有新员工为组织创造的总价值/招聘总成本

### 12.2.3 员工招聘成本分析

通过单位招聘成本分析，可反映企业在某一招聘周期的招聘成本的高低。

招聘成本可分为直接招聘成本和间接招聘成本。直接招聘成本包括开展招聘活动的直接费用，如报纸广告费、招聘人员差旅费等。间接招聘费用则包括参加面试的面试官的时间成本及为准备招聘而付出的各项时间劳动成本。

招聘有效度可用一个数值反映。一般企业会采用在某一招聘周期的录用人数作为参考值。但由于录用人数职位有高下，招聘难度不同，较难反映真实的招聘情况。所以，用企业在某一招聘周期的所录用人数的薪金总额作为参考，可更直接而有效的反映出每一个时间段内的招聘有效度。

**例 1** M 公司 2007 年 2 月份参加三场招聘会，刊登两次报纸招聘广告，其招聘费用合共为 64 000 元。招聘结果如下：录用财务主管 1 人，月薪 8 000 元，文员 3 人，月薪共 3 300 元；技术工人 5 人，月薪合共 4 700 元。则 M 公司在 2007 年 2 月份的招聘有效值为：(1) 64 000元/(1＋3＋5)＝8 000 元/人。

表示每招聘一人，则须付出招聘成本为 8 000 元。

(2) 64 000 元/(8 000＋3 300＋4 700)＝4。表示每招聘人工价值为 1 的成员，须支付的招聘成本为 4。

**例 2** T 公司 2007 年 2 月招聘情况如下：

(1) 参加一次招聘会，招聘成本(展会费＋差旅费)合计为 4 480 元。通过此招聘会，招聘到职技术工人为 2 人，月薪合计为 2 800 元。

(2) 刊登一次报纸广告，招聘成本为 3 000 元。通过此广告，招聘到职文员一人，月薪合计为 1 200 元。

(3) 通过猎头招聘到一技术研发员，猎头服务费为 12 000 元，技术研发人员工资为 8 000 元。

则各个岗位的招聘成本可列计如下：

(1) 技术工人：4 480/2 800＝1.6；

(2) 文员：3 000/1 200＝2.5

(3) 技术研发人员：12 000/8 000＝1.5

通过此项分析表明，此次招聘文员的成本为最高。

同时，可计算各个招聘渠道的招聘成本如下：

(1) 招聘会：4 480/2 800＝1.6

(2) 报纸广告：3 000/1 200＝2.5

(3) 猎头：12 000/8 000＝1.5

通过此分析表明，在各个招聘渠道中，猎头这个招聘渠道的性价比是最高的。相反，报纸广告在各个招聘渠道中是最不经济、最不划算的。

## 第三节 员工招聘成本管理

### 12.3.1 影响招聘成本的因素

1. 招聘对象多元化对单位招聘成本的影响

组织对人才的需求是多种多样的，主要表现在：职务类别的不同、职位级别的不同、地理分布的不同、填补空缺职位的紧迫性不同。

单位招聘成本不能在不同级别间比较，高级经理的单位招聘成本不可能同普通员工同一水平；即使级别相同，因招聘的地理位置或工作类别不同，人力资源供求状况不同，其成本自然不等。

2. 招聘渠道多元化对单位招聘成本的影响

目前，组织的招聘渠道主要包括：招聘会、报刊广告、猎头公司、人才中介机构、校园招聘、员工推荐、网络招聘、内部招聘、岗位轮换等。而候选人资格要求不同，招聘时限不同，所采用的招聘渠道也应不同。例如，北方地区总经理多由猎头公司推荐，而后勤人员的招聘采用到普通职业介绍所查询的方式则最为经济便捷。单位招聘成本必须在选择合适的招聘渠道的情况下方具有可比性，不同的渠道选择导致的单位招聘成本不同，因为每种招聘渠道的招聘成本构成不同。

3. 影响组织招聘成本核算模式的人力资源指标

目前，发达国家正在使用以下一些新的人力资源指标，这些指标从动态和全局的角度出发，成为组织招聘成本核算模式的重要系数，其应用比较广泛的指标主要有：

该职位的平均流动率——招聘重复率估算；

该职位的招聘工作量——数量、难度考查；

该职位的未来年薪——招聘难度和渠道考查；

该职位的平均接受率——招聘有效性考查；

该职位的平均填补时间——招聘效率及时性考查；

该职位的安置成本——招聘复杂性考查。

其中，安置成本是由异地招聘或员工派遣异地工作而发生的补偿费用，如搬家费、置家费、探亲费、交通补贴等。

### 12.3.2　招聘成本控制

组织应该开多高的价格来招聘人才，才能做到既能吸引优秀人才又不致使组织人力资源成本过高呢？怎样用有效的资金招聘到和组织相匹配的员工就是下面要介绍的内容。

1. 确定招聘需求

确定招聘需求是招聘的第一步。通常人力资源部会预先收到部门经理的书面招聘需求，但是仍然需要进行职位空缺的识别工作，以确定是否真的存在空缺职位。一般情况下，工作空缺可以分为以下两种情形：不招人就可弥补的空缺；需要招人来弥补的空缺。

对于第一种情形可以通过加班、工作再设计等方法来解决。第二种需要进行招聘，在此，又可根据空缺职位的不同分为两种情况。

(1) 应急职位可以考虑聘用临时工，租用某公司的人或者把工作完全外包出去，这些方法可以迅速解决问题，又可以节约大量经费。

(2) 核心职位可以采用内部招聘和外部招聘。当空缺出现时，应提前 3—7 天通知内部员工，使其能够拥有优先应聘的机会，体现“以人为本”的原则。因为先采用外部招聘的方式，传递给公司内部员工的信息相当于表示晋升无望，因此，会造成人员流失率的提高。所以，建议宁愿损失 3—7 天的时间，把空缺职位在内部公开，采取内部招聘的方式，让合适的人来应聘。实在没有合适的人选，再采用外部招聘。

2. 选用适当的招聘方式

由于招聘费用是计算在提出招聘需求部门的预算内，所以，部门经理都希望招聘时费用很少，人招得又快又好。但做到以上两点并不容易，为此，可以率先做好招聘成本控制表，把所需职务、空缺职位数、采取招聘方式、预算费用均列入表内，并由人力资源部和总经理审批。在控制招聘成本的众多方案中，有最节省招聘成本的“员工推荐”的方法，和最通用的既能招揽人才又能为组织做宣传的招聘会形式，以及时下最流行的网上招聘，而花钱最多的方法首推“猎头”。这种方法适用于某些关键的职位，各种招聘方式的选择要和组织的招聘成本、招聘时间、招聘对象、招聘人员自身素质和工作安排相互匹配，不能一味追求低成本或一掷千金。

3. 规范招聘流程

招聘方式，无论组织选择其中的哪一种，都要有一个规范的招聘流程，否则招聘工作将功亏一篑。规范的招聘流程是指从浏览简历、面试、结束面试、心理测评到取证的全过程。

(1) 招聘前应进行必要的沟通。第一，告知公司的主营业务，提供有关事实和数据，但在招聘过程中，甚至在面试过程中，有些人的目的并不单纯，可能会有竞争对手和客户混入其中，希望借此来得到对自己有用的信息。因此，最好只介绍一些基本情况的相关数据，在问到其他资料的时候可以通过委婉的方式加以拒绝，否则得不偿失。第二，实事求是描述公司情况，描述空缺职位，如实告知其职业生涯发展机会，在职业生涯发展机会的描述上，不能轻易许诺,刻意夸大。因为一旦承诺无法兑现、条件降低的时候,应聘者会对公司的信誉产生,极易造成人员流失。

(2) 招聘中应避免一些误区。第一,避免思维定式,在招聘人才时不能依据招聘人员的习惯性思维。例如,许多人会认为女生比男生适合人力资源工作,男生比女生客观公正,适合行政工作。而实际上并非如此,如果招聘者在面试时依此"定式"排除了适合的人选,定会追悔莫及,因为关键的人才不仅是人力资源,还是真正能为企业创造财富的人力资本。第二不要轻易相信介绍信或介绍人。第三,不要忽视情商因素。第四,不要寻找完美人才。第五,维护应聘者的自尊,即使应聘者没有得到这个职位,也会对组织存在好感。

(3) 招聘后还要对一些关键职位进行取证,防止假人才有可乘之机,为公司带来损失。

## 本章小结

招聘评估主要指对招聘的结果、招聘的成本和招聘的方法等方面进行评估。一般在一次招聘工作结束之后,要对整个评估工作做一个总结和评价,目的是进一步提高下次招聘工作的效率。招聘评估有利于组织节省开支、检验招聘工作的有效性、检验招聘工作成果与方法的有效性程度、有利于提高招聘工作质量。员工招聘评估的内容包括招聘成本效益评估、录用人员评估和招聘工作评估。员工招聘成本包括招募成本、选拔成本、录用成本、安置成本、离职成本和重置成本。成本效用评估是对招聘成本所产生的效果进行的分析。主要包括:招聘总成本效用分析,招聘成本效用分析,人员选拔成本效用分析和人员录用成本效用分析等。招聘收益成本比既是一项经济评价指标,同时也是对招聘工作的有效性进行考核的一项指标。招聘收益—成本越高,则说明招聘工作越有效。组织可以通过确定招聘需求、选用适当的招聘方式、规范招聘流程来进行招聘成本控制。

## 练习题

**一、思考题**

1. 员工招聘评估的含义是什么?
2. 员工招聘的作用是什么?
3. 员工招聘评估具有哪些影响因素?
4. 员工招聘评估的内容有哪些?
5. 什么是员工招聘成本效益评估?
6. 组织如何进行员工招聘成本管理?

**二、讨论题**

目前,很多组织的招聘评估都只是停留在表面形式,没有落实到实处,请从招聘周期、招聘成功率、招聘达成率、用人部门满意度、招聘成本五个方面来讨论组织应该如何进行员工招聘评估?

## 三、案例分析

### 谷歌限制招聘 以寻求加强成本控制

《华尔街日报》援引猎头公司、风险投资者和其他领域知情人士的消息称，由于营收增长放缓，利润率下滑，以及股价平平，谷歌正在控制招聘，试图通过多种方式来提高运营效率。这场控制成本行动由谷歌新任 CFO 鲁斯・珀拉特领衔。知情人士称，珀拉特目前正在对谷歌进行内部审计，以核实公司的成本、营收和会计系统等。珀拉特 2015 年 5 月底刚刚上任，此前在担任摩根士丹利 CFO 时曾成功地削减了开支，对资本进行了重新分配。

谷歌将于周四美国股市收盘后发布第二季度财报，届时谷歌将对公司的开支情况进行说明。另外，预计珀拉特也将首次出席谷歌的分析师电话会议。谷歌控制招聘已经有先兆。今年第一季度，谷歌新增 1 819 名员工，使员工总数达到 55 419 人。这是自 2013 年第四季度以来，谷歌员工增长最少的一个季度。去年，谷歌每个季度平均新增 2 435 名员工。

多年来，谷歌各个团队都认为，他们每年都需要招聘新员工。但如今，谷歌高管需要根据公司的战略优先级来决定哪些部门可以招聘。从去年底以来，谷歌的许多团队都被要求提交招聘计划，说明新增聘员工将如何实现特定业务目标，例如，是否能带来营收增长或用户增加。

知情人士称，谷歌去年缩减了表现欠佳的 Google＋社交媒体部门的招聘计划，而 Nest 智能家居部门则被允许大幅招聘。一位近期刚从谷歌离职的人士表示，在某个广告营销部门，新的招聘计划与营收相挂钩。该人士还称，今年的招聘计划比去年还难获得批准。科技招聘公司 Riviera Partners 高管阿里・贝纳姆称，当前接到谷歌聘用书的求职者越来越少。与过去几年相比，谷歌现在很少在招聘方面与对手竞争。贝纳姆说："他们的规模变大了，需要更多地关注成本。"虽然如此，谷歌在挽留员工方面还是很积极的，如向员工提供更多期权等。另外还有两名知情人士称，目前谷歌员工的差旅、日用品供给和活动举办等都需要获得高层的批准，这比以往严格许多。谷歌目前仍在继续增长，远没有达到裁员的地步。但是，对于像谷歌这样一家倾向于积极扩张，甚至不惜牺牲利润来开展一些实验性项目的企业，对各项开支的严格审查无疑是个显著变化。调研公司 Bernstein Research 分析师卡洛斯・基尔什纳称："我认为，谷歌并未从根本上改变其运营理念，但它确实在调整。"

**思考题**

1. 谷歌公司为什么要进行招聘成本控制？
2. 谷歌公司是怎样进行招聘成本控制的？

## 四、课外实践题

深入到一家组织进行实地调查，与该组织的相关人员进行访谈或座谈，了解组织是如何进行员工招聘评估的？

# 第十三章　员工流动管理

**本章学习目标**

☆ 掌握员工流动管理的含义；

☆ 理解员工流动管理的原则；

☆ 掌握员工流动管理的实施条件；

☆ 理解员工流动管理的理论基础；

☆ 掌握员工流动的形式；

☆ 掌握员工流失的原因及对策。

**【本节案例:问题提出】**

**海底捞的员工流失率为什么这么低?**

海底捞,因为媒体连篇累牍地报道,大家都极为熟悉了。有很多让消费者念念不忘的海底捞式服务:排队等位时送水果和饮料,提供美甲、美发和擦鞋服务,用餐时给你递上眼镜布和手机套,甚至在洗手间都备有一次性牙刷和梳子——这一切都是免费的。

有食客回忆,一次在海底捞吃饭时,旁边的一桌客人中有人过生日。这一信息可能在席间交谈时,被服务员“捕获”,没过多久,就有一群服务员唱着生日歌,捧着一个盖着红布的礼物出现在客人面前,让客人猜里面是什么。

有网友在日记中写道“这次出差上海,我一位朋友在海底捞只打了一个喷嚏,服务员就吩咐厨房做了碗姜汤送来,把我们给感动坏了……”

有食客在海底捞吃饭,因为车流拥挤而无法穿过马路,这个时候,在海底捞门前服务的员工,亲自引她到餐馆。如果你打车去海底捞,海底捞甚至送给出租车司机一瓶矿泉水。这些突击式服务是条条框框的硬性规定催生不了的,只有员工本身的积极性和想象力才得以促成。只有顾客想不到的,没有海底捞做不到的。这些特色服务催生的直接结果是:至2014年,海底捞的销售额已突破50亿元。IT界巨擘联想集团邀请其董事长张勇前去讲课,餐饮界国外前辈肯德基和必胜客还组织了两百名区域经理到海底捞学习。

海底捞董事长张勇的观点是:“当他(员工)把心放在工作上的时候,他就会替你去揣摩顾客的心思。支持海底捞发展的根本,从来不是钱,而是员工。”

所以海底捞只关注两件事:顾客满意度和员工满意度。海底捞明文规定:员工宿舍必须是配有空调和电视的楼房,不能是地下室,距离门店的路程步行不能超过20分钟,因为太远会影响到员工休息。

而真正吸引员工的,是透明而高效的晋级制度。海底捞非常注重自己培养干部,据了解,其管理层都是从基层提拔上来,因此海底捞流行这样一个说法,农民工的晋升机会比

MBA 大。

对员工价值的认可和尊重,使得海底捞的员工队伍一直很稳定。据了解,中国餐饮行业员工的平均流失率为 28.6%,而海底捞员工的流失率则能控制在 10%以内。

员工对工作的热情付出,是一种成本很高的行为,绝对不可能通过强迫得到。所以,如果你想要员工付出,你首先需要对员工投资,照顾好员工。企业的生存和发展必须有利润作支撑,但是有多少企业只盯着利润,只在乎客户,而忽略了身边的员工呢?

但是,像海底捞等这些优秀企业,他们的生存和发展模式充满着智慧:只要照顾好了员工,也就等于照顾好了利润。而且企业把重点从利润转移到员工身上,整个企业将会产生难以想象的效益。换句话说,企业真正强大的是它的员工,员工强,才有利润强。

由此联想到美国家美草坪养护公司创始人杜克的一段话:"如果你善待和你并肩工作的人,如果你愿意关心他们的素质,关心他们的幸福、利益和进步,而几乎完全不顾自己得失,你就一定有所进步。"

有一天,可能海底捞会消逝,但海底捞所传播的"从关爱人到让人关爱企业"这些经营人的理念不应该消逝。如果有了员工对工作的全情投入,企业何愁得不到利润?

资料来源:http://www.shichangbu.com/article-24810-1.html,2015-07-02。

众所周知,餐饮行业的员工流失率通常都非常高,其平均流失率近 30%,而海底捞的员工流失率则能控制在 10%以内,它又是怎么做到的呢?

# 第一节　员工流动管理概述

## 13.1.1　员工流动管理的含义和类型

### 13.1.1.1　员工流动管理的含义

员工流动管理的目的是确保组织人力资源的可获得性,满足组织现在和未来的人力需要和员工的职业生涯需要。员工流动可以分为流入、内部流动和流出三种形式。

### 13.1.1.2　员工流动管理的类型

1. 按流动原因划分

(1) 由于人与事不相适应而引起的流动,如用非所学,用非所长。

(2) 由于人际关系失调而引起的流动,如领导专横跋扈、任人唯亲、拉帮结伙,或与同事关系紧张,难于合作。

(3) 由于生活或经济原因而引起的流动,如夫妻两地分居,子女上学过远,交通不便,工资待遇较差,父母无人照顾,水土不服等。

2. 按人员隶属关系变动与否划分

(1) 改变隶属关系的流动需办理调动手续。

(2) 不改变隶属关系的流动,多指各种形式的智力交流、第二职业,无须办理调动手续。

3. 按职位变动情况划分

(1) 职位业务性质和职级不变的流动属于职系内部的平调。

(2) 职位业务性质不变,职级变动的流动,属于职系内部的升调或降调。

(3) 职位业务性质改变,职等不变的流动,属于跨职系的平调。

(4) 职位业务性质改变,职等也改变的流动,属于跨职系的升调或降调。

### 13.1.2 员工流动管理的影响

1. 对员工忠诚度的影响。每一次组织对员工的解雇都塑造着在职员工对组织的忠诚程度。具有不安全感的员工可能对自己和组织的关系斤斤计较,只有当其职业生涯的需求被迅速地满足时才决定留下来。而相信自己直到退休都和组织在一起的员工,则可能在与组织的关系上有一种更长远的目光。

2. 对员工能力的影响。不稳定的进出模式使管理者强调对员工的选择而非强调对员工的开发。如果解雇员工费力又费钱,经理们就会在选择上更仔细,并且在开发上投资更大。

3. 对组织适应性的影响。定期的劳动力削减迫使组织解雇那些效率低下者,使新的一代员工有机会重塑组织,这是管理变化的一种方法。在采用不稳定的进出流动模式的组织中,员工可能会更富有多样性,而多样性一般来说是有利于创新的。

4. 对组织文化的影响。文化的力量要受到流动模式的影响。因为流动模式决定着员工和组织在一起的时间,进而决定着学习和传播一系列企业信念的可能性。如在不稳定的进出模式中,人员流出率很高,以致员工未被充分地同化就已经离开组织,而且在这样的组织中也没有足够多的长期员工来传播文化。而在终身雇用制的组织中,发展强有力的文化相对就会容易一些。因为员工更有可能认同组织,并且希望被同化。

5. 对组织社会角色的影响。不同的流动模式对组织在社会中的角色的认识是不同的。不稳定的进出模式认为,员工存在的目的是帮助组织来赢利,而终身雇用制认为,组织存在的目的是提供稳定的就业和保障员工的生活。

### 13.1.3 员工流动管理的原则

1. 用人所长原则:每个单位应该首先搞好人员的内部挖潜和调配,实现人员在本系统内部的合理流动,尽量使现有人员学有所用,提高其利用率,在此基础上在根据实际需要,引进必不可少的稀缺人才。

2. 合理流向原则:由于各地区、各部门、各事业单位的发展不平衡,人的素质和能力的发展也不可能同步。因此,各地区、部门和单位在一定时期对人员的需求与同时期本地区、部门和单位人员的供给之间产生不平衡。合理流动就是人员多的地方向人员少的地方流;从人员闲置的地方向人员急需的地方流,从效益差的地方向效益好的地方流,以促进人员供需关系的平衡。

3. 最佳社会效益原则:人员流动应该从社会的需要出发,最大限度地发挥现有人员地经济效益和社会效益。衡量人员流动合理与否的标准,只能是综合社会效益,即不仅包括社会经济效益,而且包括社会政治、文化的效益。仅经济效益而言,也有眼前效益与长远效益、局部效益与全局效益的区分。

4. 自主原则：即允许用人单位元根据工作需要选择人员，也允许人员在国家法律、法规和政策的范围内自主择业。在人员流动中，应创造条件让供需双方直接洽谈，实行双向选择，做到两全其美。

### 13.1.4　员工流动管理的理论基础

1. 勒温的场论

美国著名的心理学家勒温(Lewin)认为，个人能力和个人条件与其所处的环境直接影响个人的工作绩效，个人绩效与个人能力、条件、环境之间存在着一种类似物理学中的场强函数关系。由此他提出了如下的个人与环境关系的公式：

$$B=f(p,e)$$

式中，B：个人的绩效；

p：个人的能力和条件；

e：所处环境。

该函数式表示，一个人所能创造的绩效不仅与其能力和素质有关，而且与其所处的环(也就是他的“场”)有密切关系。如果一个人处于一个不利的环境之中(如专业不对口、人际关系恶劣、心情不舒畅、工资待遇不公平、领导作风专断、不尊重知识和人才等)，则很难发挥其聪明才智，也很难取得应有的成绩。一般而言，个人对环境往往无能为力，改变的方法是离开这个环境，转到一个更适宜的环境去工作，这就是员工流动。

2. 卡兹的组织寿命学说

美国学者卡兹从保持企业活力的角度提出了企业组织寿命学说。他在对科研组织寿命的研究中，发现组织寿命的长短与组织内信息沟通情况有关，与获得成果的情况有关。他通过大量调查统计出了一条组织寿命曲线，即卡兹曲线。

3. 库克曲线

美国学者库克提出了另外一条曲线，从如何更好地发挥人的创造力的角度论证了员工流动的必要性。

4. 中松义郎的目标一致理论

日本学者中松义郎在《人际关系方程式》一书中提出，处于群体中的个人，只有在个体方向与群体相一致的时候，个体的才能才会得到充分的发挥，群体的整体功能水平也才会最大化。如果个体在缺乏外界条件或者心情抑郁的压制状态下，就很难在工作中充分战线才华，发挥潜能。个体的发展途径也不会得到群体的认可和激励，特别是在个人方向与群体方向不一致的时候，整体工作效率必然要蒙受损失，群体功能水平势必下降。个人潜能的发挥与个人和群体方向是否一致之间，存在着一种可以量化的函数关系，据此他提出了“目标一致理论”。

5. 马奇和西蒙模型

马奇和西蒙模型可以被称为“参与者决定”模型。他们的模型实际上是由两个模型共同构成的。一个模型分析的是感觉到的从企业中流出的合理性，一个模型分析的是感觉到的从企业中流出的容易性。

员工感觉到的从企业中流出的合理性的两个最重要的决定因素:员工对工作的满意程度及其对企业间流动的可能性的估计。

员工感觉到的流出的容易程度的决定因素中,最重要的是:员工所能够看到的企业的数量、他们胜任的职位的可获得性以及他们愿意接受这些职位的程度。

6. 普莱斯模型

普莱斯建立了有关员工流出的决定因素和干扰变量的模型。

该模型指出,工作满意度和调换工作的机会是员工流失和其决定因素之间的中介变量。

普莱斯理论模型的前提条件是:只有当员工调换工作的机会相当高时,员工对工作的不满意才会导致流失。也就是说,工作满意度与工作机会的多少是相互影响和作用的。

7. 莫布雷中介链模型

莫布雷在马奇和西蒙模型的研究基础上进一步提出。莫布雷认为,应该研究发生在员工工作满意度与实际流出之间的行为和认知过程,并用这种研究来代替对工作满意度与流出关系的简单复制。

8. 扩展的莫布雷模型

扩展的莫布雷模型结合了前面几种模型的内容,试图尽可能全面地捕捉影响员工流出的各类复杂因素。

## 第二节　员工流动形式

员工流动包括员工流入、内部流动和流出三种形式。

### 13.2.1　员工流入管理

员工流入是由征召、筛选、录用三个环节构成的,也就是员工招聘环节。从员工流动管理的角度来看,员工流入即招聘环节是整个流动管理的开始,也是保证流动管理目标实现的重要条件。现在,组织越来越多地认识到,确定正确的员工流入理念、把好招聘关对于实现组织战略目标和打造员工队伍是非常重要的。从这个角度看,组织在进行员工流入管理工作时就应该充分认识到以下几点。

(1) 将组织文化作为招聘的标准;
(2) 建立流畅的招聘工作流程;
(3) 考核招聘人员,使之具备相应的知识;
(4) 关注招聘成本;
(5) 持续关心征召渠道;
(6) 适当考虑应聘者的多面性;
(7) 研究竞争对手的招聘技术和招聘战略;
(8) 确立招聘者与应聘者共同的利益关系;
(9) 树立组织在劳动力市场的良好形象。

### 13.2.2　员工内部流动管理

员工内部流动是指员工在企业内部的工作调整和岗位变换。

13.2.2.1　员工内部流动的必要性

1. 实现高效人才组合的必要条件

拥有了人才并不等于拥有了一切，企业不但需要各种不同类型的新型人才，而且还需要对这些不同的人才进行有效的组合，以适应企业发展的需要。企业的管理人才、技术人才和业务人才是相互交叉的，他们的知识结构、专业特长和性格特点都不一样，企业在用人方面的其他许多情况也是具体的，因此，难于找到一个既定的标准来组合人才，只有按照和谐互补、高效精干的原则，动态地配置现有人才，使每个人在工作中找到最适合自己发挥才能的位置，才能创造出最大的效益。通过建立并完善企业内部人才流动机制来达到有效的人才组合，可以使人才个体在总体的引导和激励下释放出更大的能量，既有利于人才实现自我价值，也有利于企业的发展。反之，如果企业内部人才不能合理流动，就难以实现高效的人才组合。

目前，在大多数企业内部，由于没有建立内部人才流动机制，员工只有在干得非常出色以致上司认为必须给他换个岗位时才可能换个岗位，这样的事普通人一辈子也难得碰上几次。在一个企业或部门内部，大多数人长期待在一个固定的岗位，一个普通员工即使对自己正在从事的工作不满意，或者认为本企业的另一个岗位更加适合自己，想要改变一下却并不容易。直接的恶果是员工们常常感到怀才不遇，工作积极性受到明显抑制，而企业则不能最大限度地开发员工的潜能，这对用人单位和员工本身都是一大损失。

2. 防止人才外流的重要手段

面对人才外流，很多人力资源部门主管常常想到的办法是加薪留人，但效果往往只是一时，想走的人还是要走。事实上，员工最关心的并不是工资，而是工作满意，职业发展前景、升迁机会、成就感和人际关系等。当他们觉得当前所在岗位无法给予这些时，就会寻求新的目标。那么，怎样才能不让人才外流又满足他们的这些目标呢？那就是让人才在企业内部流动起来。由于向外“跳槽”必然会带来一定的机会成本，所以，如果员工在企业内部可以实现自己的目标，人才流失的情况就会大大减少。建立合理的内部流动机制，实现人才的无障碍流动，是留住人才的手段之一。堵塞内部流动渠道，只能造成人才向外流动。

3. 激励员工的有效形式

提起员工激励，人们想到的往往是高薪高福利。实际上激励是对员工需求的满足，员工的需求是多种多样的，所以激励的途径也是多种多样的。建立合理的内部人才流动机制，也就是建立了“竞争上岗，优胜劣汰”的人才激励机制，为每个人都能提供不断认识自我，不断展示自我，不断完善自我和不断实现自我的机会与条件，员工有机会选择符合自己职业生涯设计的岗位，工作可以带来一种成就感和满足感。这样的激励形式，比单纯的物质激励更有效。

美国学者彼得·德鲁克提出了“知识型员工”的概念，指的是“那些掌握和运用符号和概念，利用知识或信息工作的人”。作为追求自主性、个体化、多样化和创新精神的员工群体，激励知识型员工的动力更多的来自工作的内在报酬本身。因此，内部流动的激励方式对于知识型员工来说尤为有效。

13.2.2.2 员工内部流动的手段

（一）内部调动及其管理

内部调动是指员工在企业中横向流动，在不改变薪酬和职位等级的情况下变换工作。内部调动可以由企业提出，也可以由员工提出。由企业提出的调动主要有三方面的原因：一是内部调动可以满足企业调整组织结构的需要，二是为了使企业中更多的员工获得奖励，三是内部调动可以使企业员工的晋升渠道保持畅通。

（二）职务轮换及其管理

职务轮换又称轮岗，指根据工作要求安排新员工或具有潜力的管理人员在不同的工作部门工作一段时间，时间通常为一到两年，以丰富新员工或管理人员的工作经验。

优点：能丰富培训对象的工作经历，也能较好地识别培训对象的长处和短处，还能增强培训对象对各部门管理工作的了解并增进各部门之间的合作。

不足：由于受训员工在每一工作岗位上停留的时间较短，因而容易缺乏强烈的岗位意识和高度的责任感；由于受训者的水平不高，容易影响整个部门或小组工作效率或工作效果；由于受训者的表现还会影响其身边的其他员工，容易在多个部门造成更坏的影响。

企业为提高职务轮换的有效性应着重注意以下几点：首先，在为新员工安排职务轮换时，选择与其相适应的工作；其次，职务轮换时间长短取决于培训对象的学习能力及学习效果，而不是机械地规定某一时间；再次，职务轮换所在的部门经理应受过专门的有关培训，具有较强的沟通、指导和督促能力。

（三）晋升及其管理

晋升是指员工由于工作业绩出色和企业工作的需要，沿着企业等级，由较低职位等级上升到较高的职位等级。

一般来说，合理的晋升管理可以对员工起到良好的激励作用，有利于员工队伍的稳定，避免人才外流。另外，合理晋升制度的制定和执行，可以激励员工为达到明确可靠的晋升目标而不断进取，致力于提高自身能力和素质，改进工作绩效，从而促进企业效益的提高。可见晋升管理工作进行得好坏直接关系到队伍的积极性和士气。

有效的晋升管理应遵循以下三项原则：一是晋升过程正规、平等和透明，二是晋升选拔注重能力，三是对能力的评价要注重对员工技能、绩效、经验、适应性以及素质等因素的综合考察。

（四）降职及其管理

降职是一个员工在企业中由原有职位向更低职位的移动。这一方法是与晋升相对的。

## ※【知识链接 13－1】

### 日本索尼公司的“内部跳槽”经典制度

1. 鼓励员工“内部跳槽”，是基层领导干部选拔使用人才思想是否解放的具体表现。

常言道：“树挪死，人挪活。”讲的就是人才流动重要性的道理。作为基层的领导者，能不能认识到员工内部流动的重要性，敢不敢让员工“内部跳槽”，首先是个思想认识上的问题。

2. 鼓励员工“内部跳槽”，是促使人才成长进步和自我加压提高的好方法。

按常规的发展来讲，绝大多数的人都是希望自己能够全面地发展，都是愿意接受新事物，不断学习新技术的。人为什么愿意多学习、接受新事物、学习新技术？因为人大都有一种渴望进步的欲望，不满足已了解和掌握的东西。人们愿意学习，接受新事物，学习新技术，对此决不能看成是个人的事情，这是有利于社会发展的好事，应当予以鼓励。允许和鼓励员工“内部跳槽”，让他们多学习，就是为了满足职工的这种愿望和要求，是符合“以人为本”的思想的。

3. 鼓励员工“内部跳槽”，是破除人才惰性和盲目骄傲自满思想的一种有效的措施。

为什么在企业内部时常会发生有的员工不听调遣和指挥的现象，而由于岗位特殊，有时领导竟拿他们没办法？为什么在企业内部部门之间有的隔阂不断，闹不团结，把自己的特殊部门和特殊岗位视为“小山头”？为什么有的员工自持自己手里有绝活，工作上态度蛮横无理，盲目骄傲自满，目中无人呢？这些都与过去在用人机制上的不合理，一个人一个岗位干多年或者一生，用人“死水一潭”，不能进行岗位轮换不无直接的原因。有的企业只注重了领导干部岗位的轮换和竞争，却忽视了普通员工的轮换和竞争。看来，这个教训既是深刻的，又是普遍的。这不能不引起我们大家的深思。

索尼的内部跳槽实例

有一天晚上，索尼董事长盛田昭夫按照惯例走进职工餐厅与职工一起就餐、聊天。他多年来一直保持着这个习惯，以培养员工的合作意识和保持与他们的良好关系。

这天，盛田昭夫忽然发现一名年轻职工郁郁寡欢，满腹心事，闷头吃饭，谁也不理。于是，盛田昭夫就主动坐在这名员工对面，与他攀谈。几杯酒下肚之后，这个员工终于开口了：“我毕业于东京大学，有一份待遇十分优厚的工作。进入索尼之前，对索尼公司崇拜得发狂。当时，我认为我进入索尼，是我一生的最佳选择。但是，现在才发现，我不是在为索尼工作，而是为科长干活。坦率地说，我这位科长是个无能之辈，更可悲的是，我所有的行动与建议都得科长批准。我自己的一些小发明与改进，科长不仅不支持，不解释，还挖苦我癞蛤蟆想吃天鹅肉，有野心。对我来说，这名科长就是索尼。我十分泄气，心灰意冷。这就是索尼？这就是我的索尼？我居然要放弃了那份待遇优厚的工作来到这种地方！”

这番话令盛田昭夫十分震惊，他想，类似的问题在公司内部员工中恐怕不少，管理者应该关心他们的苦恼，了解他们的处境，不能堵塞他们的上进之路，于是产生了改革人事管理制度的想法。之后，索尼公司开始每周出版一次内部小报，刊登公司各部门的“求人广告”，员工可以自由而秘密地前去应聘，他们的上司无权阻止。另外，索尼原则上每隔两年就让员工调换一次工作，特别是对于那些精力旺盛、干劲十足的人才，不是让他们被动地等待工作，而是主动地给他们施展才能的机会。

这种"内部跳槽"式的人才流动是要给人才创造一种可持续发展的机遇。在一个单位或部门内部,如果一个普通职员对自己正在从事的工作并不满意,认为本单位或本部门的另一项工作更加适合自己,想要改变一下却并不容易。许多人只有在干得非常出色,以致感动得上司认为有必要给他换个岗位时才能如愿,而这样的事普通人一辈子也难碰上几次。当职员们对自己的愿望常常感到失望时,他们的工作积极性便会受到明显的抑制,这对用人单位和职员本身都是一大损失。

一个单位,如果真的要用人所长,就不要担心职员们对岗位挑三拣四。只要他们能干好,就尽管让他们去争。争的人越多,相信也干得越好。对那些没有本事抢到自认为合适的岗位,又干不好的剩余员工,不妨让他待岗或下岗,或者干脆考虑外聘。索尼公司的内部跳槽制度就是这样,有能力的职员大都能找到自己比较满意的岗位,那些没有能力参与各种招聘的员工才会成为人事部门关注的对象,而且人事部门还可以从中发现一些部下频频"外流"的上司们所存在的问题,以便及时采取对策进行补救。这样,公司内部各层次人员的积极性都被调动起来。当每个干部职工都朝着"把自己最想干的工作干好,把本部门最想用的人才用好"的目标努力时,企业人事管理的效益也就发挥到了极致。

内部候选人已经认同了本组织的一切,包括组织的目标、文化、缺陷,比外部候选人更不易辞职。

### 13.2.3 员工流出管理

员工流出分为员工非自愿流出和员工自愿流出。

#### (一) 员工非自愿流出及其管理

非自愿流出就是由于各种原因,由企业一方先提出让员工离开,而并非员工自己主动提出流出企业。非自愿流出包括解聘、人员精简和提前退休。

1. 解聘及其管理

解聘是企业与员工解除聘约。

由于是非自愿的流出,所以解聘政策的实施有可能会带来一些危险。首先,解聘员工可能会引起被解聘员工的控告和起诉。其次,由于被解聘员工受到各方面的极大压力,可能会对企业的管理人员或与此相关人员进行人身伤害。因此,企业在采取解聘措施时应格外慎重,并要遵循一些原则来尽量避免不良后果的出现。首先要遵守公平原则;其次要建立必要的制度,规范解聘员工的工作和行为;最后一旦员工被解聘,企业尽可能地提供一些再就业的咨询等等,以此来减轻因解聘员工带来的不良后果。

2. 人员精简及其管理

人员精简是一个包括人事裁减、招聘冻结、组织重组和兼并的术语,是企业为降低成本而采取的一系列行为。通常,人员精简主要是裁减企业的劳动力规模。

3. 提前退休及其管理

提前退休是指员工在没有达到国家或企业规定的年龄或服务期限时就退休的行为。提前退休常常是由企业提出来的,以提高企业的运营效率。这是当今许多企业在面临市场激烈竞争时，使自身重现活力而采取的用于管理员工流出的一种很流行的方法。

尽管企业在员工选拔、培训和报酬制度设计等方面做了许多努力，但是还会有一些员工无法达到所要求的绩效水平或在工作时违反企业的规章制度。当这些情况发生时，企业就有可能辞退这些员工。此外，当企业经营状况不景气，需要降低成本或减少预算时，往往也会发生裁员现象。这两种情况下的员工流动都属于非自愿性流动。企业解雇一名员工常常是件非常困难的事情。首先，这种决定不可避免地会涉及法律方面的一些问题。最常见的就是被解雇员工起诉他们曾服务过的企业，控告企业对他们实施了非法解雇。企业为此类官司，往往需要付出不小的费用，包括辩护费、赔偿费等。其次，有时被解雇的员工除了存在相当大的经济风险外，还存在人身安全问题。这样，有时被解雇者会采取暴力手段来表达他们对于被解雇的不满。由于解雇员工存在这些问题，因此，建立一种标准化的、系统性的惩戒及解雇办法，是至关重要的。

做好非自愿性员工流动管理的途径有如下几个方面。

(1) 实行公平原则

在员工绩效管理和分配过程中，公平原则是一个重要的原则；在做出对员工进行惩戒的决策时，该原则同样重要。因为许多与解雇有关的诉讼案和暴力冲突，起因就是由于被解雇者感到了极大的不公平。公平有三种基本表现形式，即结果公平、程序公平和人际公平。结果公平是指人们根据其他一些自己参照的人所获得的结果而对自己得到的结果进行的一种判断。显然，一个人在失去工作而别人没有失去工作的情况下，被解雇者很容易产生结果不公平的感受。这种不公平的感受到底会在多大程度上转化为恼怒与怨恨，甚至可能演化为暴力或诉讼形式的报复，则取决于被解雇者对程序公平和人际公平的感知。结果公平的关注点是最终结果，而程序公平和人际公平所关注的则是过程和手段。如果员工认为与解雇有关的决策程序和方法是公平的，那么他的反应就会比他认为决策程序和方法是不公平的情况下的反应要积极一些。程序公平是指在决定员工所得到的结果时所使用的方法和步骤。在判断程序是否公平时，一般取决于以下六个方面：① 一致性，即在不同的时间里以及针对不同的人都采取一样的方法和步骤。② 消除偏见，即程序执行者在做出最终的决策时不掺杂任何个人的喜好，也不存在针对当事人的任何先入为主的个人偏见。③ 信息准确，即解雇程序是建立在真实的、充分的信息基础上的。④ 可修正性，即在决策程序中应当有一种内在的保护机制，允许当事人就程序中的错误提出个人申诉。⑤ 公开性，即程序应当让所有可能受到影响的利益相关方（如同事、顾客、股东）了解，其中也包括被解雇员工自己。⑥ 道德性，即解雇程序不应违背社会道德准则，如保护个人隐私、不欺诈等。人际公平指的是决策被执行过程中的人际关系表现。决定人际公平的因素有：① 解释，即公司要对解雇决策进行充分的解释，说明其合理性、公平性。② 社会敏感性，即要尽可能表现出对当事人的尊重并使其对未来仍充满希望。③ 细心体贴，即要积极倾听他人的意见。④ 人情味，即要认同他人的感受。当企业对解雇决策进行了充分的解释，并且在实际执行决策中以一种微妙的、细心周到的、充满人情味的方式来行事，那么被解雇者因失去工作而产生的怨恨就可能会得到消除。

(2) 建立逐级惩戒制度

根据公平原则，当企业成员出现过失或不能满足企业工作要求时，一般不应马上就采取辞退措施，而应根据其犯错的次数及严重程度，采取逐渐加大处罚力度的惩戒政策。有效的惩戒制度应由两个要素构成：有关文件和逐级惩戒措施。有关文件包括书面的职务规范和职务说明书、考核制度、人事档案等，它们为惩戒措施决策提供标准和依据；逐级惩戒措施是指针对犯错的次数及严重程度而相应可以采取的处罚措施，它们事先都要有详细阐述并明文记载，使企业每个成员都知道。惩戒措施应当以逐渐加大力度的方式来执行。例如，当第一次犯错时，可以采取口头非正式警告；第二次犯错，则可以采取书面通报批评；第三次再犯时，则可以实施临时停职的做法；到了最后，当该员工留下来只能给企业带来更大的不利影响时，就有必要采取解雇的做法。需要注意的一点是，在逐级惩戒过程中，企业应对员工每一次惩戒的时间、原因、措施等信息进行记录，以免发生不必要的纠纷。

(3) 采取建设性争议解决法

在惩戒过程中的任何一个时点上，企业成员都可能希望引入外部第三方力量来帮助自己解决分歧或者冲突。譬如，法律诉讼就是利用法律这个第三方来解决这类冲突的，但众所周知，诉讼成本是比较高的。为了避免出现这种情况，企业可以采取建设性的争议处理技术，即以一种及时的、富有建设性并且成本较低的方式来解决争议。建设性争议解决法可以采取多种形式，通常都包含表 1-7-5 所示的四个阶段，这些阶段呈递进式发展，即只有当前一阶段未能达成一致时，才进入下一个阶段，其目的是希望在争议的前一阶段就尽快把冲突解决掉。

阶段一：开放式协商即冲突双方试图通过面对面协商共同达成解决方法。如果协商未果，则进入阶段二。

阶段二：同事审查即由组织中一自与争议双方处于同一等级的代表组成听证小组，听取双方对于案件的看法，并帮助当事人双方达成解决争议的办法。如果未能达成一致，则进入阶段三。

阶段三：调解即由劳动争议调解委员会通过查明事实、分清责任，促使当事人在相互谅解的基础上达成协议的处理方法。经调解达成协议的要制作调解协议书，双方当事人应自觉遵守；调解不成的，则可以进入第四阶段。

阶段四：仲裁即由来自外部的专业仲裁人员按照一定的法律程序，对争议的事实进行认定，对双方当事人的责任做出裁决，从而解决争议的一项法律制度。在我国，县、市、市辖区都设有劳动争议仲裁委员会，其成员往往由劳动行政主管部门的代表、工会代表和律师等构成。

(4) 搞好再就业服务

在国外，有些公司在自己的内部设立专业的咨询人员负责这项工作；也有一些公司则是利用外部的咨询服务机构以向公司收费的方式，分别帮助失业者谋取新的工作。在我国，目前主要通过"再就业服务中心"或类似的机构，引导和帮助失业职工或企业富余人员再就业。再就业服务中心的资金来源采取财政、企业、社会各负担 1/3 的"三三制"；其功能包括负责为下岗职工发放基本生活费，代缴养老、医疗、失业等社会保险费用，组织下岗职工参加职业培训和职业指导等。实践表明，建立再就业服务中心已成为保障企业下岗职工基本生活需要和促进再就业的有效措施。

（二）员工自愿流出及其管理

对于企业来说，企业员工的自愿流出是一种损失，因此它又被称为企业员工的流失。员工流失分为两种情况：一种流失是员工与企业彻底脱离工资关系或者员工与企业脱离任何法律承认的契约关系的过程，如辞职、自动离职；另一种流失是指员工虽然未与企业解除契约关系，但客观上已经构成离开企业的事实的行为过程，如主动型在职失业。

## 第三节　员工流失

员工流失是指组织不愿意而员工个人却愿意的自愿流出。这种流出方式对企业来讲是被动的，组织不希望出现的员工流出往往给企业带来特殊的损失，因而又称之为员工流失。员工辞职是员工的权利，但由于对企业有害，企业一般要设法控制和挽留，至少要避免这种现象经常发生。

### 13.3.1　员工流失的分类

按照员工与企业之间的隶属关系来划分，一种流失是员工与企业彻底脱离工资关系或者说员工与企业脱离任何法律承认的契约关系的过程，如辞职、自动离职；另一种流失是指员工虽然未与企业解除契约关系，但客观上已经构成离开企业的事实的行为过程，如主动型在职失业。通常是指管理不当，或者是员工对现实的收入等外因素引起的。

### 13.3.2　员工流失的特点

1. 群体性

一般说来，员工流失往往发生在以下这些人员群体：新兴行业需求量大的，思维活跃的，专业不对口的，对企业不满的，业务管理精英，对未来职业生涯不明晰的，认为受到不公平待遇和人际关系不好的。

2. 时段性

员工流失的时间是有规律的，一般说来，薪水结算及奖金分配后，春节过后，学历层次提高后，职称提高或者个人流动资本进一步提高后，最容易发生员工流失。

3. 趋利性

即员工流失总是趋向于个人利益和个人目标。这些员工可分为追求物质型、追求环境型和追求稳定型。

### 13.3.3　员工流失的原因

企业对于员工的流失应该承担主要责任。绝大多数人是不喜欢变化的，所以绝大多数的员工，在一个企业工作过一段时间以后，如果没有什么特别的原因，一般不会考虑更换工作，所以员工流失总是有原因的，虽然员工流失的原因是多方面的，既有当前社会文化背景的因素，也有员工的个人道德素质的因素，但是作为企业这个主体，对员工的流失有着更多的责任。

1. 薪酬分配模式落后

应该说，这是人员流失的很重要的原因。显然，薪酬待遇问题是员工决定是否离职时所要考虑的首要因素，薪酬待遇高，可以抵消其他很多方面的不足。

2. 缺乏良好的企业文化及氛围

良好的企业文化和氛围，可以给员工提供一个比较愉快、舒心的工作环境，可以构建一个比较和谐的人际关系，进而会让员工对这个环境产生留恋心理，反之，如果一个公司内部人际关系紧张，公司整体缺乏一个积极向上的氛围，也会影响到员工的精神状态和理想追求，进而产生离职的念头。

3. 选用人才不当

一是任人唯亲，而非任人唯贤。这是民营企业最为常见的现象。民营企业往往是家族企业，他们常常将重要的职位交给自己的家族成员，而这样出于亲属关系的选择，往往意味着效率低下和冗员，而低下的效率和冗员又会使有才能的人对企业产生失望，从而选择离开。二是选用人才的失误。在聘用和甄选人才上，未将最适合的人才聘用或是被选用的人才职业道德(或品德)不佳，这也是导致员工日后离开企业的原因之一。

4. 不注重员工的发展与培训

一个有上进心的员工，在努力工作的同时，常常会审视自己所从事工作的发展前景，如果企业不能够给员工提供一个良好的发展前景，员工就会考虑做出新的选择。

5. 缺少远景规划

一个公司缺少远景规划的问题，或者可以通俗的说成是公司老板缺少一种给员工描绘未来蓝图的能力，在看不到公司未来的希望、想不到公司未来是什么样子的情形下，员工只能另谋高就。对于任何一个公司来讲，必须明确自己的战略方向，明白自己在未来是干什么的，并且要做到向员工及时传递这些信息、分享这些信息。任何人一个人，始终是需要激励的，因此，需求的问题永远是大问题。

6. 缺少管理

人格魅力强的老板为什么还会有人离去？本质上这是一个公司缺少管理的问题。或者说公司的管理变成了老板一个人的管理，老板的人格魅力取代了制度，这势必就容易形成溜须拍马的企业文化，导致一些优秀的员工为寻求更好的发展而离开。阿里巴巴的马云同样是一位人格魅力极强的领导人，但保障阿里巴巴发展的始终是其严格的管理制度。任何一个老板，尤其是创业者，千万不要混淆管理制度和领导魅力的关系，制度始终是的第一要素。

### 13.3.4 人员流失的成本

(一) 直接成本

1. 员工招聘成本主要包括：招聘准备工作，筛选简历，面试成本，录用准备成本，办理录用手续等成本。

2. 培训成本主要包括：岗前培训准备，培训资料，培训管理成本等。

3. 内部员工填补空缺成本主要包括：内部员工填补空缺成本，需要额外加班的成本，主管人员协调完成空缺岗位工作的成本等。

4. 新员工适应工作岗位期间所付出的成本。员工到一个新的工作岗位上，要有一个适应期，而在此期间，公司仍需支付工资，这无疑增大了公司成本。

按照目前南京的标准保守估计的话，一个员工工作半年即辞职的将给公司带来的直接经济损失也在 3 000 元以上，而工作时间越长给公司带来的损失就会越大。

（二）间接成本

1. 人员流失使团队士气涣散的成本

员工离职会引起的其他员工多米诺骨牌式离职，因为员工离职之前会有一个考虑和斟酌的过程，在此期间，员工不可避免地要找同事进行商量，从而影响到其他员工的心理。据有关机构估算，一个员工离职会引起大约 3 个员工产生离职的想法，照此计算的话，如果企业员工离职率为 10%，则有 10%×3＝30%的企业员工正在找工作；如果员工离职率为 20%，则有 20%×3＝60%的企业员工正在找工作。试想企业员工整天都在忙于找工作并处于观望迷惘状态，那么这种现象给企业造成的损失成本将会有多大？

2. 人员流失造成企业后备力量不足的成本

频繁的人员流动，使企业今后在选拔中层管理人员时面临后继缺人的困境，进而使企业如果从中层中选拔高级人才，会出现无法从内部填充中层岗位空缺，出现人才断层的现象，影响到企业人才梯队建设。

3. 人员流失造成企业核心机密泄露的成本

这些核心机密泄露包括技术的泄密、客户资源的流失、经营管理思想的再利用等等。如果这些离职员工带走的资料和信息流入到竞争对手，后果将更加严重，可能直接威胁到公司的生存。比如，一个关键技术职位上人员流失的同时也带走了关键技术，这个关键技术就是企业的核心竞争力，这样很可能会使企业一蹶不振。

4. 人员流失造成企业声誉被破坏的成本

如果一个企业的员工流动频繁，一方面，离开企业的员工，自然会对企业存在的问题有些自我的评价，并且大多数是对企业负面的评价；另一方面，企业内外人员会对企业的这种现象有些猜忌和传言。这些评价、猜忌和传言会逐渐破坏企业名声。人们在选择加入企业时，总能会打听到关于企业的一些情况，这使企业面临着很难再次招聘到合适人才的尴尬局面。

如此巨大的、甚至是不可估量的各种人员流失成本，或许真的有很多企业领导者还未意识到人员流失成本这个问题，或许有很多企业高层管理人员已经意识到了人员流失给企业造成的损失，但苦不堪言。如何解决这个问题，已经成为很多企业关心的问题。

**※【知识链接 13－2】**

**流失一名老员工 得花 6 倍成本育新人**

每年 8 月，总会有一波离职小高峰出现。员工或对工作现状不满意选择读书深造，或因疲惫告假，返回岗位不久就离职。记者近日走访智通人才市场了解到，不少企业 HR 都遇到此类情况。人力专家表示，无论是何原因导致人才离职，人才流失都为企业带来一笔不菲的损失，流失造成的损失是培养新员工成本的 6 倍。企业要及时了解员工动态，实时完善企业文化和管理机制，不要等员工想走了才挽留。

**案例一：让员工休假没想到回来就离职**

一些企业在淡季的时候，会给员工一些休假福利，不少员工借机外出旅游散心。企业原本是想让员工放松归来好好工作，可谁知有人出去了就再也不想回来。在智通现场招聘的HR崔生就遇到不少这样的事情。

“之前一位员工说工作不开心，好累。为了让其放松心情，公司批了几天假。没想到返岗后就提交离职申请。”崔生介绍，辞职原因是“现在的工作不能给他更好的生活保障”。因为这个理由，离开公司的员工不止一人。

智通人才就业顾问王茜表示，企业给员工放假的出发点是好的，但是并没有抓住员工离职的核心。“他要的不是一次说走就走的旅行，而是一种理想的生活和工作方式。企业要做深层次的员工离职分析，了解员工离职的真实原因。到底是因为薪资福利、晋升空间、企业管理还是工作环境等因素离职，从根本解决问题。”

**案例二：自觉受委屈爆发离职念头**

从事HR工作多年的李经理遇到技术人才和管理人员同时提出离职的事情。原因很简单，就是技术人员工资结算有误，多次沟通都不能拿到如愿的回报，便提出离职；管理者离职是因为自己在岗位上得不到尊重和认可。

两者都是企业需要的人才，但各自又都感觉受了委屈，遇到问题后，单位没能及时解决。最终直到负面情绪积压，爆发离职的念头。“其实，这个时候告知HR只是走一个流程，‘通知’你我要走了，留人已无回天之术。”李经理表示，“出于情怀，两人都是老员工是骨干，企业不希望他们走。但当员工内心感觉到受伤时，已经晚了。作为HR，这个问题一直被困扰。我们夹在老板和员工之间，两头为难。”

**案例三：开学季将到求学深造离职多**

现在是八月下半月，9月份进入开学季，一些即将走上求学深造道路的人正忙着办理离职手续。也正因为如此，8月份往往会出现离职小高峰。李小姐于2012年大学本科毕业，今年刚好是进入工作单位4周年。也就在今年，她达成心愿，昨日踏上了赴美求学的旅程。据悉，递交辞职信的时候，单位领导见李小姐是去名校读书深造，也不好加以挽留。其实，从她工作开始，就有这个计划并为此努力着。四年的工作帮助她积累了不少知识和实践能力，在某种程度上也为她拿到美国名校offer增添了砝码。

相比之下，小曹的出国读书则显得无奈。2013年毕业后，进入了一家广告公司。走上工作岗位后，小曹发现整个环境和氛围与自己的预期差距很大，职业前景有些不明朗。虽然自己一直在努力去适应，但工作三年来，觉得收获并不大。“可能是自己的能力还不够吧，现在本科学历遍地都是，就算跳槽都觉得底气不够。”小曹最终决定，反正目前的工作也挣不了多少钱，还不如干脆辞职去深造，给自己积累点资本。

**专家：企业要留人先给员工成就感和满足感**

企业文化是企业的灵魂。有人力专家认为，企业如果能够让员工获得工作的成就感和满足感，一般来说，员工都不会轻易离职。

“员工离职对企业的影响，作为高管尤应重视。据分析，人才离职给单位造成的损失是培养一名新员工成本的6倍。其中涵盖员工离职停工成本、招聘成本、培养成本等。良好的企业文化对于人才的育、用、留非常重要。”智通人才连锁集团总裁苏琳表示，“我们深知企业文化的重建是一个艰难而漫长的过程，让员工与企业同行，有共同的信仰非常重要。这关乎企业生命和人才价值体现的事，所以文化重塑是势在必行的重要工作。”

文化的重塑和建设是企业的“纲”。在纲要前提之下，企业管理者要在日常管理中对员工关注密切，了解员工所需，做好防患未然的工作。苏琳强调，在企业文化的大背景之下做好部门之间的团队小文化建设；人力资源部持续做好人才储备与人才梯队建设工作，避免员工的心受委屈，这样才能真正地为企业留住有用的人才。“比如企业与员工结盟，成为合作伙伴，建立共同目标。员工为企业实现目标，企业为员工兑现，即便员工离职，但合作关系不散。保持为目标努力实现价值的关系，有助于彼此关系协调进步。”

### 13.3.5 员工流失的管理对策

企业的发展要靠全体员工的共同努力，员工的流失给企业的发展带来了巨大的负面影响，因此企业在发展中必须根据自己的特点制定措施，稳定人才，留住人才，用好人才。具体来说，企业要从以下几个方面做好工作：

**一、建立良好的选人和用人制度**

企业需要在招聘人员的时候，就注意选择道德素养比较高的员工，对于那些一年换一个公司甚至几个公司的员工，务必要慎重录用。同时，企业应选择那些潜力、价值观与公司制度和文化相一致，能够维护公司声誉并完善公司品格的人。每个公司还应根据自身的特点选择合适的人，就像埃德华兹公司的首席执行官所说：“我们只要有个性的人，和我们同心同德，与公司文化协调一致，我们要的是白头偕老，像一桩美满的婚姻一样。”

**二、创新薪酬的分配模式**

在任何企业，薪酬都是一个有效的激励手段，薪酬不仅是雇员获取物质及休闲需要的手段，还能满足人们自我肯定的需要。因此，制定有效的报酬系统，可以降低成本，提高效率，增强企业招聘时的吸引力。针对不同层次和类型的员工，国内外已有了一些较成熟的薪酬发放理论及实践，如期权、红利、股权发放、员工持股等方法。

应该看到，无论哪种模式，都需要贯彻这样的一个原则：为公司做出的贡献越大，其得到的实际报酬就要越高，又想马儿跑得快又想马儿不吃草的情况是不存在的。依据这样的原则，各个企业可以根据自己的情况，决定自己薪酬的分配模式。

**三、构建公平公正的企业内部环境**

公平是每个员工都希望企业具备的基本特点之一，公平可以使员工踏实工作，相信付出多少就会有多少回报，相信自身价值在企业能有公正的评价，相信所有员工都能站在同一起跑线上。企业必须从以下几个方面做到公平：

1. 报酬系统的公平

要制定有利于调动和保护大多数人积极性的政策，充分体现按劳分配为主，效率优先、兼顾公平的分配原则，突出投入产出的效率原则。同时，正激励手段的使用应多于作为负激励手段的惩罚，奖罚分明以及重奖有突出贡献者。

2. 绩效考核的公平

要运用科学的考核标准和方法，对员工的绩效进行定期考评。制定科学合理的绩效考核办法和考核标准，对员工的实际工作进行定性考核和定量测定，并做到真实具体。对每个员工进行客观公正的评判，建立各种监督机制，以保证考核工作的公正和公开。

3. 选拔机会的公平

为了使各种人才脱颖而出，在员工的选拔任用上，应做到文凭和水平兼顾、专业和专长兼顾、现有能力与潜在能力兼顾。把员工放在同一起跑线上去考核，为各类人员提供公平的竞争舞台。

当然，公平还体现在企业管理的其他方面，企业管理若能在各方面都做到公平与公正，将大大提高员工的满意度，激发他们内心深处的潜能，从而为企业不遗余力地奉献才智。

**四、创建以人为本的企业文化**

一个企业要想得到长久的发展，必须确立“人高于一切”的价值观。整个企业高层必须有一种意识，即人是最重要的资产，员工们是值得信任的，需要被尊重和参与工作决策。当人得到充分信任时，往往能较高水平地发挥才能，为企业创造出更多的效益。如果从企业的高层管理者到每一个员工都树立了一个共同的愿景，形成了共有的企业核心价值观念、价值取向等外在表现形式，那么这会在企业的发展过程中得以延续，使企业保持良好的竞争态势。

**五、拓展员工的职业生涯，为员工的发展提供方向**

开展职业生涯管理，可以使员工尤其是知识型员工看到自己在企业中的发展道路，而不至于为自己目前所处的地位和未来的发展感到迷茫，从而有助于降低员工的流失率。企业不仅要为员工提供与其贡献相称的报酬，还要在充分了解员工的个人需求和职业发展愿望的基础上，制定出系统、科学、动态的员工生涯规划，有效地为员工提供多个发展渠道和学习深造的机会，设置多条平等竞争的升迁阶梯，使员工切实感到自己在企业有实现理想和抱负的希望。例如，惠普公司在因特网上为员工提供技能和需要自评工具，帮助员工制定详细的职业发展计划，这是该公司员工流失率远远低于其主要竞争对手的一个重要原因。

**※【知识链接 13－3】**

**解码新经济下的雇佣关系，人才流失成为新挑战**

经过三十多年的持续高速增长后，我国经济进入了以服务经济、知识经济为主导的“新经济”时代。新经济的崛起，对经济结构产生了非常巨大的冲击，也为企业雇主带来了新的焦虑，人才的难得和高流动性对雇佣关系提出了新的挑战。

9 月 15 日，2017《商学院》首届商业领袖高峰论坛暨智联招聘“2017 中国年度最佳雇主”百强榜单发布仪式上，智联招聘 CEO 郭盛发表了名为“新雇主经济，解码价值型企业”的主题演讲，提出了新经济下的人才管理方法论。

**人才流失带来空前焦虑**

智联招聘在今年的最佳雇主评选过程中发现，36％参与调查的求职者在当前这份工作不满 1 年，仅 4％的求职者从事当前这份工作满 10 年以上。员工在同行业或者跨行业流动频繁，个体对企业的依赖性和忠诚度下降，这让企业十分焦虑。

人才的高流动性会增加企业的人才成本，优质人才的流失更会使企业成本骤升。据美国管理协会(AMA)的报告，替换一名普通跳槽员工的新增成本约占员工全年工资收入的1/3；而替换一名技能紧缺的岗位，员工跳槽成本要相当于其全年工资收入的1.5倍。

新经济下，雇佣关系逐渐向“以人为本”回归，人才对于企业重要性可见一斑。正如郭盛在演讲中提到“以前老板是老板，现在核心的人才是老板”，新雇主经济时代来临。在新的雇佣关系之下，企业如何才能实现人才的吸纳留存已成为一个巨大的考验。

**雇主品牌成为核心竞争力**

优秀的雇主品牌是减少员工流失率、止损企业人力成本的重要手段，决定着企业能否吸引和留住人才。BCG曾就雇主品牌和企业商业价值做过一个调研，调研结果显示，在过去10年中三次以上入围《财富》“100家最值得去工作的公司”，其股票价值8年均保持在市场平均水平之上。这意味着优秀的企业雇主品牌可以直接转化为商业价值。

这一理论在中国的企业中也得到很好的验证。据智联招聘数据显示，连续5年入选最佳雇主百强榜单的企业，其人均生产总值高出其他企业平均标准的27倍。这说明企业给予员工的重视越多，员工的贡献率就越高。

雇主品牌作为人才争夺利器，成为组织创造价值的引擎。郭盛认为：“雇主品牌是企业重要的软实力，也是人才竞争的核心实力，这决定着企业是否能与员工保持很好的联系，能否保留人才吸引人才，保持员工的忠诚度，这是一个非常重要的指标。”

**新经济下的新雇主经济**

经过三十多年的持续高速增长后，我国经济进入了以服务经济、知识经济为主导的“新经济”时代。新经济的崛起，对经济结构产生了非常巨大的冲击，也为企业雇主带来了新的焦虑，人才的难得和高流动性对雇佣关系提出了新的挑战。

9月15日，2017《商学院》首届商业领袖高峰论坛暨智联招聘“2017中国年度最佳雇主”百强榜单发布仪式上，智联招聘CEO郭盛发表了名为“新雇主经济，解码价值型企业”的主题演讲，提出了新经济下的人才管理方法论。

**新经济下的新雇主经济**

随着“以雇员为核心”的新雇主经济不断演进，雇主品牌的内涵也发生了翻天覆地的变化。今年，新雇主经济在数字技术和人工智能的蓬勃发展中继续蜕变，雇佣关系呈现为以“数字驱动”“智能技术”为特征的新职场——“智造场”。新雇主经济是指导雇主品牌建设的重要方法论，在当前趋势下，郭盛认为：“数字时代知识迭代迅速，企业需要建立完善的学习体系培养管理人才，通过员工的知识迭代，实现企业的更新迭代；在文化建设上注重价值趋同提升凝聚力，实现企业愿景和员工理想的相互吻合，获得员工的心里认可，通过实现员工的个人价值来实现企业价值；同时，提升员工的满意度，避免员工长期在固定模块重复工作，打破组织边界是组织管理里面非常重要的体现；最后，除现金、股权等激励手段外，驱动员工进行自我激励也是企业接下来需要践行雇主品牌的方向。”

随着人才战争的白热化，雇主品牌得到越来越多企业的重视。据智联招聘介绍，2017年度最佳雇主评选活动报名企业达17 554家，数量同比增幅80%，参与人群数2 430万人次，为去年的6倍，创历史新高。参与评选的企业中，中小企业的报名占比41%。这说明越来越多的企业开始重视雇主品牌，雇主品牌建设不再是大型企业才拥有的“奢侈品”，它是企业品牌不可缺少的一部分。郭盛表示:“雇主品牌已经上升到企业战略的高度,已经由奢侈品成了企业战略构建的必需品。做好雇主品牌,激发员工自身创造力,才能实现员工与企业组织的共同成长。”

## 本章小结

员工流动管理的目的是确保组织人力资源的可获得性,满足组织现在和未来的人力需要和员工的职业生涯需要。员工流动可以分为流入、内部流动和流出三种形式。员工流动管理一般遵循用人所长原则、合理流向原则、最佳社会效益原则和自主原则。

员工流动包括员工流入、内部流动和流出三种形式。员工流入是由征召、筛选、录用三个环节构成的,也就是员工招聘环节。从员工流动管理的角度来看,员工流入即招聘环节是整个流动管理的开始,也是保证流动管理目标实现的重要条件。员工内部流动是指员工在企业内部的工作调整和岗位变换。员工流出分为员工非自愿流出和员工自愿流出。非自愿流出就是由于各种原因,由企业一方先提出让员工离开,而并非员工自己主动提出流出企业。非自愿流出包括解聘、人员精简和提前退休。对于企业来说,企业员工的自愿流出是一种损失,因此它又被称为企业员工的流失。员工流失分为两种情况:一种流失是员工与企业彻底脱离工资关系或者员工与企业脱离任何法律承认的契约关系的过程,如辞职、自动离职;另一种流失是指员工虽然未与企业解除契约关系,但客观上已经构成离开企业的事实的行为过程,如主动型在职失业。

员工流失是指组织不愿意而员工个人却愿意的自愿流出。这种流出方式对企业来讲是被动的,组织不希望出现的员工流出往往给企业带来特殊的损失,因而又称之为员工流失。员工辞职是员工的权利,但由于对企业有害,企业一般要设法控制和挽留,至少要避免这种现象经常发生。

## 练习题

**一、思考题**

1. 什么是员工流动管理?
2. 员工流动管理的原则是什么?
3. 员工流动管理的理论基础有哪些?
4. 员工流动具有哪些形式?
5. 什么是员工流失?
6. 员工流失的原因有哪些?其解决对策是什么?

**二、讨论题**

近几年,随着我国零售业的高速发展,使得国内百货店之间的竞争愈发激烈,而激烈的竞争直接导致了各大百货店对核心员工的争夺。核心员工作为百货企业持续发展的原动力和生命线,其稀缺性和难替代性越来越受到关注,许多百货店不惜用高薪、高福利、高职位和出国深造作为优厚条件来吸引竞争对手的核心员工，使得多数企业对核心员工的保留越来越困难。目前，核心员工的频繁流失已经成为百货界的一个普遍问题，请结合本章内容分析百货业核心员工流失的原因及解决对策？

**三、案例分析**

**留人是最好的招聘，麦当劳搞定90后员工就用这些招！**

**一、为什么麦当劳强烈需要年轻力量？**

麦当劳计划，到2020年在中国开出3 500家门店，品牌仍处在快速发展通道，因此对人员的需求很强烈。

中国市场发展特别迅速，人才成长也非常快，在美国，升迁一个餐厅总经理需要10年，在中国可能只需要3～4年，这意味着，麦当劳需要大量有管理才干的苗子。

另一方面，麦当劳的营运管理人才基本上都从基层培养起来，而不是外聘。因为，麦当劳培养出来的人出去可以帮助别人搭建系统，但招一个外部的人，他对这个系统不了解，怎么让他去管理这个系统？

所以，麦当劳需要年轻力量的不断注入。

**二、中国人才市场，给餐企们带来了什么挑战？**

麦当劳通过调研发现，对于中国的餐企，人才挑战如下：

1. 中国年轻人进入服务行业的意愿在降低。中国15～24岁青年在就业市场上的供给数量呈递减趋势，2015年的数字大概只有2008年的一半。

现在的孩子大多是独生子女，从小众星捧月，他们不愿意服务别人。麦当劳线下的调研结果显示，只有16％的大学生愿意进入服务行业。

2. 餐饮或连锁经营近几年快速成长、扩张，对人员的需求旺盛，供不应求。

3. 大城市里的大学外迁，导致麦当劳等餐企越来越难招到大学生兼职。

例如，上海的大学基本上迁到了松江、嘉定和南汇，但我们的餐厅基本集中在市区，对我们影响颇大。

**三、麦当劳怎么“用年轻人的方式邂逅年轻人”？**

为此，麦当劳在去年推出了新的人员品牌主张：“我们就相信年轻人”，并设计了一系列面向90后的招聘方式。

1. 打造好玩＋直观的O2O招聘模式

一定要用90后的方式来hold住90后，每个招聘环节都要非常有趣。

比如，麦当劳打造了人员品牌微信公众号“麦当劳加入我们”，里面嵌入了一个H5的在线招聘平台。如果想求职，只要打开微信点一下，摇一摇，你所在位置附近的五家麦当劳餐厅马上就会在手机里显示出来，你可以任选一家投递简历，实现指尖上的应聘。

再比如，每年5月20日前后，麦当劳全国2 000多家餐厅会同时开放，求职者可以到店进行一个全景式的参观：看看麦当劳的员工怎么工作，员工的休息室如何，员工的训练和发展是什么样的。

麦当劳也会安排品牌大使给应聘者做一个全方位的介绍，听完了以后，你再选择要不要当场做申请。

2. 用心态而不是年龄来界定年轻

麦当劳餐厅的员工的确有老龄化现象，在北京不少餐厅都有50多岁的员工。

其实麦当劳在全球都提倡文化多样性，员工年龄多样化也是一种体现。

在麦当劳餐厅，一个50岁的员工，和年轻人在一起工作，可以很好地保持着青春和活力。麦当劳倡导，年轻不是用年龄来定义的，是用你自己的心态和你充沛的激情来保持的。

**四、为什么麦当劳的员工流失率远低于业内平均水平？**

麦当劳认为，最好的招募手段就是留人。

在餐饮行业，目前普遍的员工流失率在30%以上，麦当劳的数字比这个要低上不少，这就体现了麦当劳留人的本事了。

你看今天的年轻人，他们真的很缺钱吗？不一定。那他们要的是什么？

张军伟认为要回归到他们的三种需求：

第一，是关爱(Family & Friends)。如果他在一个公司体会不到关爱，可能立马就会离开。在麦当劳，我们致力于打造家人朋友般的轻松氛围，让他在这里有归宿感；

第二，是非常弹性的工作方式(Flexibility)。员工可以根据他自己的时间来进行排班，其实我们的业务也需要这样的安排方式，目标是让员工觉得工作和生活能很好地结合；

第三，是要给他一定的发展空间和潜力(Future)。如果大学生想来麦当劳实习，我们有麦苗计划，如果他愿意在麦当劳长期发展，那我们有快速发展通道(千里马计划、精英快速发展项目等)，只要他愿意尝试，我们就能给到适合他的发展计划。

**五、结语**

放眼全球餐饮服务行业，只有麦当劳等少数几家跻身世界500强之列，这依托的就是它强大的标准化能力和管理培训体系。

麦当劳、星巴克们经常强调员工对组织“价值观”的认同，强调员工的文化兼容性，看似很虚，但正是这些软实力，才是一流餐企系统抗风险能力所在。

再说回招聘，就像麦当劳说的那样，最好的招募就是留人。这对所有的餐企同样适用。

一开始没选择到价值观一致的人，员工流失率过高，最后伤害的还是企业的根本。

**思考题**

1. 目前在餐饮业，招人难、留人难问题相当突出。麦当劳又是如何招到90后的呢？
2. 为什么麦当劳的员工流失率远远低于餐饮业平均水平？

**四、课外实践题**

深入一家组织进行实地调查，与该组织的相关人员进行访谈或座谈，了解组织在员工流动管理方面的成功和不足之处。

# 参考文献


[1] 陈金玲、彭礼、尹小悦，王聪颖：《人力资源管理》，北京：煤炭工业出版社，2017。

[2] 马军、赵良海：《人员招聘与配置》，北京：电子工业出版社，2006。

[3] 彭剑锋：《人力资源管理概论》，上海：复旦大学出版社，2006。

[4] 唐志红：《人力资源招聘培训考核》，北京：首都经济贸易大学出版社，2003。

[5] 孙宗虎、李艳：《招聘与录用管理实务手册》，北京：人民邮电出版社，2007。

[6] 宋红超：《世界 500 强员工招聘准则》，北京：中国经济出版社，2007。

[7] 王贵军、丁雯、李明昱：《招聘与录用》，大连：东北财经大学出版社，2012。

[8] 王丽娟：《员工招聘与配置》，上海：复旦大学出版社，2006。

[9] 王挺，寇建涛：《员工招聘》，北京：北京大学出版社，2012。

[10] 王薇、王华夏、王聪颖：《企业文化与人力资源管理研究》，长春：吉林文史出版社，2017。

[11] 谢晋宇：《企业人力资源的形成：招聘、筛选与录用》，北京：经济管理出版社，1999。

[12] 吴志明：《招聘与选拔实务手册》，北京：机械工业出版社，2006。

[13] 赵永乐、沈宗军、刘宇瑛、周然舫：《招聘与面试》，上海：上海交通大学出版社，2006。